湖南省优秀社会科学学术著作出版资助项目

财政政策促进经济增长：
理论与实证

欧阳煌 著

Caizheng Zhengce
Cujin Jingji Zengzhang：
Lilun Yu ShiZheng

人民出版社

责任编辑:李春林
装帧设计:肖　辉
版式设计:程凤琴
责任校对:吕　飞

图书在版编目(CIP)数据

财政政策促进经济增长:理论与实证/欧阳煌 著.
-北京:人民出版社,2007.11
ISBN 978－7－01－006640－0

Ⅰ.财… Ⅱ.欧… Ⅲ.财政政策-影响-经济增长-研究-中国
Ⅳ.F812.0;F124

中国版本图书馆 CIP 数据核字(2007)第 173980 号

财政政策促进经济增长:理论与实证

CAIZHENG ZHENGCE CUJIN JINGJI ZENGZHANG:LILUN YU SHIZHENG

欧阳煌 著

人民出版社 出版发行

(100706　北京朝阳门内大街166号)

北京集惠印刷有限责任公司印刷　新华书店经销

2007 年 11 月第 1 版　2007 年 11 月北京第 1 次印刷
开本:710 毫米×1000 毫米 1/16　印张:14.75
字数:250 千字　印数:0,001－3,000 册

ISBN 978－7－01－006640－0　定价:32.00 元

邮购地址 100706　北京朝阳门内大街 166 号
人民东方图书销售中心　电话 (010)65250042　65289539

序

　　湖湘大地富有钟灵毓秀、人才辈出的盛名,千年学府岳麓书院有一副门联:"惟楚有材,于斯为盛",说明了过去,也说明现在。

　　去年,我应邀去湖南,一行欧阳煌同志一直陪同,短短一周相处,给我留下了谦谦向学、勤于思辩的深刻印象。一路上,谈天说地,论古道今,自然也聊到了做学问。他说正在做一个"财政政策与经济增长"的课题,也是他的博士学位论文选题,并将前期成果同我进行了一些探讨。通过交谈,进一步得知欧阳同志是一位笔耕不倦、著述颇丰的学者型领导干部。他虽身处实际工作部门,近年又担任了湖南省财政厅的领导职务,却依然能够利用业余时间静下心来做些学问,实属不易,而且长期葆有酷爱学术的激情,也就更加难能可贵。这些年来,屡有学术佳作发表,主持过的多项课题先后被决策层采纳并获得各类奖项,他的研究成果和参与的一些财政改革颇具浓郁的理论色彩。今天,我们又在南京召开的全国财政学会2007年年会暨17次全国财政理论研讨会上相逢,他带来了《财政政策促进经济增长:理论与实证》书稿,邀我作序,我欣然应允,并表示祝贺。

　　经济增长问题是经济学研究永恒的主题,也是一个常变常新的命题。众多的经济学家为之痴迷,投入大量的精力去探索经济增长的原因、经济增长的要素、经济增长的内在机制、经济增长的途径以及增长方式等等。同时,它又是一个不断涌现创新和存在争议的领域,曾诞生了众多新生的经济学派,产生了浩如烟海的典籍著述。20世纪90年代以来,内生经济增长理论将政府作用作为经济增长内生变量所取得的成果,重新引发一场对充分发挥政府作用、加速经济增长的广泛深入的研究,成为当今经济科学热点之一。近些年来,国内学者结合我国实施实际,遵循科学发展观和可持续发展观的指导思想,对财政政策促进经济增长的研究在逐步深化,但至今还有待于形成一个将各种繁杂的经济增长因素和财政政策变量结合起来的完整分析框架。有鉴于此,《财政政策促进经济增长：理论与实证》一书试图从历史到现实、静态到动态、外生到内生、封闭到开放的多维角度出发,在一个宽广的视野下思考该命题,并将前人的研究成果纳入到一个系统的框架内进行梳理和整合、回顾和展望,给出一个财政政策促进经济增长从理论到实证再到前瞻的全面分析框架。

本书作者在理论分析、实证研究及国际比较的基础上,紧紧扣住我国财政经济发展实际,对我国当前处于黄金发展期和矛盾凸显期的许多理论和实践问题进行了广泛深入的探讨。在此研究框架下,作者认为,我国财政政策的目标不能拘泥于平抑经济波动的反周期应急效应,应提升层面、拓展视野,关注于长期增长潜力的可持续性;在保持稳健的前提下应积极转型,即从"总量调控"、"相机抉择"等被动式思维中跳出来,更侧重于经济系统内部的调整优化和精准调控,实现从调节短期需求向改善长期供给、增强适应开放经济的主动性转变,这样才有可能突破政策的"路径依赖",迎来国民经济的新一轮全面协调持续增长,等等。这些论断,具有建设性和创造性,并将为中国未来的财政政策决策提供有益的参考。

在我看来,该书可谓近年来关于我国经济增长和财政政策研究中不可多得的佳作,无论是对经济理论研究者还是实践工作者,都值得一读,相信大家读后会获益良多。

"芙蓉国里尽朝晖"。我衷心祝愿欧阳煌同志发挥自己的聪明才智,精心耕耘,在促进我国经济又好又快的发展中做出自己积极的贡献。

2007 年 4 月 26 日于南京

目　录

第1章 导　　论

在经济学里,经济增长、物价稳定、充分就业、国际收支平衡是宏观经济政策的基本目标。在这四大基本目标中,经济增长又是最根本、最核心的目标。这是因为经济增长是解决诸多问题的基础,经济政策若不能促进社会总产出的增加,并实现经济质量和效益的增进,则说明这种政策是不成功的。"好"与"快"是经济增长的两个基本面,"快"就是加快经济总量增长的速度、财政收入增长的速度、国民收入水平增长的速度;"好"就是要调整优化结构、转变增长方式、提高经济效益、提升经济运行质量。"经济又好又快发展"要求我们坚持发展速度和质量效益的有机统一,努力实现速度和效益同步增长;既避免经济增长停滞甚至退缩的情况,又防止经济增长由偏快转向过热。纵观人类社会的发展历史,其实就是一部经济增长的历史。从物质财富极度匮乏的原始社会,到物质财富较为发达的现代社会,不同地区、不同时代、不同种族的人们在永不停息地追求和创造着社会财富,从而促进着经济在数量和质量、速度和效益、结构和方式的不断发展,推动了人类社会的不断进步,而且这种趋势还将不断继续。

1.1　问题的提出

经济增长是经济学研究的永恒主题。自经济学产生以来,无数经济学家投入大量的精力去探索经济增长的原因、经济增长的要素、经济增长的内在机制及经济增长的途径等;同时,这又是一个不断涌现创新和争鸣的领域,产生了丰硕的研究成果,形成了众多的学术流派。对它的研究客观上也带动了其他学科的进步,甚至催生了许多新的学科。例如,对经济增长中技术进步因素的研究,就带动了管理学科对人力资本的研究;对经济增长中制度因素的研究,就引发催生了制度经济学。

在经济增长的理论研究中,有几个问题是最基本的问题,也是必须回答的问题:第一,经济增长的动力是什么,也就是什么因素导致了经济增长的发生;第二,经济增长的途径是什么,也就是这些因素是如何发挥作用,促进经济增长的;第三,如何实现经济的最优增长,也就是如何最合理地分配和组织经济增长要素。

从人类社会发展的历史看,有几个现象值得引起经济学家的研究和关注:第一,人类社会的经济增长过程是依靠什么实现的? 第二,为什么不同国家,其经济增长幅度有那么大的差别? 第三,经济增长的数量和质量、速度和效益是否达到最优? 第四,在未来的时间里,人类如何继续实现经济又好又快发展?

就中国情况而言,从历史比较看,曾经在很大一段时期内领跑世界经济的增长,甚至曾经成为世界的经济中心。但是到了近代,中国与世界相比,无疑又是停滞不前的。直到新中国建立,中国的经济增长才又翻开新的一页,经过半个多世纪的努力,逐步改变了一穷二白、极度落后的局面。特别是改革开放近30年来,中国的经济增长取得了举世瞩目的成就,增长速度在绝大部分年份里位居世界前列,成为了世界经济舞台上举足轻重的大国。1978—2006年,中国 GDP 总量从 1978 年的 3624 亿元增长到 209407 亿元,增长了 57.8倍,人均 GDP 从 378 元增长到 160301 元,增长了 35.9 倍。特别值得指出的是,到 2003 年,中国的 GDP 总量达到 1.4 万亿美元,人均 GDP 第一次突破了1000 美元大关,开始进入了一个新的增长通道。国际经验表明,进入人均GDP 1000 美元的阶段,是一个国家非常重要的战略起点和实现经济起飞的关键时期。进入这一阶段后,人们的消费结构开始升级,随之必然带动产业结构升级和工业化、城市化进程加快,在这个起点上如果战略和政策把握得适当,则国民经济就能保持持续快速发展,较快地步入发达国家行列。但这一阶段也是社会经济结构变动较为剧烈、各种突出矛盾同时并存的时期,一些突发情况和深层次的问题如果处理不当,则有可能使社会不稳定因素增加,导致经济发展缓慢、波动甚至停滞倒退。

经济增长的“好”即质量和效益,与经济增长的“快”即数量和速度,是经济增长的两个基本面,两者缺一不可,经济总量的增加、经济结构的调整优化、经济增长方式的转变、经济增长模式的进步无不围绕着两个基本面进行。可以说,目前中国经济已经实现了快速增长,但在增长质量和效益方面却暴露出了一些问题:一是经济增长遭遇了资源瓶颈约束。主要原因在于投资增长过快,2003—2006 年,年均固定资产投资增长达到了 25.8%,部分行业投资过热,如钢材、房地产等,投资的迅猛增长导致了对原材料需求的大幅增加,加上近几年,世界经济也出现了快速增长趋势,推动了国际原材料需求的增长,从而导致了原材料价格的大幅上涨,特别是石油、金属矿石等中国需要大量进口的重要原材料,屡屡突破历史最高价位,对我国的发展造成巨大压力。更为严重的是,我国在经济增长过程中,粗放型经济增长方式并没有得到根本转变,对资源的利用度比较低。如2004年,中国GDP仅占全世界的4%,但消耗的原煤占全世界的31%,钢铁占27%,氧化铝占25%。二是要素在产业之间转移产生的增长效应减弱。过去20多年,土地、劳动力、资金等生产要素大量从农业部门向非农部门转移,带来了单位要素的GDP产出能力大大提高。从粮食安全、农业发展和新农村建设各方面的要求看,今后通过要素的产业间转移提高资源使用效率的空间将减小。三是收入分配存在一些问题。居民之间的收入差距有所扩大,我国的基尼系数在改革开放前为0.16,2003年已经达到0.458,超过了0.4这一国际公认的警戒线,2004年我国基尼系数已超过0.465,2005年达到0.47。特别是城市居民与农村居民的收入差距明显,2004年城乡收入差距扩大到了3.53:1。同时,城市和农村低收入群众的生活与保障问题还没有完全解决。收入差距拉大,导致增长收益的共享性较差,社会稳定的成本增加。四是区域经济发展不平衡。主要表现在:东部地区凭借地理、资本、技术以及先发优势快速发展,对中、西部地区的“马太效应”不断增强;中部塌陷的现象逐渐显现,虽然在2004年国家出台了促进中部崛起的战略,但由于缺乏实质性的举措,使得中部地区不但落后于东部地区,而且大有被西部地区赶超的趋势。五是国际环境中不确定不稳定因素增多。发达国家在经济、科技上占优势,发展中国家在国际竞争中处于不利地位,继续保持快速增长的压力仍然很大;各国围绕资源、市场、技术、资金、人才的竞争更加激烈,世界经济格局正在分化和重组之中;全球能源供应和价格的不确定性,美国的预算、贸易双赤字和亚洲国家的贸易顺差,蕴藏着出现全球性经济波动的可能性;中国经济实力不断增强和对外贸易快速增长,使针对我国的贸易保护主义抬头,贸易摩擦和其他经济纠纷增多等等。这些问题一直未能得到有效解决,并进一步累积了经济运行的潜在风险,当前突出表现为经济增长由偏快转为过热的趋势越来越明显,贸易顺差过大、信贷投放过多、投资增长过快问题仍然突出;高耗能产业增长偏快,节能减排形势依然严峻,物价上涨压力持续加大,特别是一些涉及群众切身利益的食品价格和住房价格上涨较快,CPI升幅过大,通货膨胀将成为新的经济不稳定因素。

上述几个问题要从根本上解决,必须依靠国家强有力的宏观经济政策予以调控。这是因为,从经济体制角度看,世界经济发展到今天,现代市场经济既不是纯粹的自由市场经济,也不是高度集权的计划经济。虽然市场通过价格机制、竞争机制在配置资源过程中起基础性作用,但是很多市场失灵的领域需要通过宏观经济政策予以调节。其中,通过财政予以调节又是最基本的手段,这是因为财政政策作为国家最重要的宏观经济政策手段之一,它以促进经济平稳增长作为首要目标,具有实施宏观调控的重要职能。

从中国财政政策实践看,财政政策在推动经济增长中所起的作用是十分明显的。特别是进入 20 世纪 90 年代以后,国家更多地运用财政政策来调控经济:90 年代初期为了抑制通货膨胀,采取了紧缩的财政政策,成功促进了中国经济的"软着陆";1997 年后,针对亚洲金融危机以及世界经济增长放缓带来的影响,为了促进国内需求增长,中国及时调整了宏观经济调控政策,实施了积极财政政策,有力地拉动了国内经济的增长;2004 年下半年开始,随着经济发展的变化和国家调控目标的调整,国家实行了稳健的财政政策,更加注重解决经济社会不协调、城乡不协调、区域不协调等深层次结构问题,促进全面协调可持续发展,财政政策由主要拉动经济增长转向促进经济增长方式转变,从增加"数量"向改善"质量"转变,从加快"速度"向提高"效益"转变。20 多年来经济发展的成功经验表明,中国的财政宏观调控是成功的,也表明中国有能力通过自己的力量实施宏观调控,推动经济增长。

财政政策体系是一个庞大而复杂的系统,在不同时期需要选择不同的政策,这本身就是复杂的抉择过程,其政策工具也很多,包括预算政策、税收政策、支出政策、国债政策以及"自动稳定器"功能等。经济增长也是一个非常复杂的问题,促进经济增长的因素有很多,这些因素又有多种多样的组合,作用于经济增长的途径也存在差异性。因此,如何科学地用好财政政策的工具,作用于促进经济增长的因素,从而促进经济又好又快发展,仍是摆在我们面前的一个重要课题。而这些问题,不能仅仅依靠我们从直觉和主观臆断得出结论,必须以科学和严谨的态度进行深入研究。

1.2 研究意义

"财政政策促进经济增长:理论与实证"这一课题将对财政政策促进经济增长的理论体系进行全面梳理,对中国经济增长的发展趋势进行科学观察,对财政政策促进经济增长的历史实践、时代背景、内外环境等进行深刻分析预测,在此基础上进一步提出财政政策促进经济又好又快发展的基本走向和政策措施,具有一定的研究意义。

1.2.1 理论意义

经济增长历来都是各国政治家们关注的重点,也是各国经济学家们一直探索的重要领域。从各国的实践经验和理论研究成果来看,目前,国内外经济学者和实务工作者对经济增长和财政政策进行单一维度的研究有很多,许多理论研究已经比较成熟,而且已经被众多国家实践所采用。如在经济增长研究领域,从经济学诞生起,就为许多经济学者所重视和深入研究,因此,它既是一个古老的命题,又是一个源源不断涌现创新的领域。当前,内生经济增长理论是这一领域的主流,美国、日本等也正是在这一理论的引导下开始了全新的经济增长之路。在财政政策研究领域,包括财政政策目标、财政政策工具、财政政策效果,不同国家的诸多学者结合本国实际都进行了较为深入的研究。把二者中的一些相关因素进行结合研究也不少,如税收政策与技术进步,财政政策乘数效应等。但是,把二者结合起来进行系统研究,在国外国内都还是一个很新的研究命题,其研究成果也较少。其原因大致有三个:一是财政政策和经济增长作为经济学研究的两大重点,二者都比较复杂,把二者中的某一因素抽出进行研究比较容易,但要进行全方位的研究则是很困难的。二是财政政策作用于经济增长,很多是依靠中间因素进行传导的,很多影响效果甚至没有办法进行简化测算,这就使对这一现象进行抽象带来了很大难度,也给实证检验造成了相当大的困难。三是二者虽然都属于经济学研究领域,但是随着现行理论研究领域的细化和研究的深入,要对二者进行综合研究需要有多方面的经济理论与实践知识。针对目前从外生经济增长到内生经济增长、从封闭经济系统到开放经济系统等,多维角度对财政政策和经济增长相关研究比较缺乏的问题,笔者特地选择"财政政策促进经济增长的理论实证研究"这一课题,从综合的视角对经济增长和财政政策进行多维研究。

1.2.2 实践意义

理论为改革实践提供先声,改革实践使理论更加丰富、深刻。在经济增长过程中,必须充分重视利用财政政策进行宏观经济调控已是不争的事实,而且随着国家财政实力的不断壮大,调控能力的不断增强,利用好财政政策主动促进经济增长越来越重要。我国自从党的十一届三中全会确立了以经济建设为中心的基本国策以来,促进经济增长是政府毫不动摇的工作重点之一,随着新时期世界经济形势的变化和我国综合经济实力的增强,党中央和国务院对我国的经济增长提出了新的要求。在党的十六届五中全会上通过的《关于制订国民经济和社会发展的第十一个五年规划的建议》中,提出财税体制和政策要有助于经济的平稳较快发展,有助于加快转变经济增长方式,实现"经济又好又快"发展。贯彻落实科学发展观、努力构建和谐社会展现了未来中国发展的宏伟蓝图,它是中国共产党解放思想、实事求是、与时俱进、理论创新的重大成果,集中反映了党对新时期我国经济社会发展的要求,是今后一段时期开展各项工作必须长期坚持的指导思想和基本原则,也是经济理论需要集中反映、更新、发展的重点。推动经济增长方式的转变,不断提高自主创新能力,实现经济"又好又快"发展,促进和谐社会建设进程正是树立并认真落实科学发展观的一个具体体现。而如何在开放经济中,通过实施财政政策达到这一目标则是所有研究财政学和经济增长理论学者共同需要解决的问题。在我国当前经济开放程度还不高、各项体制还不完善的条件下,立足于新形势下利用财政政策促进经济增长的研究,着眼于我国未来经济社会的全面可持续发展,意义十分重大。本书选择的研究命题正是如何适时选择财政政策来促进经济增长,这将为我国在新时期实施财政宏观调控政策,既避免经济增长缓慢或停滞的情况,又防止经济增长由偏快转向过热提供决策参考,无疑对在新形势下按照科学的发展观选择合乎时宜的促进经济增长的财政政策,使财政政策发挥最大的效应,实现国民经济的又好又快发展具有一定的现实意义。

1.3　文献综述

经济增长一直是经济学研究领域的中心议题,财政政策对于一国经济增长有无效应、有多大效应以及效应的产生机理和实现路径如何,历来都是理论者和实践者们感兴趣的问题,也是必须认真考虑和回答的问题。对这些问题的不同回答亦是区分不同经济学流派和制定不同经济政策的重要依据。长期以来,经济学家们围绕这一问题展开了不懈的探索,发表了很多研究文献。本综述将对国内外关于财政政策与经济增长的主要研究文献进行阐述,从而为进一步研究财政政策促进经济又好又快发展奠定良好的基础。

1.3.1 理论研究

经济增长与财政政策理论的演进从表面上看似纷繁复杂,但经过深入的分析,我们可以从中厘清其从古典经济学派的财政政策涵义到新古典增长理论的财政政策涵义,再到内生增长理论的财政政策涵义的发展逻辑。

作为现代经济增长理论的先驱,Adam Smith(1776)在《国民财富的性质及原因分析》中注意到增长的动力在于劳动分工、资本积累和技术进步。他认为,正当的动机是启动和维持经济增长过程的最重要的因素,在强调法律制度的重要性基础上市场无形的手才会发挥作用。基于 Adam Smith 的观点,David Ricardo(1871)在《政治经济学及赋税原理》中进一步地提出,在土地和其他资源一定的情况下,资本的不断积累和劳动投入的持续增加可能导致生产要素的边际报酬递减。另外,Thomas Malthus(1798)的《人口原理》,Frand Ramsey(1982)的《储蓄的数学理论》,Allyn Young(1982)的《报酬递减增加经济进步》,Frank Knight(1944)的《投资的报酬递减》和 Joseph Schumpeter(1934)的《经济发展理论》等许多古典经济学家的理论都倾向于研究资源配置的有效性问题。在这些理论体系中,政府对市场的干预应控制在最低限度,财政的活动范围也应受到严格的限定。

西方宏观经济学之父 Keynes 在 1936 年发表的《就业、利息和货币通论》中对扩大政府需求的财政政策做出了较完整的理论说明,Keynes 的继承者在此基础上又加以完善。Keynes 认为生产过剩和大量失业问题的存在根源在于社会的有效需求不足,因而刺激有效需求是其经济思想的核心。由于市场机制不能自发地扩大有效需求实现充分就业,必须动用政府力量对经济实施干预,扩张政府需求,扩大财政赤字,调节有效需求,以实现总供给与总需求的均衡。Keynes 还利用乘数理论说明增加投资可以导致收入的成倍增加,产生促进经济增长的连锁反应。西方学者通过研究得出:不仅投资支出变动有乘数效应,政府购买、税收和转移支付的变动,同样有乘数效应。

在凯恩斯学派出现以后,很多学者对它进行了抨击。20 世纪 50 年代 Friedman 为代表的货币主义学派在货币流通速度不变和自然率假说的假设条件下提出了自己的观点:货币供给对名义收入变动具有决定性作用;在长期中,货币数量的作用主要在于影响价格以及其他用货币表示的量,而不能影响就业量和实际国民收入；在短期中，货币供给量可以影响实际变量，如就业量和实际国民收入；私人经济具有自身内在的稳定性，国家的经济政策会使它的稳定性遭到破坏。同时他们提出了自己的政策主张：反对 Keynes 的财政政策，反对"斟酌使用"货币政策，力主单一政策规则。

到 20 世纪 70 年代，西方国家处于严重的滞胀的困境，而传统的凯恩斯主义仍然提不出解决困境的对策。面对这种严峻的经济形势，西方社会对凯恩斯学派主张愈渐失去信心，经济学界出现了理性预期学派。其代表人物包括：Lucas、Barro 以及 Wallace 等等。这一学派的理论基础建立在四个假设条件下：个体利益最大化、理性预期、市场出清、自然率。在这些假设条件下他们提出了自己的政策主张：由于存在理性预期的宏观经济政策无效论，以及建立在"卢卡斯批判"基础上的反对凯恩斯主义的"斟酌使用"或对经济运行进行"微调"的政策，从而，使西方经济学回复到传统的"古典学派"的状态。

面对新古典经济学的责难和挑战，一批仍然信奉凯恩斯主义的基本思路的西方学者逐渐形成了新凯恩斯主义，代表人物包括：Stieglitz、Mankiw、Taylor 等人。这一学派吸收了新古典经济学派有关理性预期和微观基础的假说，同时他们也坚持自己的观点：由于工资和价格的黏性，市场处于"非出清"状态。同时他们认为当政策的性质或幅度微小变动时，经济变量不会发生大的变化，从而"卢卡斯批判"不适用于"斟酌使用"的政策。

由以上分析可知，自 Keynes 于 20 世纪 30 年代创立宏观经济学，至 90 年代的半个世纪里，波动成为宏观经济学研究的主要课题，古典经济学家对增长研究的兴趣被忽略。资本主义制度内在的增长一直被看作是这个制度本身的必然，宏观经济政策包括财政政策的任务主要在于克服对这一自然增长路径的偏离。而从 20 世纪 60 年代开始流行的新古典增长理论逐渐打破了这一局面。

20 世纪 40 年代，Harrod（1939）、Doma（1946）在凯恩斯的国民收入决定理论中整合进经济增长的因素，推导出长期经济增长理论即哈罗德—多马增长模型。为了促进经济的增长，政府应尽可能采取包括财政政策在内的宏观经济政策以提高储蓄率。这一模型虽能够解释部分经济增长问题，但其主要还是在资本系数不变的基础上强调经济增长理想状态实现的困难性，即所谓"锋刃"上的均衡增长问题。

基于要素边际收益递减的假设，以索洛模型（1956）为代表的新古典增长理论认为，如果没有某种外生因素的引入，新古典增长模型最终无法避免零增长的稳定均衡状态。为此，Solow 引入了一个外生的技术进步因素，并认为技术进步是比物质资本、劳动更为重要的经济增长的决定因素。在新古典经济增长理论中，财政政策的作用是通过影响储蓄率，进而改变影响资本积累的生产能力，使经济运行于最佳增长路径。不难发现，新古典增长理论将技术进步对经济增长的作用推向了一个新的高度，但如果这个外生的技术进步的来源被切断，经济终究难逃零增长的稳定均衡状态，从而经济的长期增长仍是无法解释的现象。

为避免这种"不愉快的结果"，Arrow（1962）、宇泽弘文（1965）、Scheshinski（1967）等在将技术进步"内生化"方面做了最初的尝试。他们的研究首次给出了知识和技术进步的来源，并强调这种源于无意识生产经验的积累或有意识的教育投资的内生化知识是经济持续增长的源泉。但在上述模型中，一个社会的技术进步率最终取于外生的人口（或劳动力）的自然增长率，因此，这些模型仍没有最终解决"索洛剩余"问题，即如何将技术进步内生化。Schultz、Becker 等人对人力资本理论的贡献将知识与技术进步内生化的进程向前推进了一大步。20 世纪 80 年代中期以来，以 Romer、Lucas 等为代表的一批经济学家，通过发掘 Smith、Schumpeter、Arrow 等人的经济增长思想，并在对新古典增长理论进行重新思考的基础上，突破了传统经济理论关于要素收益的递减或不变的假设，重新探讨了长期经济增长的源泉，构筑了一种新的增长理论——内生增长理论，并从新的角度诠释了财政政策对经济增长的作用。内生增长理论的一个重要贡献是说明了经济长期持续增长的源泉与动力。内生增长理论认为，一国经济的长期增长是由人力资本、知识或技术进步等内生变量决定的，并认为正是这些内生变量避免了新古典增长模型所说的物质资本收益率递减现象，从而使经济增长率的决定内生化。但是，由于人力资本投资、知识积累以及 R&D 活动都具有明显的外溢效应或技术外部性，其私人收益可能低于社会收益，如果没有政府的干预，这些活动的规模就会低于其最优水平，导致竞争性均衡增长率低于社会最优增长率。因此，政府通过财政政策解决人力资本积累外部性、技术外部性、知识外溢效应等问题，可以刺激和增加人力资本、R&D 等方面的投资，进而提高长期经济增长率。

国内学者如邓子基（1997）、陈共（2004）等在分析财政政策促进经济增长时，更多借鉴了西方相关理论成果，结合我国社会主义市场经济现阶段特点变为已用。我国较有代表性的观点认为：财政政策促进经济增长的过程是政府依据经济增长规律指导财政工作和处理财政关系的全过程；财政政策是由税收政策、支出政策、预算平衡政策、国债政策等构成的一个完整的政策体系，依据不同的政策手段，还可以把财政政策区分为扩张性政策、紧缩性政策和中性政策三种类型；依据政府对政策手段的驾驭程度，又可将财政政策区分为自动稳定的财政政策和相机抉择的财政政策；而这些政策的具体选择和运用既是政府面对宏观经济形势而采取的主动的、积极的行为，又是经济增长的必然要求和反映。

1.3.2　实证研究

从实证上来说，对财政政策促进经济增长效应的研究可从国外到国内，从外生增长模型到内生增长模型，从财政政策的总体效应到结构效应几个不同的方面进行阐述：

Blinder 和 Solow（1974）等人在新古典（外生）增长模型中，分析了平衡预算和赤字政策对经济增长的影响。Stigliz（1988）以及 Dornbush 和 Fisher（1994）论证过国债对储蓄、消费和投资活动的影响，认为在开放经济条件下，由于有国外资本的流入，增发国债不一定挤出国内储蓄和投资。Perria 估计了产出、劳动、私人资本和公共资本之间可以反馈的 VARMA 模型，其冲击反应函数表明，在短期产出和私人资本对公共资本存量的变化相对没有反应，但公共资本增长 10% 的永久性冲击，在 10 年后可使产出增长 14%，在 20 年后可使私人资本增长 55.5%。Otta Voss 采用澳大利亚 1960—1962 年的季度数据进行分析，其冲击函数显示，公共资本的正向冲击对私人资本具有正的滞后效应。这些研究结果表明，在长时期内生产性公共投资支出可以提高私人资本形成率，从而对经济增长具有正效应（它取决于一定的约束条件），在短期内，公共支出对私人资本存在一定挤出效应。

Miller 和 Russek（1997）着重研究了政府支出对经济增长的效应，他们利用 39 个国家 1975—1984 年的数据回归，发现对全部样本国家，政府支出的经济增长效应取决于其资金来源：通过税收增加来增加财政支出将促进经济增长，通过国债增加使财政支出增加将阻碍经济增长。Kormendi Meguire（1985）利用 65 个欠发达国家 1960—1980 年的数据进行经济增长回归，发现不包括国防教育的政府消费支出对经济增长具有显著的负效应，而且表明因果关系是从政府消费到经济增长。Bradley（1987）利用 16 个 OECD 国 1971—1983 年的数据进行实证检验，也发现真实 GDP 的增长与政府消费支出负相关。但是

Ram(1986)对 115 个的国家 1960—1970 年和 1970—1980 年的产出与政府消费支出关系的实证分析,发现政府消费的产出效应为正,而且这种正效应在低收入国家更强。Tullock(1989)的实证分析部分上支持了 Ram(1986)的实证结果。他利用 24 个 OECD 国家 1951—1980 年和其他 89 个国家 1961—1981 年的 5 年期平均数据,发现 OECD、非洲和拉丁美洲真实 GDP 的增长与政府消费的增长显著负相关,但在亚洲是正相关。Easterly 和 Rehelo(1993)利用 1970—1988 年 100 个国家的数据和 1870—1988 年 28 个国家的政府投资性支出历史数据进行分析发现:公共交通和通讯投资与经济增长正相关,教育投资与经济增长正相关,但总公共投资与经济增长负相关。Nelson 和 Singh(1994)利用 1970—1979 年和 1980—1989 年 70 个欠发达国家的数据回归发现,70 年代公共投资对经济增长的作用绝对不显著,而在 80 年代具有高度显著的正效应;教育虽然在 70 年代对经济增长具有正效应,但在 80 年代较弱。Devara-jan、Swaroop 和 Zou(1996)的实证结论与 Nelson 和 Singh(1994)基本一致,他们利用 43 个发展中国家 1970—1990 年的年度数据,发现资本性支出与经济增长要么是负相关要么是不显著,只有增加经常性支出份额才具有正而且统计显著的增长效应,这表明发展中国家的资本性支出已超过限度而非生产性的。Miller 和 Russek(1997)利用 39 个国家 1975—1984 年数据回归的结果是:增加社会保障支出,降低了发展中国家的经济增长率,但在发达国家的效应不显著。Kavanagh(1997)对爱尔兰 1958—1990 年的分析、Evans 和 Karras(1994)对 7 个 OECD 国家的分析结果都发现公共资本对经济增长具有显著正向影响。

Barro(1993)与 Fisher 和 Turnorvsky(1998)则在内生增长模型中研究了政府公共支出的经济增长效应。Knoop(1999)在一个包含人力资本积累的内生增长模型中,就美国经济进行了削减转移支付、公共投资、公共消费、政府购买和财政总支出等 5 种政策实验,发现削减公共投资占总产出的比重 1 个百分点,即使同时削减资本税,也会使经济增长下降 0.1%,福利减少 1.5%;压缩公共消费,如同时减税也可轻微促进经济增长,即经济增长与公共消费占 GDP 比率负相关;全面按比例削减购买支出 10% 降低了经济增长和福利,除非同时削减资本税,这时经济增长不变而社会福利上升。Helms(1985)利用美国 48 个州 1965—1979 年数据回归发现,增加教育支出可以提高以个人收入表示的经济增长。Easterly 和 Rebelo(1993)也发现公共教育投资与经济增长正相关。Collins 和 Bosworth(1996)估计了印尼、韩国、马来西亚、菲律宾、新加坡、泰国和台湾等 7 个亚洲国家和地区人均教育对人均产出增长的贡献份额，充分证明了教育的贡献是经济增长的重要来源。Mankiw、Romer 和 Weil（1992）对各个国家之间截面数据的实证研究发现人力资本与经济增长之间关系并不显著，有时甚至表现为负的相关关系。但对单个国家时间序列数据的实证结果认为，人力资本确实对经济增长有显著的正的作用。Griliches（1988）、Coe 和 Moghadam（1993）的经验证据显示，国内研究与开发积累是生产率的重要决定因素。Coe、Helpman（1995）利用以色列和 21 个 OECD 国家1971—1990 年的数据，发现国内和国外的 R&D 活动对全要素生产率具有重要影响，在进口比重大的国家，国外 R&D 活动对全要素生产率影响更大。Wakelin（2001）研究英国制造业后认为 R&D 投入对产出增长有明显的促进作用，1988—1996 年间 R&D 经费每增长 1% 促进产出增加 0.27%。Gnellec 和Brum 于 2001 年所做的一项经济计量学研究，基于 16 个经济合作发展组织（OECD）国家 1980—1998 年的统计数据，对不同类型的 R&D 投入对多因素生产率增长的长期影响进行了比较，结果表明，企业 R&D 经费、公共部门R&D 经费和国外 R&D 经费每增长 1% 分别带动生产率增长 0.13%、0.17%和 0.46% 的结果。

国内学者袁东（1999，2000）基于对各种增长因素的考虑及公共政策的分析，全面考察了国债如何通过影响各种经济增长因素，进而影响经济短期稳定和长期增长。其结论为，只要国债资金更多用于有利于人力资本和公共资本积累的公共基础设施、教育、研究开发和社会保障领域，就对经济增长具有正效应，而用于转移支付方面的公共支出能否明显提高经济增长率并没有明显事实的支持。刘溶沧、马栓友（2001）建立了一个包含私人投资、公共投资、国防支出、经常性支出、国债、劳动增长率与人力资本在内的模型，对 1980—1999 年的赤字国债与经济增长进行回归分析，得出结论：私人投资和公共投资具有显著正效应，劳动增长对经济增长影响不显著；人力资本与经济增长具有显著正效应；国防支出和经常性支出与经济增长负相关；至于国债和赤字的效应，基本上赤字国债的符号显著为负，说明就其本身从私人部门获得资源来说，是减少私人可支配资源的，从而会降低经济增长速度，但如果这些国债用于公共投资，其对经济增长的正效应会大于赤字国债筹集资金的负效应，因此国债投资的净效应为正。刘国光、刘宪法（2001）认为，我国实行积极财政政策的效果是积极的、显著的。首先，由于财政政策受传导机制的约束较小，时滞较短，因此当经济处于收缩阶段时，扩张性的财政政策能够很好地直接扩大社会总需求;其次,运用财政政策可以有效地启动货币发行机制,放大货币效应;再次,运用财政支出政策有利于消化存量,扩大市场需求空间。从实践经验上看,1998年以来实施的扩张性财政政策效果明显,增发1000亿元国债对经济增长的拉动作用为1.35个百分点。高铁梅(2002)等利用状态空间方法建立20世纪90年代以来含有税收影响消费的季度可变参数模型和IS-LM季度可变参数模型,分别估计并计算得到动态的边际消费倾向、简单的政府支出乘数和包含挤出效应的财政政策乘数,证明通过公共投资来推动IS曲线右移,同时采取相应的货币政策措施予以配合,以此刺激需求,缓解失业和经济滑坡的压力,是很有成效的。于立新(2003)指出:自积极财政政策实施以来,中国外贸发展的基础日益稳固,进出口贸易增长上了新台阶,国内经济结构与产业结构调整所获得的满足世界市场需求结构变动的政策效应逐渐显现。同时,积极财政政策的实施极大地改善了外商投资环境,FDI成为推动贸易增长的重要力量,出口退税等其他鼓励出口的政策对拉动出口增长也起了重要作用。李生祥、丛树海(2004)分别测算了我国的理论财政政策乘数和实际财政政策乘数,并分别估算了在两种模型下财政政策的综合乘数效应,显然财政政策是政府调节经济的主要杠杆,其中政府购买支出是最主要的政策工具。贾康(2004)通过改革开放20年我国财政政策、财政体制的基本情况概述,阐述财政在发挥促进经济持续稳定发展的作用,着重剖析1998年以来我国积极财政政策实施所带来的中国经济持续增长的成效,并对"挤出效应"、国债资金的使用效益、减税、国债风险等问题进行分析探讨。杨晓华(2006)通过对中国的实际数据进行计量分析,认识中国的消费、投资等行为,并进而探讨中国的IS-LM模型,为测算中国的财政政策乘数提供基础。

关于政府支出对经济增长的效应,张清(2002)利用Granger因果关系检验和协整分析方法,根据中国1952—2000年间的财政支出和GDP统计数据,对财政支出总量与GDP关系进行了实证检验,结果显示财政支出总量的变动和GDP的变动互为因果关系,并且财政支出对GDP具有长期均衡的正向影响。朱培标(2001)利用我国1978—1998年样本数据,对财政支出总量与GDP的关系进行了实证分析,结果显示,财政支出水平对产出的作用不明显,但财政支出的变动对经济增长有显著影响,这说明财政支出对经济增长影响主要体现为扩张效应。胡荣华(2002)利用我国1952—2000年的统计数据,对财政支出水平和各项财政支出与国内生产总值(GDP)进行了二元回归分析,结果显示财政支出总水平和各项财政支出均与GDP正相关。其中,财政基础建设支出（包括基本建设支出和地质勘探费两项）对经济增长贡献较大，而行政费用、政策性补贴支出以及增拨企业流动资金对经济增长作用不明显。郭庆旺、吕冰洋、张德勇（2003）根据 1978—2001 年间中国统计数据，利用时间序列回归动态模型，对我国财政支出水平和财政支出结构与经济增长率的关系进行了实证分析，结果表明财政生产性支出与经济增长率正相关，而财政支出总水平与经济增长率负相关。他们认为这主要是因为在此期间我国政府消费性支出增长过快，抑制了财政生产性支出正的增长效应造成的，结果还显示各项财政支出对经济增长的贡献不同，财政人力资本投资比物质资本投资对经济增长率正的贡献更大，而科学研究支出的经济增长效应最为显著。刚猛、张得让（2003）对 1978—2000 年期间中国政府投资、政府消费与 GDP 增长率的关系进行了实证分析。结果发现，政府投资性支出和政府消费性支出的变化均与 GDP 增长率呈正向关系，但政府消费中的转移支付支出的变化与 GDP 增长呈负向关系。张海星（2003）利用我国 1978—2001 年的统计数据，对实际 GDP 增长率与各项财政支出之间的关系进行了多元回归分析。结果发现我国基本建设、挖潜改造和科技三项费用、农业支出、文教科学卫生事业费、国防支出与经济增长正相关；增拨流动资金、地质勘探与工交商事业费、行政管理费、抚恤和社会福利救济及财政补贴等转移性支出与经济增长呈负相关。

我国学者舒元、徐现祥（2002）运用 Jones（1995）实证检验内生增长理论的方法，分析了 1952—1998 年间我国经济增长的一些典型事实，得出了"技术进步不是这一期间我国经济增长的引擎"的结论。王小鲁（2000）的研究结论表明，1979—1999 年间我国全要素生产率的提高主要不是来自于技术进步，而是来自市场化改革和制度变革所导致的大规模的资源优化配置。张鹏、李新春（2002）从中观与微观视角出发，进行国际比较分析，指出政府对研究开发的直接参与对我国具有重要意义，尤其基础研究更是如此。孙成权、曲建升（2003）对各国研发支出进行横向比较，指出研发支出水平是国家科技实力比较与生产力发展趋势的一个重要指标。田俊刚（2003）利用 EG 两步法检验国内生产总值与科研投入之间的协整关系建立了两者的长期均衡方程和短期误差校正模型，发现科研投入对经济具有显著影响。李雪峰（2005）建立了一个三部门经济增长模型，运用 1978—2001 年的统计数据对中国的人力资本投资和研发投资及其对经济增长的影响进行了比较实证分析，表明 1978—2001 年间，人力资本对经济增长的贡献是显著的，而研发投资对中国的经济增长几乎没有影响。王德劲(2005)利用误差校正模型,估计出我国 1952—1998 年年间的内生技术进步模型,研究结果进一步表明,人力资本对技术进步有显著的正的影响,且技术进步仅仅可以由人力资本得到解释,而技术进步对经济增长有显著作用。马栓友 (2001) 通过修正索洛的方法,来分析中国公共 R&D、人力资本与经济增长的关系。回归结果表明:中国的科研经费没有产生最大效益,公共 R&D 资本的弹性较低,原因可能在于我国 R&D 经费因其他消耗过大而流失严重;总体上高水平、高质量的科技成果较少;科研体制长期存在缺陷,科研资金使用效率低,成果转化率低;企业总体技术水平仍然很低。因此,我国经济增长的知识积累与技术进步,可能主要得益于以引进外资、先进技术和设备为代表的国外 R&D 的溢出效应而不是科学研究支出。朱春奎(2004)运用时间序列动态均衡关系分析方法,对我国 1978—2002 年财政科技投入与经济增长的有关数据变量进行了协整分析与因果关系检验,结果表明,财政科技投入与经济增长之间存在着较强的相关关系,并构成了长期稳定的均衡关系。他提出了较有价值的政策建议,即我国应在加大财政科研投入的同时,着重支持共性技术的研发。

1.3.3　政策研究[①]

　　财政政策取向是由客观经济规律和宏观经济形势决定的财政政策目标要求。确定财政政策的基本取向必须建立在正确认识财政职能、当时经济形势和国民经济与社会发展战略任务的基础上,进一步释放财政政策潜力和强化财政政策效果,为整个经济社会的持续、稳定和快速发展服务。

　　自 1993 年党中央、国务院决定加强宏观调控以克服经济过热和通货膨胀之后,经过近 3 年的调整,中国经济成功地实现了"软着陆"。1998 年以来,宏观经济形势发生了许多新变化:1997 年爆发的东南亚金融危机对我国影响逐步显现,并与一系列国内问题叠加在一起,形成了迫切要求"扩大内需"的压力。因此 1998 年启动积极的财政政策是当时的必然选择。王保安(1998)认为 1998 年以后一段时间的财政政策取向为:坚持实行积极的财政政策,通过增加财政支出及调整税收政策,直接、有效地启动经济增长,优化经济结构,促

[①]　本节主要分析 20 世纪 90 年代以来中国促进经济增长的财政政策取向及实践,并重点讨论"十一五"时期的财政政策取向。

进经济和社会的稳定发展。郭代模、杨舜娥、吴曙明（1998）认为实施积极财政政策需要处理好几个关系：正确处理积极财政政策与"适度从紧"方针的关系；正确处理积极财政政策与货币政策的关系；正确处理积极财政政策与国债规模的关系；正确处理积极财政政策与经济结构调整的关系。丛树海（1999）认为应实施积极的财政政策和相应的货币政策，放出"放松"筹码，为尽快启动新一轮经济增长，积极的财政政策可考虑从增加支出、增发国债、调整税制结构和选择适度财政赤字入手。贾康（2001）认为在积极财政政策继续实施中，需要更多地在机制转换、结构优化上下工夫，把反周期调节和化解深层次矛盾结合起来。在机制转换方面，要考虑怎样以制度创新挖掘出微观市场主体潜力，真正搞活经济、搞活企业；优化结构方面要考虑怎样面对国际竞争，实现产业结构的合理调整和产品结构的升级换代。财政部积极财政政策课题组（2002）认为近期的积极财政政策，一是要巩固和发展前期政策成果；二是要保证国债在建项目如期竣工投产；三是要扩大就业，创造宽松稳定的改革与发展的政治经济环境；四是要加强制度和软环境建设，健全市场机制，推动结构调整，促进国民经济中长期持续稳定发展。安体富（2002）认为我国目前的财税政策要从注重需求面的调控转到需求面与供给面并重的政策，在继续实施积极财政政策的前提下，适当调整积极财政政策的内容和手段搭配，特别是可以更好地发挥税收这一手段对促进经济发展和结构调整的作用，在总体上适当减轻企业和居民负担，进一步激发企业和居民的投资和消费，促进我国经济健康、稳定地发展。米建国（2001）建议，积极财政政策要由侧重需求管理向需求管理和供给管理并重的方向转化，着眼于改善供给及其结构。胡援成（2001）认为：在开放经济条件下，尤其是伴随中国改革开放进程的深入，政策实施与外部经济的联系应予以充分的重视。积极的财政政策应作为短期政策使用；长期内，允许财政政策部分工具继续存在和使用，但重点和短期应有不同，主要是在完善市场配置机制、提高市场效率方面。张合金（2001）认为：在政策的着眼点上应逐步由扩大内需为主转向改善供给为主；在政策的运用方式上应由增加政府投资为主转向启动企业投资为主；在实施政策同时，要注意降低财政风险。樊丽明、李齐云（2001）认为近期积极财政政策的取向为：继续适度增发国债，调整国债的使用方向；实行鼓励和引导民间投资的财税政策；改革和完善社会保障制度，采取措施进一步提高城乡居民收入，实行农村税费改革，清理不合理的收费政策；实行鼓励出口的财政政策；规范转移支付制度。

2004 年以来,积极财政政策取得了明显成效,中国总体宏观经济表现良好,已经走出通货紧缩阴影。但宏观经济形势发生了重大变化,财政政策运行又到了一个转折点,既要抑制部分行业过热和生产过热,又要避免经济滑坡而导致通货紧缩。因此,未来一段时期,中国将采取稳健的财政政策,有保有控,确保中国经济持续稳步健康发展,这是中国财政政策的第三次重大转型。吴敬琏(2004)认为,财政投资一般不盈利,财政负债要靠增加税收来偿还,而税收的增加对民间投资有抑制作用,时间越长,消极作用就越明显。所以,实施多年的积极财政政策已基本完成历史使命,适时转变财政政策取向是一种必然选择。袁钢明(2004)认为:"稳健"的意思是既不支持也不收缩,减少实施财政政策的积极程度,把超出正常程度的政策力度恢复到正常状态,让市场机制自己起作用。刘国光(2004)提出,稳健的宏观经济政策,是相对于扩张性政策和紧缩性政策而言的,是一种有松有紧、松紧适度的政策。从以前适度从松的财政政策和货币政策向目前的中性政策调整,客观上具有从紧的效果,能起到抑制过快的投资需求的目的。

"十一五"时期,针对中国经济运行中出现的一些新情况和新变化,今后一段时期的财政政策的取向应在稳健财政政策的基本基调下做出一些新的调整。对于这个问题的研究,贾康(2005)认为:"十一五"期间,财政税收作为国家宏观调控和促进经济社会发展的重要手段,要在全面把握时代特征和形势变化的前提下,站在承前启后的新起点上,积极支持发展、改革、稳定的一系列重点事项,有效发挥统筹协调的功能作用来支持实现经济持续较快增长、实现经济增长方式的转变,自主创新能力的提升,城乡、区域的协调发展与和谐社会的构建,等等,而这些又需要在深化改革、提高对外开放水平中有效推进体制、机制的创新。具体来说包括三个方面:第一,在科学发展观统领下,要以建设公共财政为导向,发挥好财税统筹协调的分配、调节能动作用,从多个方面促进经济增长方式转变、新型工业化道路的形成与和谐社会的构建;第二,在发展的同时,要通过财税自身改革和与其他方面的配套改革,推进制度创新和机制优化,以克服深层矛盾,化解制度与机制缺陷的制约,打开进一步解放生产力的空间和促成长治久安;第三,在制度创新的龙头引领之下,还要通过财税领域的管理创新和技术创新,与体制创新形成良性互动,服务于发展、改革、稳定的大局。

苏明、陈少强(2005)对中国未来一个时期的财政政策进行了展望:当前及今后一段时期,是中国推动全面建设小康社会和构建和谐社会的重要阶段。

这一时期中国的经济环境将发生重大变化：市场机制的基础性作用基本确立，城镇化和消费结构加速升级带来工业化发展，全方位对外开放的经济国际化特征更为明显。同时，中国经济和社会发展也面临着一些深层次的问题：经济增长方式粗放，"三农"问题，资源和环境问题，社会就业压力大，社会各方面的风险有向财政集中的趋势，财政风险特别是隐性债务问题不容忽视。在这种情况下，应继续实施稳健的财政政策，同时运用多种财税政策工具为手段，着力推进结构调整，充分发挥市场机制的作用；进一步健全和完善公共财政体系，积极主动发挥公共财政的职能作用。今后财政政策应着重解决的问题是：转变经济增长式；调整结构，加快解决"三农"问题，调整居民收入结构，促进区域协调发展；防范财政风险。

王兆高（2005）认为：当前我国经济已出现部分产业和行业持续过热现象。为避免产生结构性经济危机，从熨平经济周期角度而言，政府采取稳健财政政策，是一种适时的财政政策。因此，研究经济波动的周期性，恰当运用反周期的财政政策，是政府应对需求不足或解决经济过热的有效途径，也是促进经济持续稳定发展的必要手段。需要注意的是，今后财政政策应进行调整，着重解决经济结构性矛盾以及支持各项改革、支付改革成本。特别是加快农业、能源交通、教育科技、消费服务业、生态环境保护等领域的发展，还需要保持一定的财政政策力度。

金人庆（2005）在《中国财政政策：理论与实践》中指出，当前和今后一段时期，贯彻落实"十一五"规划提出的财政工作目标和任务，切实推进财政改革与发展既有不少有利条件，又面临很多挑战。因此，"十一五"时期的财政政策应体现"三大特色"：第一，短期反周期政策和长期结构性政策有效结合。第二，推动体制和制度建设，财政政策不仅是稳定社会的"减震器"，而且是提高资源配置效率、增强社会活力、保持长期较快发展的"助推器"。第三，在经济社会转型的重要时期，财政政策应承担起促进协调发展和实现社会公平的重要任务，以促进实现"十一五"规划目标，努力支持全面建设小康社会和构建社会主义和谐社会。

李俊生（2005）对中国未来时期的相机抉择财政政策赋予了新的内涵：一是把财税体制改革纳入政策调控的一个重要手段，把推进体制改革与政策工具运用有机地结合到一起。二是抓住相机抉择财政政策的关键，即："以对宏观经济走势的准确判断为前提"，以"及时准确的经济预测分析"为依据，实现预期主动型的相机抉择。三是坚持科学发展观，充分发挥财政政策在结构调整方面的功能与优势,注重发挥财政政策在支持解决"三农"问题和统筹城乡协调发展、促进区域经济协调发展、促进经济社会协调发展、促进人与自然协调发展中的积极作用。四是着眼于国际化、开放式的财政调控,是一种具有全球视野的相机抉择观。

丛明(2005)分析指出,我国在"十一五"期间将实行以稳健为主趋于中性的财政政策,不会大规模压缩赤字和国债发行,仍然保持一定规模的中央赤字和国债发行量,但要大力调整支出结构,财政支出转向"三农"、社会事业、社会保障等方面以及中西部地区倾斜。特别是在公共基础建设领域,应逐步向民间资本开放,加快对水、气、油、电等资源产品价格的市场化改革,以吸引民间资本进入。

王保安(2005)认为,"十一五"期间,财政政策要着力解决以下六大矛盾:经济高速增长与低效率运行的矛盾;总量增长与产业结构的矛盾;高增长与低就业的矛盾;市场进程加快与要素市场改革严重滞后的矛盾;宏观调控统一性与区域发展政策的矛盾;财政收入的高速增长与财政风险的高速聚集的矛盾。而在政策实施过程中,也需要考虑多种因素。第一,既要进一步促进经济的快速增长,又要加快社会事业发展。第二,既要加快技术进步和产业升级,又要扩大就业。第三,既要保证东部地区的强劲增长,又要促进中西部的共同进步。第四,既要推进城市化,又要加大对"三农"支持力度。第五,既要注重公平分配,缩小差距,又要保持活力,提高效率。第六,既要扩大引进外资,又要增强自主创新能力。

夏杰长(2006)等在《财政政策转型:从积极到稳健》中认为我国实施的积极财政政策效果明显,但它仍属于一种短期性的反周期的财政政策,其局限性日益凸显;书中还系统阐述了积极财政政策淡出后,在稳健的财政政策背景下,如何以公共财政理论和构建和谐社会为指导,实施有效的中长期国债投资政策、税收政策、收入分配及积极的就业政策等。

高培勇(2006)撰文指出:在改革中转向稳健应是未来几年中国的财政政策取向。由于新一轮宏观调控存在着阻碍财政政策转向调整的诸多因素,在复杂而艰难的背景下谋划稳健财政政策的举措,一个恰当且可行的选择是:从推进税制改革、社会保障制度、农村改革入手,通过着眼于推进改革的一系列渐进性安排,逐步地降低现实财政收支安排的扩张力度,逐步逼近稳健财政政策的效应境界。

李勇坚(2006)指出,从中国未来的发展来看,财政政策的重点应关注于长期增长潜力的可持续性,在财政支出保持稳健的前提下,调整财政支出的结构,而不是以增加政府购买的方式增加内需。今后财政政策的转型应注重财政支出结构的调整,包括增加人力资本积累的政策、增进技术进步的政策、增进公共投资的政策等。同时,利用财政政策所支出的资金,推进市场化制度的改革,建立长期增长所必需的制度环境。

从整体上看,现代经济增长理论经历了一条由"物"到"人"、由外生增长向内生增长的演进道路,动态理论的复兴也奠定了现代经济增长模式的基本理论框架。把财政政策作为一个重要的内生变量引入经济增长研究中来,全面考察经济增长理论中财政政策的发展演变历史,为财政政策促进经济增长构造了一个比较完整的分析框架,为论证财政政策促进经济增长的内在机制、研究各国财政政策的增长效应奠定了基础。

但是这些研究仍然存在一定局限和缺陷,需要我们在后续研究中予以深入。其中一个最大的问题的是,国内外学者对经济增长与财政政策的相关研究大多仅限于某一侧面,尚未建立一个将各种繁杂的经济增长因素和财政政策变量结合起来的完整分析框架。因为历史条件所限,各个经济学流派未能在一个宽广的视野进行思考,未能在一个系统的框架内进行梳理和整合,也未能站在一个较高的平台进行回顾和展望,其研究立场、研究基础、研究重点各有不同。因此,对财政政策促进经济增长的途径及机理的认识,始终存在广泛而深刻的分歧,甚至明显冲突。这不仅造成了理论认识上的片面性,也导致了在现实中理论模型应用范围较为狭窄,对财政政策效应的认识存在偏差以及不能全面准确地判断未来财政政策取向等等。现实中需要我们从历史到现实、静态到动态、内生到外生、封闭到开放的多维角度出发,给出一个财政政策促进经济增长从理论到实证再到前瞻的全面分析框架。其次,对西方主流经济学的有关经济增长与财政政策的基本理论的认识分析,给本研究提供了非常有价值的基本依据和思路。但无论是 IS-LM 模型,还是 M-F 模型,都是建立在某种假设条件下的高度抽象的模型理论,有些假设在现实中不完全符合或者无法实现。并且各个国家的国情背景、经济实践更是这些高度抽象的模型所无法予以全面综合考虑的。这些,都是我们研究中应注意的问题。其三,不同的国家针对不同的宏观经济问题所采取的财政政策运行机制、政策手段、政策工具不尽相同,对经济增长产生的效应也有很大的差距,这一系列过程及经验均值得我国政府与理论界研究与借鉴。但在对财政政策产出效应进行实证分析方面,相关研究均以传统的静态回归分析为主,动态分析很少,并且实证分析变量选择和样本区间选择上差别较大,得出的结论相差甚远。这种情况在国内尤为突出。我们认为,由于中国自改革开放以来,经济环境和财政政策调控模式均发生了深刻变化,应建立财政政策与经济稳定增长、财政政策与内生经济增长、财政政策与对外经济增长等多个实证分析体系,采用相关样本区间的统计数据,进行动态实证分析以提高实证分析结果的准确性,为相关决策提供可靠依据。其四,任何一项经济政策的制定和运用必须与实际经济情况相吻合。20世纪90年代中期以来,中国宏观经济运行格局发生了很大的变化,经济政策实施的宏观环境与制度背景都发生了很大的变化。相关研究对新时期中国经济增长的基本态势判断较为准确,但对财政政策取向的分析往往偏重于经济增长的"数量"方面,而忽视了其"质量"方面,偏重于财政政策短期的、"相机抉择"的反周期调控功能,而忽视了财政政策对经济增长质量改善、效益,尤其是提升人力资本积累、知识进步、外贸增长水平的积极作用,或者说,财政政策对这些方面的促进效应未能落实到决策和操作层面。因此,为提高经济政策的效率和实现长期经济增长,我们在制定与运用财政政策时就应该适时调整其政策取向:把短期启动与长期增长结合起来,把对经济周期的调节与对知识积累、技术创新的长期促进结合起来。

1.4　研究思路与研究方法

基于本书的研究对象——财政政策与经济增长,具有对象众多、关系复杂等特点,拟采用理论、实践双线共进,理论支撑实践,实践检验理论的基本思路。在理论部分遵循从一般到复杂的原则,从封闭系统延伸到开放系统,从最基本的两部门模型扩张到引入国际贸易、FDI等因素,以递进的方法,全方位地阐述经济增长与财政政策之间的联系。在实践部分则遵循让客观事实"说话"的原则,通过从国外经验到国内实践,从成功典型到失败案例,从对历史的回归分析到对未来的分析预测,并结合我国当前现实进行思考,提出具有一定针对性的对策。同时,本书还选取典型个案进行剖析,为研究提供了案例支撑。全书谨遵循序渐进、逻辑严谨的原则,以期达到具有系统性、实用性和前瞻性的效果。

遵循上述的研究思路,我们以有助于达到基本研究目的为准绳,注重理论与实证相结合、逻辑判断与演绎推理相结合、定性和定量分析相结合,采用多

种研究方法进行多维角度综合研究,主要包括:

(1)规范分析。在分别研究财政政策在封闭经济系统和开放经济系统中促进经济增长的内在机理时,从基本的事实、假设、公理等出发,通过一定的演绎推理、归纳推理、辨证分析等,推导出一系列结论,也提出具有创新性的观点,最终为本书的研究建立了一个完整的理论分析框架。

(2)比较分析。在分析财政政策效应程度时选取了国际上一些有代表性的国家,分析其经验得失,进而从正反两方面进行比较分析,以期对我国实施的财政宏观调控经济提供有益的借鉴。

(3)计量分析。在阐述我国所实施的财政政策对经济增长的影响时,选取了多种分析体系中的多个变量,对财政政策实施的内容、实施的效果以及对经济增长的影响等进行建模、数据采集、数学计算及模型检验等定量研究,以全面深刻地揭示财政政策对经济增长影响的效应。

(4)案例分析。在最后对财政政策促进区域经济增长,实现"湖南崛起"进行了个案分析,在全面衡量湖南发展差异的基础上,深入分析其制约因素和比较优势,形成符合实际的财政政策与建议,提高研究的实证性和应用性。

本书的整体研究思路与研究方法见图1.1。

图1.1 本书的研究思路与研究方法

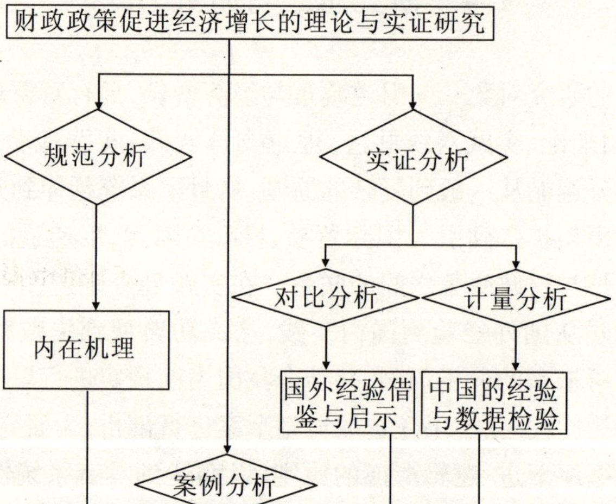

1.5　主要内容与结构安排

本书以财政政策促进经济增长的内在机理、经验实证、国际比较、政策设计及个案分析为逻辑主线,研究主要分以下三个板块:

1. 财政政策是如何促进经济增长的:内在机理的一般分析

这一板块以逻辑与历史相统一的视角,对财政政策促进经济增长的理论进行了全面的梳理与整合,尝试构建一个系统的财政政策促进经济增长的分析框架。从资源约束型经济到需求约束型经济,从外生经济增长到内生经济增长,从封闭经济系统到开放经济系统,剖析了财政政策促进经济增长的内在机理;将 IS-LM 模型、AD-AS 模型整合到封闭经济系统财政政策促进经济增长的理论分析中,将"四缺口"模型、M-F 模型整合到开放系统财政政策促进经济增长的理论分析中;特别是在内生经济增长的理论框架内探讨了财政政策促进经济增长的功能。

2. 财政政策是否促进了经济增长:中国的实验实证

这一板块首先对宏观经济因素和财政政策变量之间的变化关系进行总体上的考察,然后对财政政策与经济稳定增长、财政政策与内生经济增长、财政政策与对外经济增长等各种均衡关系进行定量描述。其中,借助 IS-LM 模型,对我国 1985—2004 年的财政政策乘数和政策效应进行测算,解析了对财政政策在宏观经济调控中的客观效果;采用变量平稳性检验、协整性分析、误差修正模型分析等方法,揭示了 1988—2004 年财政政策对内生经济增长的促进效应。利用变量之间横向相关和纵向递进的关系,全面立体地剖析财政政策对经济增长是否产生显著影响,并揭示阻碍财政政策效力发挥的深层次原因。

3. 如何优化财政政策促进经济增长的功能:对策研究

这一板块首先通过对国际上具有典型代表意义的国家在各个不同时期所采取的财政政策,进行系统比较与总结,以期从中得出可供借鉴的经验与有价值的启示。然后从新时期影响经济持续增长潜在的关键因素与潜在问题入手,对经济增长趋势进行了预测和判断,围绕经济增长的"好"与"快"两个基本面,提出了"十一五"时期财政政策选择的总体思路及具体设计。所提出的政策建议立足于国家层面,以科学发展观为主线,以经济的可持续发展及和谐社会的构建为目标,以财政政策及措施的创新为切入点,促进经济又好又快发展,特别是新时期财政政策选择与创新的七个"突破口"和着力点,具有较好的前瞻性与可操作性。最后基于区域层面，对财政政策促进区域经济增长、实现"湖南崛起"进行了个案分析。

第 2 章　财政政策促进经济增长的机理分析:理论与模型

2.1　不同经济增长形态下的财政政策功能

在不同经济增长形态下,决定经济增长的因素是不同的。财政政策促进经济增长是通过影响经济增长的决定因素而实现的。因此,财政政策对于不同形态的经济增长,其作用功能是存在差异的。下面我们分别就资源约束型与需求约束型这两种最基本的经济增长形态下的财政政策功能进行分析与比较。

2.1.1　资源约束型经济增长与财政政策

2.1.1.1　一个基本的模型

如果用 Y_s 表示社会总供给, Y_d 表示社会总需求,Q 表示资源约束所限定的经济规模,或者说,Q 既表示资源数量,又表示经济规模,我们就可以构建一个最基本的也是最简单的资源约束型经济增长模型,如图 2.1 所示。

根据以上模型,经济增长与社会经济资源的数量及使用效率成正比,与需求不相关。要促进经济增长,需要不断地增加社会经济资源数量,或者是提高资源的使用效率。这一模型源自 Say 的供给自动创造需求理论[1]。在 Say 所处的时代,市场的基本特征是卖方市场,经济生活中的主要矛盾是资源约束导致了短缺,形成经常性的供不应求与通货膨胀。因此,萨伊供给自动创造需求的理论是有其合理性的,反映了历史与逻辑的统一。在西方早期的经济理论中,许多经济学家如 Smith、Ricardo、Say 曾将社会经济规模的确定归之于资源约束,即认为社会经济尽资源生产,按成本定价,照价格销售,经济增长不会受到需求约束和效益约束,所受到的唯一约束是资源约束。Smith 最早论述了经济增长问题,其经济增长理论有两个特点:一是引入了劳动分工,二是区分了

图2.1 资源约束型经济增长模型

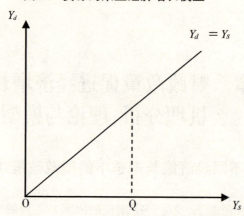

"生产性"与"非生产性"劳动。Smith 认为生产性劳动占全部劳动的比例以及由劳动分工引起的劳动生产率的提高是决定国民财富增长的重要源泉。他还在《国富论》中提出了"看不见的手"的理论,强调市场机制的完美性,而反对政府干预。Say 主张不断地增加生产性劳动和生产性消费,利用社会分工、自由竞争、国际贸易等提高劳动生产率,相应减少非生产性劳动和非生产性消费(如地租、赋税),同时极力反对政府干预市场,严格限定政府及其财政的活动范围。以 Marshall 为代表的新古典经济学以萨伊定律为基础,坚持自由放任的经济思想,认为在自由市场、自由经营和自由竞争的条件下,各种商品和生产要素的价格都可以随市场供求变化而自由地涨落,因此通过价格体系的自动调节作用,必然会使一切可利用的生产资源用于生产,达到充分就业,实现自动均衡。他们主张政府对市场的干预应控制在最低限度,财政仅承担某些不适合由市场来协调的经济活动。

2.1.1.2 财政政策对资源约束型经济增长的影响

基于资源约束型经济的基本特征,财政政策促进经济增长的方式不外乎两个方面:一是增加资源的有效供给;二是提高资源的使用效率。其主要实现途径如下:

(1)运用财政政策调节生产及消费结构。早在古典经济学家 Smith 与 Ricardo 所创建的劳动价值论中,就区分了"生产性劳动"与"非生产性劳动",并阐释了只有生产性劳动才创造价值的观点[2~3]。Say 也主张不断地增加生产性劳动和生产性消费[4],相应减少地租、赋税等引致的非生产性劳动和非生产性消费。尽管古典经济学关于非生产性劳动的定义及其不创造价值的论断受到了越来越多的质疑,但它将"生产劳动及消费结构"引入经济增长的分析中仍是具有重要现实意义的。例如,在我们的现实生活中,生产经营性服务业与生活消费性服务业的发展对于经济增长的贡献是不一样的,因为它们的产业关联系数不一样,因此,相同力度的财政政策对其所产生的乘数效应也是不同的。

(2)运用财政政策影响储蓄率。古典经济学的经典模型"哈罗德—多马模型":$\triangle I_t/I_t = \triangle C_t/C_t = s/v$(其中 C 为消费,I 为私人投资,s 和 v 分别表示边际储蓄倾向和资本系数),表明经济存在一种增长路径,使国民收入、消费、资本存量和投资以相同的比率增长,该比率称为有保证的增长率。这种增长路径只有在企业预料到增长率为 s/v,并因此确定合理的投资水平的条件下才能实现。进一步分析可以发现,这种路径很不稳定,政府必须尽量影响相关参数来确保这种均衡增长路径,显然,这是一种"不稳定"的增长理论。哈罗德—多马模型的政策含义十分鲜明:在一定的技术水平下,既然经济增长的唯一源泉是资本形成的增加,为了促进经济的增长,政府就应尽可能采取包括财政政策在内的宏观经济政策以提高储蓄率[5]。与古典增长理论相比,新古典增长理论具有两个明显特征:一是认为技术系数是可变的;二是认为长期经济增长具有稳定性,而非古典增长理论所描述的"刀刃上的增长"。Solow 和 Swan 在 1956 年各自独立地提出了一个经济含义一致的经济增长模型,修正了哈罗德—多马模型关于资本产出比固定不变的假设,成为新古典增长理论的代表[6]。在新古典经济增长理论中,财政政策的作用是通过影响储蓄率,进而改变影响资本积累的生产能力,使经济运行处于最佳增长路径。

在新古典增长模型中,储蓄率的变化将引起均衡资本—劳动力比率、人均产出量和人均消费量的变化,进而影响均衡增长路径。最理想的增长路径,就应该使人均消费量最大,即在均衡增长路径中,选择使消费量达到最大的储蓄率。在新古典增长学派体系下,虽然长期稳定的均衡增长是可实现的[7],但财政政策仍然可以发挥作用。前面已分析通过选择资本—劳动力比率,可能实现各种均衡的增长路径,而这一过程中,财政政策的作用是非常重要的。在较短时期内,实际经济增长率与长期的均衡增长率往往不一致,这时,财政政策所导致的储蓄率变化虽然对均衡增长率没有影响,但储蓄率的提高可以提高资本—劳动力比率,从而提高人均产出,最终达到影响实际增长率的目的。同样,技术进步和人力资本也都是经济增长的重要因素,政府实施增加技术进步和人力资本投资的财政政策,将有力地促进经济增长。

（3）通过最优税率与财政政策的微观化促进经济增长。到20世纪70年代初期,西方资本主义国家普遍出现了经济滞胀现象。在这一背景下,经济学界重新注重资源约束因素对经济增长的影响。例如,供给学派重拾萨伊定律,强调在供给和需求的关系上,供给居于首要的、决定的地位。他们认为,在各种生产要素中,资本是最主要的因素,产量在很大程度上取决于资本数量,生产率的增长主要取决于投资规模;并且,"就全部经济看,购买力永远等于生产力。经济有足够的能力来购买它的产品。不可能由于总需求的不足而发生产品过剩,从整体看,货币持有者在生产过程会创造出对他们产品的需求"。供给学派提出的经济政策的核心是减税:大幅度和持续地削减个人所得税和企业税,以刺激人们的工作积极性,以及增强储蓄和投资的引诱力。供给学派的代表人物之一Laffer还建立了一个关于税率与税收之间函数关系的模型,即拉弗曲线。如图2.2:图中横轴代表税率、纵轴代表税收、税率从左到右计算,开始为零,然后逐渐增加至B时为100%;税收从0向上计算,税收与税率的函数关系呈曲线OAB,当税率逐渐增高时,税收也随之上升,税率增至OC时,税收达到最高额AC。但税率超过OC时,则税收不增反减。税率升至OB,即100%,税收因无人愿意从事工作和投资而降为零。拉弗称ACB为"禁区",税率进入禁区后,降低税率非但税收收入不会减少,反而会增加。

图2.2　拉弗曲线

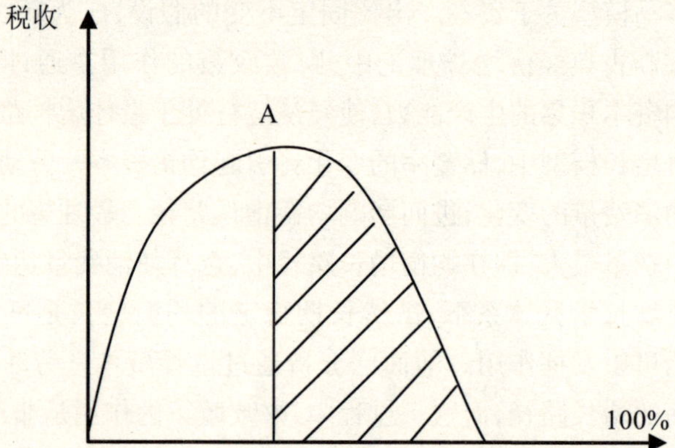

拉弗曲线的内涵包括:第一,在税收"禁区"内减税,可以刺激生产要素投入的增长,经济的总产出即总供给也随之增加,而当税基扩大以后,政府的税收收入在减税情况下还可能增加;第二,减税政策效应的大小与税率所处的区

域以及税收弹性大小有关,因此减税主要应当削减边际税率;第三,供给学派所主张的减税从刺激供给的角度入手,通过增加生产者和个人的税后利润来刺激微观经济主体,调动全社会生产、投资、储蓄和工作的积极性,最终促进供给的增加和生产率的提高[8]。从拉弗曲线来看,单纯从需求不足方面看待经济增长,是有失偏颇的。因此,不能单纯采取增加财政赤字、扩大内需的"凯恩斯主义"政策,必须重视对经济增长真正起决定性作用的劳动、储蓄——投资、生产等供给方面的因素,采用激发企业活力、鼓励民间投资的"供给学派式"的政策。20 世纪 80 年代,供给学派理论成为里根政府推行以减税为主的经济复兴计划的有力依据。事实也证明,以减税为核心的供给学派政策在调节产业结构、提高企业竞争力、增加供给上作用显著。

2.1.1.3 小结

古典经济学都强调市场机制的完美性,而反对政府干预,认为市场能有效地实现资源约束下的最优增长。以 Marshall 为代表的新古典经济学以萨伊定律为基础,坚持自由放任的经济思想,认为在自由市场、自由经营和自由竞争的条件下,各种商品和生产要素的价格都可以随市场供求变化而自由地涨落,因此通过价格体系的自动调节作用,必然会使一切可利用的生产资源用于生产,达到充分就业,实现自动均衡。他们主张政府对市场的干预应控制在最低限度,财政仅承担某些不适合由市场来协调的经济活动[9]。同时极力反对政府干预市场,严格限定政府及其财政的活动范围。

供给学派继承了古典及新古典经济学"轻徭薄税,反对政府的过度干预"的政策主张,但在供给学派的理论中,政府及财政政策并不是无所作为的,可以通过财政政策激发企业活力,实现产业结构调整的目标。

2.1.2 需求约束型经济增长与财政政策

2.1.2.1 一个基本模型

20 世纪 30 年代,面对资源约束模型的理论困境和社会经济经常出现停滞的现实,许多经济学家如 Seachmendi、Malthus、Keynes 等从需求方面探讨经济增长问题。他们认为,社会经济规模,不仅取决于资源约束,更取决于需求约束。在边际消费倾向递减、流动性偏好、资本边际效率递减规律的作用下,供给不一定能自动转化为需求,总需求曲线上的各点并不构成真正、有效的社会需求。有效需求限定了社会经济规模,有效需求不足限制了资源的充分利用,而使社会经济出现停滞状态。

典型的需求约束模型为:Y = C + I + G(假设是一个封闭型经济,其中 Y 为国民收入,C 为私人消费,I 为私人投资,G 为政府购买),如果将总供给与总需求模型进行改写,则有 I − S = G − T(T 为税收),如图 2.3 所示。在 E 点,$Y_d = Y_s$,由此限定了社会经济规模,其均衡产量为 Y;若社会资源不足,限定了社会经济规模为 Q_1,则 $Y_d > Y_s$,那么经济会出现通货膨胀缺口;如果社会资源过剩,所能容纳的经济规模为 Q_2,$Y_{d1} < Y_{s1}$,超出了社会有效需求的边界,那么经济会出现通货紧缩缺口或失业状态。

据此,Keynes 认为,一旦社会出现有效需求不足,就必须由国家干预经济,主要依靠政府的财政政策和货币政策,特别是财政政策,如减少税收、增加政府支出和转移支付等来刺激消费,增加投资,提高有效需求,以防止大量失业和经济危机,实现充分就业。二战后,凯恩斯主义一度成为主流学派,西方各国开始全面推行凯恩斯的需求管理政策,政府采取各种措施增加全社会的货币总支出,扩大有效需求,都取得了明显成效,使战后资本主义经济出现近 30 年的持续"繁荣"。相机抉择的财政政策继承了 Keynes 的思想,认为经济增长中不可避免会出现供求失衡。在经济萧条时期,投资需求和消费需求不足导致有效需求不足,经济中出现产出过剩和大量失业,政府可实施扩张性财政政策,通过增加政府投资性支出、购买支出、转移支付和降低所得税的办法,增加政府支出(△G),减少政府税收,刺激总需求,在经济繁荣时期,政府则实施紧缩性财政政策,减少政府支出(△G),增加政府税收,以平抑经济的过快增长。

图2.3 需求约束模型

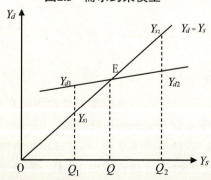

Keynes 还认为,政府税收、转移支付及购买支出等的变动,将对社会总需求和国民收入产生数倍的影响,即乘数效应。政府购买乘数可通过凯恩斯的经济需求方程求得:$K_G = \dfrac{1}{1 - b(1 - t)}$,其中 b 为边际消费倾向,t 为税率。

而转移支付乘数为:$K_R = \dfrac{b}{1 - b(1 - t)}$。可见,转移支付乘数小于购买性支出乘数。原因在于购买性支出直接转变为社会购买力,转移支付首先等量变动个人可支配收入;然后才被消费,这其中有一个差额,这个差额即为边际储蓄额。可见,从总体来说,转移支付的乘数小于购买性支出乘数。税收对国民收入的影响与购买性支出、转移支付相反,它的变动会引起国民收入反向数倍变动,产生税收乘数效应①:$K_T = \dfrac{-b}{1 - b}$。税收不同于政府支出,主要特点是循环流动的一个漏损项目,本身构成国民收入和个人可支配收入的一个漏损项,一旦增加税收,第一步是等量减少个人可支配收入,然后才能影响消费支出,但由于边际消费倾向的存在,税收引起的个人可支配收入减少量大于它引起的消费减少量。因此,当税收增加一定量,从而个人可支配收入相应减少时,消费的减少不是等于而是小于个人可支配收入的减少。所以,它对国民收入的影响小于政府支出。

以 Hanson、Samuelson 为代表的学者,继承了 Keynes 的需求管理政策,主张实行"补偿性财政和货币政策",即根据经济中繁荣和萧条的不断更替,交替实行紧缩性和扩张性财政与货币政策,以"熨平"经济周期[10]。

2.1.2.2 需求约束条件下财政政策促进经济增长模型的进一步拓展:基于 IS-LM 模型的分析

在 IS-LM 模型中,产品市场的总需求方程为:

$$Y_{AD} = C + I + G + NX \tag{2.1}$$

其中,C 为消费;I 为投资;G 为政府购买性支出;NX 为净出口。

消费函数:$C = C_0 + bY^d$

其中,C_0 为自发性消费支出;b 为边际消费倾向 $0 < b < 1$;Y^d 为居民中支配收入,并且有:

---

① 此乘数是假设征收一次性总付税,而非比例税。

$$Y^d = Y - T + G_T \tag{2.2}$$

T 为总税收;G_T 为转移支付,则有:

$$C = C_0 + b(Y - T + G_T) = C_0 + [(I - \tau)Y + G_T] \tag{2.3}$$

其中,t = T/Y 为税率 0 < t < 1

投资函数: $I = I_0 - er$ (2.4)

其中,I_0 为自发性投资支出;e 为投资需求的利率弹性 e > 0;r 为利率。

产品市场均衡条件下均衡产出 Y 和利率 r 的关系式表现在 IS 曲线中:

$$Y = \frac{C_0 + I + bG_T + NX}{1 - b(I - t)} + \frac{G}{1 - b(1 - t)} - \frac{e}{1 - b(1 - t)}r \tag{2.5}$$

货币市场中,货币需求函数为:

$$M_{MD} = kY - hr \tag{2.6}$$

其中,M_{MD} 为实际货币需求量;k 为货币需求的收入弹性,0 < k < 1;h 为货币需求的利率弹性,h > 0;r 为利率。

货币供应函数为:

$$M_{AS} = M/P \tag{2.7}$$

其中,M_{AS} 为实际货币供应量;M 为名义货币供应量;P 为价格水平。

货币市场均衡条件下利率 r 和均衡产出 Y 的关系式表现在 LM 曲线中:

$$r = \frac{k}{h}Y - \frac{M}{ph} \tag{2.8}$$

当产品市场与货币市场同时均衡时,由(2.5)式和(2.8)式可以得到 IS-LM 模型:

$$Y = \frac{C_0 + I_0 + G_T + NX}{[1 - b(1 - t) + ek/h]} + \frac{G}{[1 - b(1 - t) + ek/h]} + \frac{e}{[1 - b(1 - t) + ek/n]} \times \frac{M}{P} \tag{2.9}$$

财政政策乘数为(用 K_F 表示)分别为:

$$K_F = \frac{dY}{dG} = \frac{1}{1 - b(1 - t) + ek/h} = \frac{a_G}{1 + a_G \cdot e \cdot (k/h)} \tag{2.10}$$

可见,影响财政政策乘数的因素有:边际消费倾向(b)、税率(t)、投资需求的利率弹性(e)、货币需求收入弹性(k)和货币需求利率弹性 h 等五个因素[11]。

财政政策乘数有关因素影响的经济学逻辑可以解释为:(1)如果边际消费倾向增大,当实施扩张性财政政策时,消费需求的增加,进而引致国民总收入的增加越多,从而财政政策效应就越大;反之,则效果相反。(2)如果投资需求的利率弹性增大,实施扩张性财政政策,使利率上升越大,导致投资的减少越多,即产生的"挤出效应"越大,最终引致国民总收入的增加越少;反之,则效果相反。(3)税率因素的性质与边际消费倾向和投资需求的利率弹性作为财政政策效应决定因素的性质不完全相同。b 和 e 本身的决定相当复杂,而对 t 而言,其本身就是财政政策的一种工具,当实施扩张性财政政策,单独减少 t 时,引起消费的增加越多,引致国民总收入的增加越多,财政政策效应越大。(4)如果货币需求收入弹性减小,实施扩张性财政政策时,引起利率上升的幅度相对较小,这样对非政府部门投资的"挤出效应"较小,结果引致国民收入的增加较多,亦即财政政策效应较强;反之,则效果相反。(5)货币需求利率弹性增大,实施扩张性财政政策时,引起利率上升的幅度就越小,这样对非政府部门投资的"挤出效应"较小,结果引致国民收入的增加较多,亦即财政政策效应较强;反之,则效果相反[12]。

2.1.2.3　需求约束条件下财政政策促进经济增长模型的进一步拓展:基于 AD-AS 模型的分析

在 AD-AS 模型的框架下,各个学派对财政政策与经济增长的问题持有不同的观点。

以 Smith、Say 为代表的古典宏观经济学派理论建立的前提是供给可以自动创造需求,劳动力市场总能达到充分就业均衡,由此可得到总供给 AS 曲线,如图 2.4。如果政府实施扩张性财政政策,增加支出或减税,AD 曲线将向右移到 AD_1,使经济扩张到新的均衡状态 E_1 点,产出达到 Y_1 点。但在充分就业的假设前提下,产品的成本和价格由初始价格水平 P_0 提高到 P_1 点,均衡状态由 E 点向上移到 E_2 点,产出却仍然为 Y^*。可见,政府实施扩张性财政政策,使总需求增加的唯一后果只是物价的升高,均衡产出不会增加,财政政策无效。

凯恩斯学派理论建立的假设前提是市场经济运行中存在着经常性失业,企业可以在现有工资水平下得到任何数量的劳动力,产出水平变化,产品的平均成本却不变,总供给曲线(AS 曲线)呈水平线,如图 2.5。如果政府实施扩张性财政政策,增加政府支出或减税,AD 曲线将向右移动至 AD_1 的位置,使经济扩张到新的均衡状态 E_1 点,产量由 Y_0 增加到 Y_1。同时,在凯恩斯理论存在经常性失业的假设前提下,由于企业不用提高劳动力工资水平,就可以获得

图2.4 古典宏观经济学理论中的AD-AS模型与财政政策效应

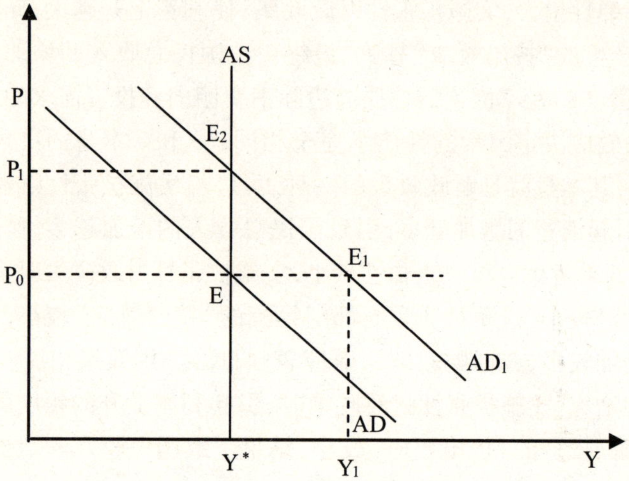

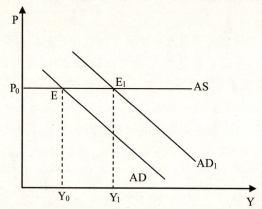

任何数量的劳动力,因此,愿意提供任何数量的产出,最终达到总需求与总供给的均衡。由此说明,政府实施扩张性财政政策,所引起的唯一结果是产出增加,而价格水平不变,财政政策可以充分发挥作用,即财政政策有效。

图2.5 凯恩斯主义中的AD-AS模型与财政政策效应

新古典宏观经济学派又称理性预期学派,该理论建立的前提是存在完全理性预期,且市场连续出清,不存在名义刚性。如图2.6,假设最初经济处于均衡状态 E 点,价格水平为 P_0,产出水平为自然产出水平 Y^*。如果政府为采用扩张性的财政政策,增加支出或减税,总需求将由 AD 向右移到 AD_1 的位置。但由于人们会事先预期到政府政策变化及其后果,并进而改变其经济行为,结果是在总需求曲线移动的同时,总供给曲线会相应按相反的方向移到同样的距离,由 AS 移到 AS_1 的位置,从而使经济均衡状态由 E 点直接移动到 E_2 点,价格由 P_0 点上升到 P_2 点,而产量则仍然维持在 Y^* 的水平。可见,在这种情况下,实行的扩张性财政政策只引起了价格水平的变化,而没有导致产出水平的上升或下降,因而财政政策是无效的。

图2.6　新古典宏观经济学理论中的AD-AS模型与财政政策效应

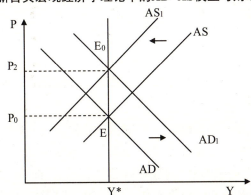

新凯恩斯学派理论前提是存在有限理性预期,只是部分存在粘性工资和粘性价格,非市场出清。如图 2.7,假设最初经济处于均衡状态 E 点,价格水平为 P_0,产出水平为自然产出水平 Y_0。如果政府为采用扩张性的财政政策,增加支出或减税,总需求将由 AD 向右移到 AD_1 的位置。由于人们没有预期到政府政策的变化将引起价格水平的变化,因而总供给曲线 AS 没有移动。结果,实际价格上涨高于原来价格水平,即 $P_1 > P_0$,产出增加到 Y_1,经济扩张到新的均衡状态 E_1 点。可见,未预料的扩张性财政政策会引起产出的增加。但是在合理预期情况下,经济处于 E_1 点的情况不会持续很长时间。由于价格水平的上升,人们将修正他们的预期。例如,如果人们预期增加支出的财政政策会持续下去,他们就会把价格预期向上修正,达到 P_2 水平,于是 AS 线向左移到 AS_1,经济在 E_2 点达到最终的均衡状态,产出水平下降,达到初始水平 Y_0。这说明,财政政策的变化只有在它未被预测到的情况下对经济活动有短期影响,不久就会全部反映在价格上。财政政策只是在短期内有效,而长期来看是无效的。

2.1.2.4　小结

IS-LM 模型一直是主流宏观经济学的主体构件之一,也是研究经济静态

图2.7　新凯恩斯主义中的AD-AS模型与财政政策效应

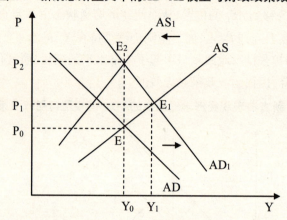

增长与财政政策关系的基本模型。该模型可用来分析主要宏观经济变量(国民收入和利率)的决定、产品市场和货币市场失衡的原因以及经济如何由失衡走向均衡,还可以用来分析财政政策调整(移动 IS 曲线)和货币政策调整(移动 LM 曲线)对利率和国民收入水平的影响,以及财政政策和货币政策的效果,并可以用来推导总需求(AD)曲线。20 世纪下半期的大多数计量经济学模型都是以 IS-LM、AD-AS 等静态模型为基础建立起来的。但是,这种静态模型存在一定的局限性:第一,静态模型分析的均衡架构过于机械化,没有表示出不确定性的重要作用,特别是对投资函数的重要作用;同时,模型低估了宏观经济的潜在不稳定性,并和凯恩斯主义的不确定性预期相矛盾。第二,静态模型分析的另一个问题在于它是运用静态(完全信息)的同步均衡框架来研究不完全信息条件下的动态调整,这无疑是有缺陷的,需要用一个动态的序列分析来替代。

2.2　内生经济增长与财政政策功能

2.2.1　内生经济增长的决定因素

　　新古典增长模式得到了经济稳定增长的均衡条件,并为现代经济增长理论构造了一个比较完整的框架。但随着实践发展,这种模式日益陷入理论与现实的困境:第一,新古典增长模式无法摆脱一个内在的矛盾,即长期增长必然离不开收益递增,上述模式的稳定均衡都是以收益递减规律为基本前提的。

众多国家的经济增长实践也表明,新古典模式所预见的生产率递减、各国经济增长趋同现象并没有发生。第二,新古典增长模式把长期增长率人为地归因于外生的技术进步,而忽略了经济系统内部促进效率提高的因素,排除了影响经济长期增长率的可能性,因此不能有效地提供经济增长的政策建议。

内生经济增长理论认为经济持续均衡增长是经济系统中内生因素作用的结果,而不是外部力量推动的结果。该理论将技术、人力资本和公共产品等因素内生化,通过这些内生因素的外溢效应,由财政政策进行适当干预,避免了新古典增长模型中物质资本收益递减现象。

2.2.2　财政政策促进内生经济增长的机理

一般来说,内生增长理论由不同模型组合而成,以下主要探讨五类经济增长模型的基本思想及其包含的深刻财政政策含义。

2.2.2.1　基于凸性生产函数的分析

凸性生产函数即假定宏观经济的生产函数与人均资本存在线性关系,也就是:

$$y_t = \alpha K_t \tag{2.11}$$

式中:α 为大于 0 的常数(技术系数)。假定人口不变,典型个人的目标是使无限时间期间的效用流量折现值最大化,则决定增长率 g 的方程式是:

$$g = \frac{1}{\sigma}(\alpha - \gamma) \tag{2.12}$$

式中:γ 为时间偏好率;σ 为消费的跨时替代弹性。如果 $\alpha > \gamma$,人均增长率 g 为正值。因此,技术系数 α 决定了增长率 g 的大小,财政政策可以通过影响 α 影响增长率 g。政府通过技术的投资或者引导企业对技术进行投资,就可以实现经济的长期增长[13]。

2.2.2.2　基于知识外溢效应的分析

美国经济学家 Arrow(1970)认为,知识存量是经验的函数,而经验又取决于过去的积累的总投资 K(t),因此,知识的生产函数为:

$$A_t = K_t^v \tag{2.13}$$

式中:$0 < v < 1$,采用柯布 - 道格拉斯生产函数,即

$$Y_t = K_t^{1-\alpha}(A_t L_t)^\alpha = K_t^{1-(1-v)\alpha} L_t^\alpha \tag{2.14}$$

由于企业在进行决策时不考虑知识的外溢效应,因而典型企业的边际资本产量的决定方程式是:

$$\frac{\partial Y_t}{\partial K_t} = (1-\alpha) K_t^{\alpha+v\alpha} L_t^\alpha \tag{2.15}$$

而政府要考虑物质资本投资的外溢效应,则边际资本产量是:

$$\frac{\partial Y_t}{\partial K_t} = [1-(1-v)\alpha] K_t^{\alpha+v\alpha} L_t^\alpha \tag{2.16}$$

从(2.15)式、(2.16)式看出,私人边际产量小于社会边际产量。因此,政府可通过一定的财政手段,弥补私人投资与知识积累的不足,使总投资水平达到或趋近于政府认定的水平。由于政府考虑了产生新知识的投资具有正外部效应,政府必须选择能使知识的税后私人边际产量等于社会边际产量的税种(如一次总付税)和投资补贴[14]。

Romer(1986)承继了 Arrow 用技术外部性解释经济增长的研究思路。他认为,知识的非竞争性决定了一个人对知识的运用并不妨碍其他人对这种知识的运用,这种运用效应和知识产生的递增生产力不仅使知识自身形成递增收益,而且使物质资本、劳动等其他要素也具有递增收益,从而会导致无约束的长期经济增长。在 Romer 的知识溢出模型中,v 可以大于1。当 v = 1 时,经济将沿着平衡增长路径增长;当 v > 1 时,经济也存在竞争性均衡解,这时人均收入增长率将持续上升。Romer 还指出:知识溢出的存在造成厂商的私人收益率低于社会收益率,如果不存在政府干预,厂商用于生产知识的投资将偏少,从而使分散经济的竞争性均衡增长率低于社会最优增长率。因此,政府应向生产知识的厂商提供补贴,或在对知识生产提供补贴的同时对其他生产课税。这些政策能够对私人厂商生产知识产生激励作用,诱使一部分生产要素从消费品生产部门流向研究部门,提高经济增长率和社会福利水平[15]。

2.2.2.3　基于生产性公共资本的分析

Arrow(1970)将公共资本存量纳入宏观经济生产函数,考察了公共投资的经济增长效应[16]。Barro(1990)、Barro and Sala(1992)认为公共服务与私人资本一样,对经济中的生产机会具有正效应,他把公共投资作为流量直接纳入宏观经济生产函数中,构建了一个以政府公共支出为中心的内生增长模型[17~18]。生产函数采用如下形式:

$$Y_t = F(K_t, I_{gt}) = K_t^{1-\alpha} I_{gt}^{\alpha} \tag{2.17}$$

式中:I_{gt} 为公共投资的流量,α 为产出对公共投资的弹性。为了给公共投资融资,政府按税率 τ 对家庭的所得征税。假定预算是平衡的,则公共投资的流量由下列方程式决定:

$$I_{gt} = \tau Y_t = \tau F(K_t, I_{gt}) = \tau K_t^{1-\alpha} I_{gt}^{\alpha} \tag{2.18}$$

利用政府预算约束,经济增长率的决定方程式是:

$$\frac{\bar{c}}{c} = \{(1-\tau)(1-\alpha)\tau^{\alpha/(1-\alpha)} - \gamma\}/\alpha \tag{2.19}$$

(2.19)式表明物质资本的边际产量在长期不会趋向于零,但不同的是,这里是公共投资对私人资本具有正效应,政府部门可以通过公共资本投资弥补私人投资的不足,维持长期投资规模和经济增长率。为了得到使经济增长最大化的所得税率,需要求 $\bar{c}/c$ 对 τ 的微分,并令该结果等于零。最后的结果说明实现最大增长率的条件是 $\tau = \alpha$。最优税收政策依据所提供的公共产品的特性而定。如果政府提供的是具有非竞争性和非排他性的公共产品以及具有竞争性和排他性的私人产品,则一次性总付税优于所得税,因为所得税会对劳动供给、储蓄以及投资产生负效应;如果政府提供的是具有拥挤性的公共产品,则所得税的作用如同使用者付费,可能优于一次性总付税。因此,政府一方面应尽量压缩消费性支出,采取财政手段刺激公共储蓄和家庭储蓄,加大对基础设施和公共设施的投资力度;另一方面应针对所提供公共产品的不同特性采取区别性的税收政策,以使税收对投资和储蓄的刺激作用得到最充分发挥[19]。

2.2.2.4　基于人力资本投资的分析

Lucas(1988)认为人力资本积累是经济增长的关键,个人可以通过投入时间增加其人力资本或提高其技能。在卢卡斯模型中,生产函数可写为:

$$Y(t) = K_t^{1-\alpha}[u_t h_t L_T]^{\alpha} h_{\alpha t}^{v} \tag{2.20}$$

公式中的 u_t 表示经济中个人用于生产商品的时间,h_t 表示技能水平,$h_{\alpha t}$ 表示人力资本的外部效应。$1-u_t$ 是典型个人用来增加人力资本的可支配时间,人力资本的变化可以表示为:

$$h'_t = h_t e(1-u_t), e>0 \tag{2.21}$$

可见,只要 $u(t)>0$,技能水平的增长率 h'/h 总是正值。这表明,在人口不变的情况下,只要资本存量的增长不为负值,人均增长就不会陷于停滞。该

模型的一般消费增长率 g 为:

$$g = (h'/h)(\alpha + v)/\alpha \qquad (2.22)$$

人力资本的平衡增长率为:

$$h'/h = [\alpha(e - (v - n))]/[\sigma(\alpha + v) - v] \qquad (2.23)$$

Lucas 认为,人力资本的外部效应(社会劳动力的平均人力资本水平)具有核心作用,并且这些效应会从一个人扩散到另一个人,因而会对所有生产要素的生产率都产生贡献,从而使生产呈现规模递增收益。由于人力资本投资具有正的外部效应,即 v > 0,社会最优状态下的增长率总是高于竞争经济下的增长率。因此,政府部门应直接增加人力资本投资,或通过税收减免、投资补贴、财政贴息等手段,鼓励企业投资人力资本[20]。

Sorensen 对该模型进行了扩展,明确导出了政策含义,即对资本征高税只影响利率,并在长期内降低生产的资本密集程度。如果政府提高学费,对劳动所得课税会降低平衡增长率;如果政府对教育提供补贴,对劳动所得课税会提高平衡增长率。因此在社会最适状态下,对资本所得征税税率并不为零,政府需要扶持人力资本的形成。此外,索伦森还说明了人力资本外部效应的大小决定了对劳动所得的课税是正还是负,这同样适用于教育学费或教育补贴。

2.2.2.5 基于研究与开发投资的分析

在 Romer(1990)提出的模型中知识或技术进步被赋予了一个完全内生化的解释,这种技术以两种方式进入生产:一方面技术会用于中间产品,并进而通过中间产品数量和种类的增长提高最终产品的产出;另一方面技术变化会增加总的知识量,通过外溢效应提高研究部门的人力资本生产率,实现经济的长期增长[21]。他构造了一个用研究与开发投资说明经济增长的模型,该模型将经济分为三个部门:R&D 部门、中间产品生产部门和最终产品生产部门。

最终产品生产部门的生产函数可以写为:

$$Y(H_Y, x, L) = H_Y^\alpha L^\beta \sum_{i=1}^{A} X_i^{1-\alpha-\beta} \qquad (2.24)$$

L 表示劳动力, H_Y 是用于最终产品生产的人力资本数, x_i 是每种资本品的投入量,A 代表资本品的种类数;

对中间生产部门,将过去生产而未用于消费的最终产出积累看作总资本存量 K ,则资本增量方程是:

$$\bar{K}(t) = Y(t) - C(t) \qquad (2.25)$$

假定需要使用 η 单位的中间产品来生产一单位资本品,有:

$$K = \eta \sum_{i=1}^{A} X_i \qquad (2.26)$$

对 R&D 部门,得到知识进步方程:

$$A = \delta H_A^j A^i \qquad (2.27)$$

其中 H_A 是从事 R&D 的总人力资本,经济中的总人力资本是最终生产部门和研究部门所使用的人力资本之和,即 $H = H_Y + H_A$

最终生产部门的生产函数可以变换为:

$$Y(H_A, L, x) = (H_Y A)^{\alpha} (LA)^{\beta} (K)^{1-\alpha-\beta} \eta^{\alpha+\beta-1} \qquad (2.28)$$

经济的均衡增长率方程:

$$g = \delta H - \frac{\alpha}{(1-\alpha-\beta)(\alpha+\beta)} \gamma \qquad (2.29)$$

Romer 强调,中间部门、R&D 部门的研究活动规模是次优的,政府的政策取向是向知识积累提供补贴的同时,向中间产品的购买提供补贴,这将导致研究与开发部门人力资本收益的增加,促进更多人力资本配置于研究部门[22]。

Grossman 和 Helpman(1991)认为,由于研究与开发活动具有外溢效应,竞争性均衡增长率低于社会最适增长率,而企业在决策过程中没有考虑外溢效应的存在,所以其研究与开发投资水平偏低。因此,政府必须通过补贴研究与开发活动,或提供税收优惠鼓励企业增加 R&D 投资等方式来提高经济增长率[23]。

由上述分析可见,兴起于 20 世纪 80 年代中期的内生增长理论把经济增长理论带入了一个新的发展阶段。它在新古典增长理论的基础上解决了两个关键问题:报酬递增与知识内生化,说明了经济长期持续增长的源泉和动力,并从深层次上给政府干预提供了理论依据。在内生增长理论的框架下,财政政策在促进内生经济增长过程中具有不可替代的作用:既能解决经济的均衡水平,即"水平效应";又能通过税收、支出、补贴、公债等手段,改变内生因素如研究与开发投资率以及处理外部性等,提高单位生产要素产出率,进而推动经济的长期稳定增长,即"增长效应"。从实际意义看,内生增长理论为财政政策运用拓展了新的空间和领域,从而受到各国政府的高度重视。如 20 世纪 90 年代,美国在克林顿政府期间对教育和科研开发投资空前增长,并运用财政政策动员社会财力,推动了以信息化为先导的高科技发展和产业升级,从而带来了历史上最长的扩展期和"低通胀、低失业、持续增长"的宏观态势,被誉为"美国新经济"。对我国而言，通过过去几十年的快速资本积累，取得了较快的经济增长，今后应该更加重视人力资本积累和技术开发活动，完成从依靠资本积累的增长向依靠技术进步的增长转变。

值得注意的是，内生增长理论的分析框架和分析方法也具有局限性。这种局限性集中在：第一，难以在定量上确定经济内生性增长与财政政策的因果关系，也无法确定财政政策的影响以及力度；第二，一般采用同等偏好的中性技术变化的假定，而排除了任何结构的分析，但实际上经济结构转换是经济增长的核心问题；第三，经济增长导致收入分配不均的扩大或缩小，以及收入分配变化促进或减缓经济增长的现象，是经济增长理论中的重要议题，但内生增长理论显然未能较好地回答这一问题。

2.2.3 小　结

全面考察经济增长理论中财政政策的发展演变历史，可以发现，产生于不同时期的经济增长理论，既体现了对财政政策促进经济增长认识的逐步深化，也客观反映了不同阶段经济增长的内涵变化。从依靠资本、劳动等生产要素的投入，到由知识积累、技术进步推动经济收益递增，总的趋势是随着经济发展阶段的递次推进，技术、知识、人力资本等因素的作用逐渐强化，并且财政政策促进经济增长的有效路径，支持的重点、方式、强度也随之发生了变化。可以说，这些理论研究主要关注两部分内容：一方面是短期波动问题，另一方面是长期增长趋势问题。

前者研究的重点在于探究经济周期性波动的原因与内在机制，以及如何通过经济政策工具如财政政策来熨平经济波动或减小波动幅度，其内部的分歧在于确认引发波动的动因和解析波动的传导机制上。如凯恩斯认为，由于存在流动性偏好、边际消费倾向递减、资本的边际报酬递减三大因素，造成需求下降，导致了经济中产出暂时下降，进一步降低了工资与资本收入，进而减少了需求；而财政政策的作用是以政府购买或投资、转移支付的方式将政府的资金转化为有效需求，把经济从增长低谷中拉动起来。可见，这些分析局限于财政政策在熨平经济波动、调节总需求方面的短期效应，即经济增长向潜在增长率接近的可能性，并未考虑财政政策的长期增长效应，财政政策被认为对供给方面作用甚小。

与之相对应，后者关注的是经济长期增长趋势，即经济供给能力的长期增长,强调动态的一般均衡,而非经济波动。其财政政策的选择也是长期的、持续的,而不是相机抉择。如内生增长理论通过研究均衡增长路径中个体行为特征,认为长期经济增长是内生的,经济个体决定的人力资本积累以及参与研究与开发等理性行为是决定长期经济增长的源泉。财政政策只有通过有效影响经济主体积极地进行人力资本积累、研究开发、生产等活动,才能取得预期效果。因此,财政政策重点应放在促进人力资本的快速积累和开展研究开发等活动上,以提高长期的经济增长。这无疑为财政政策效应从调节短期需求向改善长期供给的转变提供了理论支持。

2.3　开放系统中经济增长与财政政策功能

前面所有的分析都是基于封闭经济系统,但现代经济的基本特征是开放型经济,因此,我们有必要进一步考虑开放系统中财政政策促进经济增长的内在机理。开放经济系统主要引入了两个关键要素:国际贸易与外商直接投资(FDI)。

2.3.1　开放系统中财政政策促进经济增长的一般分析

2.3.1.1 基于"三缺口"及"四缺口"模型的分析

许多学者就国外资源对经济增长的必要性和作用从理论上作了分析,其中比较系统和有影响的是 1966 年由 Chenery and Strout 提出的"双缺口"模型(two-gap model)以及扩展后的"三缺口"、"四缺口"模型[24]。

在"双缺口"模型中,经济增长主要受到三种形式的约束:一是"储蓄的约束"(或称投资约束)即国内储蓄不足以支付投资的扩大,影响了经济增长;二是"外汇的约束"(或称贸易约束),即出口收入小于进口支出,有限的外汇不足以支付经济发展需要的资本品等进口,阻碍了国内生产和出口的发展;三是"吸收能力的约束"(又称技术约束),即由于缺乏必要的技术、企业家和管理人才,无法更多地吸收外资和有效地运用各种资源,影响了生产率的提高和经济增长。钱纳里指出,发展中国家的经济增长将依次出现吸收能力限制的发展阶段、储蓄限制的发展阶段、外汇限制的发展阶段。钱纳里和斯特劳斯重点考察的是储蓄约束和外汇约束,并利用均衡方法分析得出储蓄约束与外汇约束在量上相等,用总量公式表示就是:

$$Y = C + I + X - M \tag{2.30}$$

其中，Y 是国民收入，C 是消费，I 是投资，X 代表出口额，M 代表进口额。因为国民收入恒等式，有

$$Y = C + S \tag{2.31}$$

代入上式调整得：

$$I - S = M - X \tag{2.32}$$

上式左端(I−S)是投资与储蓄之差，称为"储蓄缺口"，右端(M−X)是进口与出口之差，称为"外汇缺口"。从均衡的观点来看，左右两式必须相等，表示国内出现储蓄缺口即投资大于储蓄时，必须用外汇缺口即进口大于出口(表示从国外获得储蓄)来平衡。

这一模式的基本含义是：

(1)该模式将收入增长和储蓄、投资、出口、进口四个要素联系起来，是一个开放模式。

(2)该模式强调储蓄和外汇是经济增长的两个约束条件。国内储蓄的短缺表现为投资大于储蓄，限制了资本的形成；外汇短缺意味着出口小于进口，限制了进口能力。

(3)若需要的储蓄小于可获得的储蓄，以及需要的外汇小于可获得的外汇，则可以用国外借款或赠予(即外援)来解决。

储蓄缺口与外汇缺口的平衡是事后的平衡，因为在事前该模型中的四个因素是独立变动的，投资超过储蓄的数额不一定刚好等于进口超过出口的数量，需要对两个缺口进行适当调整，促成其达到平衡。调整两个缺口的方法有不用外援条件下的消极调整和利用外援的积极调整两种：前者主要是指当储蓄缺口大于外汇缺口，即 I−S＞M−X 时，通过减少国内投资或者增加国内储蓄来实现两端的平衡；当储蓄缺口小于外汇缺口，即 I−S＜M−X 时，通过减少进口或者增加出口来实现两缺口的平衡，显然，这将难以在短期内实现并会降低经济增长率。后者主要是指在两个缺口不具互补性的前提下，应采用利用国外资源即引进外资的办法，使两个缺口在促进经济增长率高的情况下实现平衡，这样既能解决国内资源不足问题，促进经济增长，又能减轻因加紧动员国内资源以满足投资需求和动员国内资源以冲销进口而出现的双重压力[25]。

"双缺口"模型揭示了开放经济条件下，积极地利用国外资源是克服储蓄和外汇约束、促进经济增长的重要而有效的途径，其财政政策含义在于：

（1）该模型指出,国内资源（主要是资本）的稀缺是经济发展的主要约束条件,当经济发展受到储蓄缺口和外汇缺口的限制时,为了促进经济增长,必须成功地利用国外资源,推动经济增长。因此,政府应采取各种财税、金融政策积极吸引外资来平衡两个缺口,促进经济的持续健康发展。

（2）政府应加大经济增长中外资计划的实施和调节力度。即根据经济增长目标的要求,事先计算好需要进口的资源量,使进口的资源量恰好等于国内需要的追加资源量,从而使国内的经济结构达到平衡、储蓄缺口和外汇缺口相等。这种计划性调节综合体现在对外资的引进、分配、管理、控制,对汇率的调整,对相关法规的制定和税收政策的执行等方面,政府应采取适当的财税激励和优惠措施来调节外资的流向、结构、有效性,并适当控制诸如跨国公司之类机构在本国的活动。

（3）"双缺口"模型表明,发展中国家可以通过有效利用外资来发展国内生产、增加出口,平衡两个缺口对经济发展的约束;但从长远看,一个国家不可能永远依赖引进外资来发展经济,当经济发展到一定阶段应逐步减少国外援助和对外资的依赖程度,使经济结构能够形成自动调整、实现均衡的功能,依靠经济系统内部的力量来推动经济持续增长。否则,将有可能产生永久性的对外资的依赖,两个缺口也将继续存在,并产生债务偿还、国际收支不平衡等问题,使经济增长受到新的阻碍。

"双缺口"模型仅从资源来源与数量的角度来分析引资动因和结果,却忽视了资源运用的效率。从表面上看,投资占国民生产总值比率越高,经济增长就越快。实际上资本的使用效率要比提高投资量对国民生产总值的增加起更加重要的作用。由于资本与其他要素资源（如科学技术、人力资源）相结合体现的经济增长速度,也就是说由于技术缺口致使内外资在资源的利用上具有不同的效率,为了一定的经济增长速度必然吸收具有较高效率的外资。为了完善"双缺口模型",使其更好的解释发展中国家的外资与经济发展的关系,赫希曼等提出,一国经济除存在着储蓄缺口和外汇缺口这两方面数量上的制约外,还存在第三形式的缺口,即技术缺口（tech-gap）:

$$T = I_t - S_t = M_t - E_t \tag{2.33}$$

技术缺口,是指由于与国外相比,缺乏必需的技术和管理,无法吸收并有效地使用各种资源,从而影响生产率的提高和经济的发展。如果一国存在技术缺口时,而且发展中国家难以估计在自我研究和发展（R&D）过程中的各种风险,需要利用外国直接投资包括技术、知识、管理等一揽子资源的转移来避免风险,获得一定的技术溢出效果,缩小技术差距,争取技术优势。所以,一国存在技术缺口,为了填补技术缺口的外资流入是不能通过国内储蓄全部或部分予以实现的,只能通过主要以技术为载体的外国资本流入进行替代。因此,一国存在的技术缺口是外国资本大规模流入的重要需求动因。这种由于技术缺口构成的国内储蓄不能符合投资需求而构成的缺口,是一种结构性缺口,此时外国资本的流入是对国内储蓄的一种替代。

伴随着技术转移的外资流入会对发展中国家带来一些技术溢出效果,通过外国资本的流入引进技术是突破技术缺口的有效途径。因此,政府应在引进外资中实行"一揽子"的资源引进计划,即在引进外资的同时,实施包括财政政策在内的经济政策,刺激对国外的先进技术、管理知识和人才等软件的配套引进,以提高发展中国家的生产能力和劳动者的知识与技能,在一定程度上消除技术缺口对经济的瓶颈作用,使经济进入快速发展阶段[26]。

在"三缺口"模型的基础上,又产生了"四缺口"模型,即增加一个"税收缺口"。发展中国家的经济发展需要国家进行干预,表现为实行经济发展计划,但经济计划的实施主要依靠政府的财政支出来推动。对于比较落后的发展中国家来说,现有的政府税收计划目标与实际税收之间存在着差距即"税收缺口"。因此,政府要顺利完成经济发展计划,必须通过征税、入股经营、财政参与等形式,为政府筹集公共资源,填补税收缺口,以保证政府经济计划得以顺利实施。

"双缺口"模型表明,当一个发展中国家受到储蓄缺口和外汇缺口的约束时,每一个缺口会对发展中国家的经济发展造成强约束,因此需要引进外资来填补双缺口,从而促进经济增长。如果一国存在储蓄缺口时,需要进出口一个规模相等的赤字予以平衡,这时需要通过采取财政政策吸引外国资本的流入来引进资本,摆脱投资水平受制于较低的国内资本水平的被动局面。实际上,目前许多经济发达的国家,在其经济发展的初期均依靠外国资本的流入实现经济腾飞。二战后特别是20世纪60年代以来,许多发展中国家都不同程度地采用利用外资或依靠外国储蓄来发展经济或实现经济高速增长。"双缺口"模型成为多数发展中国家吸引外国资本流入的一个重要理论基础,同时也为发展中国家促进其经济增长提供了一种可供选择的途径。

但是,"双缺口"模型理论具有一定的局限性,它仅从资源来源与数量的角度来分析引资动因和结果,却忽视了资源运用的效率。也正是由于"双缺口"模型这一片面性,使其在分析中国吸引外资流入的动因时缺乏说服力。

事实上,经济增长目标的实现,固然要有足够的储蓄来保证足够的投资,更要有较高效率的投资使投资变为有质量的产出,而为了实现有效投资使投资变为有质量的产出,这时,外资有着对国内储蓄的替代。正是基于此,我们引入了"三缺口"模型以及"四缺口"模型分析,并通过发挥财政政策的作用,来填补"技术缺口"和"税收缺口",以满足经济增长的需要。

2.3.1.2　基于 M-F 模型的分析

M-F 模型实际上是在资本完全流动条件下将标准的 IS-LM 模型扩展到开放经济系统中,它主要研究了开放经济条件下宏观经济政策的有效性问题[27],并分析得出政策效果与汇率制度及国际资本的流动程度紧密相连的结论。

M-F 模型的基本假定包括:(1)短期内国内价格水平和国外价格水平不变;(2)资本在国家之间完全自由流动,即国内市场利率与国际市场利率相等;(3)静态汇率预期,即预期汇率变化为 0,亦即资本在国际之间流动时,只受到利差的影响,而无须考虑汇率变化的风险;(4)一国经济短期处于相对均衡状态,即国内商品、货币市场和国际收支一般均处于均衡水平。

M-F 模型基本构造如图 2.8 所示,IS 表示国内商品市场均衡曲线,LM 表示国内货币市场均衡曲线,BP 曲线表示外汇市场均衡,资本完全流动性在图上反映的 BP 曲线是一条水平直线①。开放经济下的经济均衡意味着商品市场、货币市场、国际收支同时均衡,即 IS 曲线、LM 曲线、BP 曲线相交于均衡点 E_0,对应国内利率为 r_0,国民收入(产出)水平为 Y_0。从现实来说,该均衡点代表了一国在国内市场和国际市场均衡时的国民收入状况,也反映了在经济均衡时的利率和汇率水平。

1. 固定汇率下的财政政策的效应分析

在固定汇率制度下,实施扩张性财政政策的机制是:政府扩大支出,增加总需求,导致均衡产出和国内利率的上升,利率的上升引起大量资本的内流②,从而导致国际收支顺差,迫使政府买入外汇抛出本币,使货币总供给扩

---

① BP 曲线表现维持国际收支均衡的各种收入和利率水平的组合,其斜率反映了一国对国际资本流动的管制程度。由于对管制松紧程度的不同,BP 曲线的平缓或陡峭程度有较大差异。

② 模型假设了资本的完全替代性和商品的不完全替代性,因此,资本内流量要远远大于均衡收入增加导致的进出口增加量。

图2.8　M-F模型基本构造

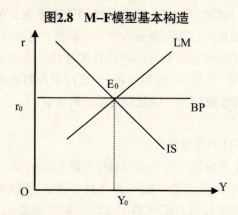

大。如图 2.9 所示,扩张性财政政策使得 IS 曲线向右移动到 IS',导致利率上升,利率上升使得资本流入增加从而外汇储备增加,货币供给量也增加,导致 LM 曲线右移动到 LM',其结果为收入增加,利率不变。可见,在固定汇率制下,当资本完全流动时,长期内财政政策虽然不能影响利率,但会带来国民收入较大幅度(与封闭条件下相比)的提高,即此时的财政政策是非常有效的。

图2.9　固定汇率制下,资本完全流动时的财政政策分析

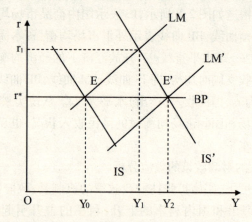

2. 固定汇率下的货币政策的效应分析

在固定汇率制度下,实施扩张性货币政策的机制是:货币供给扩大,利率下降,一方面暂时使均衡产出增加;另一方面也使资本大量外逃,进口支出增加,国际收支恶化,迫使要维持固定汇率的当局必须采取抛出外汇、收回本币的措施,这就会立即降低本国的外汇储备,使货币供给减少,即从 LM' 回到 LM(如图 2.10 所示),从而抵消了扩张性货币政策的影响,对均衡产出的影响

也随之消失。可见,在固定汇率制下,当资本完全流动时,货币扩张即使在短期内在无法对经济产生影响,也就是说,此时的货币政策无效。

图2.10　固定汇率制下, 资本完全流动时的货币政策分析

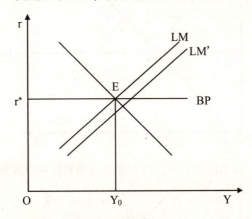

3. 浮动汇率下的财政政策的效应分析

在浮动汇率制度下,实施扩张性的财政政策则会发生相反的作用过程:财政政策扩张使支出扩大,在短期内产出暂时增加,产出的增加导致对货币需求的增加,在货币供给不变的前提下,利率会上升,从而引起大量资本的迅速内流,使国际收支发生顺差,本币升值,汇率下降,这必定导致出口的减少,从而抵消因扩张性财政支出而带来的总需求的增加,因此,最初出现的均衡产出暂时的增加便会消失。如图 2.11 所示,扩张性财政政策使 IS 曲线向右移动到 IS',导致本国利率上升,而又使得本币升值,这将会使 IS' 曲线向左移动到原来的位置。可见,在浮动汇率制下,当资本完全流动时,扩张性财政政策造成本币升值,对收入和利率均不产生影响,也就是说,此时的财政政策是无效的。

4. 浮动汇率下的货币政策的效应分析

在浮动汇率制度下,实施扩张性的货币政策会发生以下作用过程:货币供给扩大使利率下降,一方面使投资增加,从而增加均衡产出,如图 2.12 的 $Y_1 - Y_0$;另一方面将会使资本大量外流,进口支出扩大,导致国际收支逆差,使汇率上升,本币贬值即 $e_1 - e_0$,并最终促使经济达到均衡状态。可见,在浮动汇率制下,当资本完全流动时,货币扩张会使收入增加,本币贬值,长期来看,对利率无影响。此时的货币政策是非常有效的。

基于 M-F 模型,在实行浮动汇率、资本完全流动的条件下,货币政策在影响国内产出和需求上要比财政政策更有效力,即货币政策对内部经济目标有

图2.11　浮动汇率制下，资本完全流动时的财政政策分析

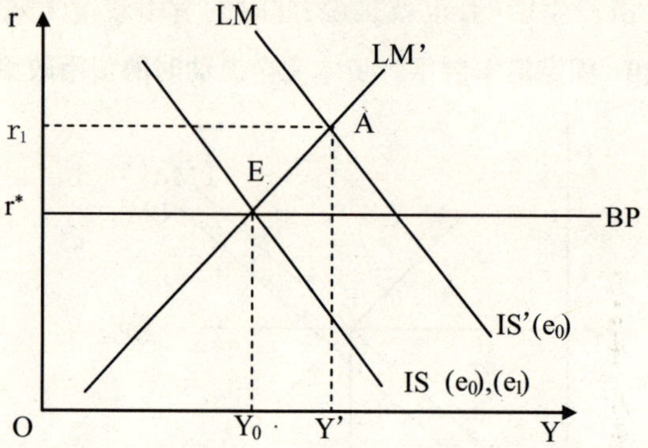

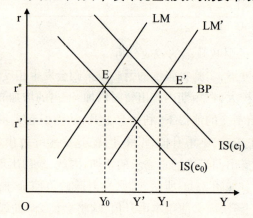

图2.12　浮动汇率制下，资本完全流动时的货币政策分析

比较优势，应由其实现国内经济均衡目标，而以财政政策影响外部均衡；而在固定汇率制度下，货币政策影响均衡产生的效力远小于财政政策，即财政政策对内部经济目标有比较优势，应该用财政政策来调节内部均衡目标，而以货币政策调节外部均衡目标[28]。

M-F 模型是第一个将开放经济体系的核心变量纳入到 IS-LM 框架中的开放模型，它超越了 Keynes 关于封闭经济体系的假定，把宏观经济一般均衡分析框架扩大到了开放经济领域，并成为用来分析开放经济条件下宏观经济政策的典型工具和发展国际宏观经济学的基本平台。从另外一个意义来讲，M-F 模型证明了政府可以通过相机地选择汇率制度或其他宏观经济政策，干预经济以实现内部均衡和外部均衡的稳定，其分析框架和分析结论使国际宏观经济学摆脱了古典经济学中"政策无用论"的悲观主义困境，为国际宏观政策

积极主义者提供了较为坚实的理论基础。

　　M-F 模型也存在一定局限性,它是在多数国家采用固定汇率制,而利率在当时经济中的作用相对重要的背景下提出的,反映的是经济均衡时的利率与收入水平,而无法对外汇市场上汇率的波动作出合理的解释。因此,经济学家Mankiw 等人结合目前世界经济的实际情况,即多数国家采取浮动汇率制,汇率对一国贸易、金融的作用逐渐突出,相继提出了动态的 M-F 模型和"曼昆"模型。动态的 M-F 模型在原始模型的基础上增加了汇率的动态调整过程,使原始的 M-F 模型得到了进一步的完善。在"曼昆"模型的假设中,忽略了利率的变动,而着重考虑汇率的变动,使扩展后的 M-F 模型集中反映了经济均衡时的汇率与收入水平[29]。显然,这是和经济不断一体化全球化、汇率调节日趋重要的特征相符合的。

2.3.2　财政政策—对外贸易—经济增长

2.3.2.1　财政政策—对外贸易—经济增长的理论分析

　　早年的重商主义为主张政府干预贸易、促进经济增长提供了最基础的理论。早期重商主义产生于 16 世纪末至 17 世纪初,这一时期的重商主义重视金银,认为对外贸易中必须使每笔交易和对每个国家都保持顺差,以使金银流入本国,增加本国的财富。因此,政府一方面应以高关税限制商品尤其是奢侈品的输入,以防止金银流出;另一方面,应以政府补贴鼓励输出,换取金银流入。由于补贴来自于政府,这便成了最早的促进出口贸易增长的财政政策。晚期重商主义产生于 17 世纪中叶,其代表人物是英国的 Thomas。晚期重商主义脱离了早期重商主义的重金主义思想,转而提倡贸易差额理论,即不论一国的对外贸易如何兴旺,若其出口值不能超过进口值,则该国的经济繁荣无法实现[30]。所以要促进本国经济增长就必须促进出口,使出口大于进口,以造成有利的贸易差额,即"顺差"。重商主义最早实施的"奖出限入"政策,仍是当今世界上大多数国家的财政政策促进贸易增长的基点。具体包括:政府对制成品出口实施财政补贴;为加工制成品出口而进口的原材料提供关税减免优惠;对制成品出口实行国内捐税的减免或退税;减轻或免除出口关税;制定一系列鼓励出口工业发展的财政政策。

　　古典学派的自由贸易理论认为政府的过度干预既妨碍个人主义和贸易自由,也阻碍了经济增长,于是纷纷反对重商主义政策,倡导"自由放任主义"。

如英国经济学家 Smith 在其代表作《国富论》中首先提出：基于各国在不同商品生产上占有绝对优势的分工模式，自由贸易一方面能够扩大市场规模，提高生产效率，促进各国劳动生产率的发展；另一方面，能够促进整个世界资源配置效率的提高。无疑，绝对优势理论支持自由贸易，如果政府通过经济政策包括财政政策对贸易进行干预，将扭曲市场竞争环境，各国依照绝对优势的国际分工和专业化生产也不可能实现。英国产业革命深入发展时期的经济学家 Ricardo 继承并发展了斯密的理论，认为两国都集中生产和出口自己有比较优势的产品，进口自己有比较劣势的产品，两国都能实现国民财富的增长和社会福利的改善。Ricardo 同样认为政府在外贸中几乎不起作用，财政政策的作用空间也很小。

在古典自由贸易理论基础上，英国经济学和哲学家 Mill、Marshall 和瑞典经济学家 Ohlin 等进一步阐述、演绎和发扬光大，形成新古典贸易理论，从而使自由贸易政策建立在更加坚实的理论基础之上。

新古典贸易理论实际上是新古典经济学在开放经济条件下的扩展，H-O 理论是其代表学说。Hecksche[31] 和 Ohlin[32] 认为由要素禀赋不同所带来的要素相对价格差异会导致各国比较优势的不同，因此各国在缺乏李嘉图外生技术比较优势时，仍有参与贸易的动力和基础，也能够产生专业化分工。H-O 理论实际上是考察完全竞争市场下的国际贸易问题，它极力推崇自由竞争市场，认为价格和市场是万能和至高无上的。这种"自由放任主义"的思想应用在财政政策上，自然就是反对重商主义的干预和统制的政策措施。

19 世纪末的技术进步，一方面极大地推进了生产的社会化，促进了国际分工和世界市场的迅速发展，另一方面，由于发展带动的生产集中和垄断使国内市场远不能满足垄断资本对市场的需求，再加上 1929—1933 年世界性的经济大危机，使市场问题进一步尖锐，传统的自由主义理论陷入困境，"新重商主义"重新崛起。Keynes 在其 1936 年发表的代表作《就业、利息和货币通论》中阐述了保护贸易思想，对重商主义进行重新评价，并大为推崇。以后 Keynes 的追随者继续扩展了有关对外贸易乘数理论。对外贸易乘数理论很直观地说明了对外贸易对国民收入的影响，一个国家出口的增加像经济体系中任何其他的支出增量一样，通过乘数效应使就业机会和国民收入成倍的增加。以 Keynes 为代表的"新重商主义"极力主张国家干预对外贸易活动，运用各种保护措施，以扩大出口，减少进口，实现贸易顺差。它为战后相当长一段时间盛行的超保护贸易政策以及国家对外贸的宏观控制，提供了理论依据。

体现在财政政策上,新重商主义的主要观点是:主张国家干预对外贸易,重新
实施重商主义的各项政策措施,例如提高关税、设置非关税壁垒等保护措施;
主张进攻贸易保护,在垄断国内市场的条件下对国外市场采取进攻性的扩张,
即通过包括财政政策在内的经济政策大力鼓励出口,保持贸易顺差;注重运用
宏观经济调节手段干预外贸,更强调财政和货币两大政策的作用。在财政方
面的措施主要有出口退税、进口高税、出口补贴等;信贷方面的措施有实行低
利贷款与再贴现率、加强出口信贷、出口担保和有效利用外汇汇率等。

　　20 世纪 80 年代以来新贸易理论经过 20 多年的发展,已经形成了一个庞
大的理论体系。它遵循了多样化产品垄断竞争的框架,关注收益递增、规模经
济、专业化分工对于贸易模式的具体影响,关注收益递增和规模经济下贸易模
式的动态演变[33~35]。其中对与外贸相关的财政政策影响较大的是新保护主
义贸易理论和战略性贸易政策理论。

　　新保护主义贸易理论以凯恩斯的一般就业理论为基础,其核心是研究保
持国内充分就业及维持与国内收支平衡的关系,其政策目标是通过推行保护
主义措施摆脱经济滞胀的困境,促进经济繁荣。在保护主义贸易理论中,较有
影响的是英国剑桥经济政策团体的主要代表 Godly 所提出的保护贸易理论
模型。

　　根据 Godly 的模型,若考虑对外贸易,一国的均衡模式应是:

$$Y = G + \triangle S + PE + X - M \tag{2.34}$$

　　其中 Y 为国民收入,G 是政府支出,$\triangle S$ 是存货变量,PE 是私人支出,X
和 M 分别表示出口和进口。

　　由于存在税收 T,有:

$$G - T = (Y - T - \triangle S - PE) + (M - X) \tag{2.35}$$

　　税收和进口与国民收入的关系分别为:

$$T = tY; M = my \tag{2.36}$$

　　其中 t 为税率;m 为边际进口倾向。

　　国民收入的决定与政府支出 P 及出口 X 密切相关,也与税率和边际进口
倾向有关,其关系可表述为:

$$Y = (G + X)/(t + m) \tag{2.37}$$

　　如果一国财政收入平衡,有:

$$Y = G/t \tag{2.38}$$

　　如果一国经常项目收支平衡,有:

$$Y = X/m \tag{2.39}$$

因此,一国财政收支和经常项目收支均达到平衡的国民收入决定为:

$$Y = G/t = X/m \tag{2.40}$$

这表明一国财政政策在保持国际收支平衡过程中的作用,同时说明当财政政策的实施受国际收支状况制约时,国民收入的唯一决定因素是对外贸易业绩。因此必须实施鼓励出口和限制进口的财政政策,通过促进出口扩大国内生产,从而形成较多的税收。

20 世纪 70 年代中期以来,世界经济和贸易格局发生了重大变化,行业内贸易和发达国家之间贸易迅速增长。在此背景下,一些经济学家力图从新的角度探寻政府干预对外经济增长的理论依据,出现了以不完全竞争和规模经济为基础的国际贸易新理论,其中最具代表性的是战略性贸易政策理论。战略性贸易政策理论认为,一国政府在不完全竞争和规模经济条件下,可以凭借生产补贴、出口补贴或保护国内市场等政府手段,扶植本国战略性产业的成长,增强其国际竞争力,谋取规模经济的额外收益,并可抢占国际竞争对手的市场份额,转移其垄断利润,从而提高本国经济福利。显然,战略性贸易政策理论放松了传统贸易理论关于世界市场是完全竞争的假设,证明在不完全竞争和规模经济条件下自由贸易政策的非最优性及政府干预的某些合理性[36~38]。简单地说,战略性贸易政策就是通过政府政策干预把市场竞争构造成市场博弈。战略性贸易政策理论为 80、90 年代美国实行鼓励出口和贸易保护提供了新的理论依据,是美国 90 年代以来出口持续快速增长的一个重要原因[39]。

20 世纪 80 年代末到 90 年代初兴起的内生增长理论不仅为认识贸易和增长的关系提供了一条新的途径,而且重新构建了财政政策促进经济增长的动态机制。该理论认为,对外开放和参与国际贸易可以产生一种"外溢效应",即国与国之间开展对外贸易,不仅可以增加世界贸易总量,而且可以加速先进技术、知识和人力资本在全球范围内的传递,使知识和专业经人力资本能够在贸易伙伴国内迅速积累,从而提高贸易的总产出水平和经济增长率。

Romer(1990)认为,国内市场规模对经济增长率的影响并不能完全等同于国际贸易对经济增长率的影响,即使国内市场规模巨大,融入国际市场(尤其是人力资本比较丰富的国际市场)仍然可以提高经济增长率。同时,由于知识传播与人力资本的外部效应,国与国之间开展贸易可以节约一部分 R&D 费用,间接地增加本国国内的资本积累,从而使各国经济得以更快的发展。就发展中国家而言,通过参与国际贸易可以学习和吸收发达国家的先进技术,加快自身知识、技术和人力资本积累,进而可以形成一种"赶超效应"。

下面我们通过引入一个简单的贸易、知识积累与增长的模型来阐述贸易—增长效应。

$$Q_i = KF_i(T_i, L_i) \text{,其中,} i = 1,2 \tag{2.41}$$

$$K' = bQ_i \tag{2.42}$$

其中: Q_i 表示部门 i 的产出, T_i 与 L_i 分别表示部门 i 土地与劳动的投入量,K 表示知识存量, K' 表示知识增量。

显然(2.41)式是典型的新古典生产函数,知识(技术)K 是个外生变量。(2.42)式假定知识的增加是边干边学的结果(即 K 是部门 i 产量的递增线性函数,b > 0),K 为内生变量。(2.42)式为我们提出了知识溢出的潜在作用,也为我们提供了贸易影响增长的另一机制。在开放经济中,知识(技术)变化 K' 是世界商品 1 总产出的函数。显然整个世界商品 1 的产量要比一国的产量大,那么一国不仅在贸易中得到从贸易伙伴国知识(技术)溢出的好处,而且由于分工、规模收益递增,产量也会随之加速增加,由此推动经济的增长。

Rivera Batiz 和 Romer(1991)将 Romer(1990)的分析推广到两国开放经济。他们考虑两个相似国家之间的经济一体化如何影响各国增长与世界经济的增长。在其中,具有某种公共品性质的技术或知识的溢出效应是联系贸易和内生增长的核心。如果技术和知识具有某种公共品的性质,并能够外溢到其他国家,那么开放与一体化能够促进各国乃至整个世界的技术进步[40~41]。但是 Feenstra(1996)指出如果 R&D 的外溢效应仅仅局限于一国之内,那么开放将会使得小国受到伤害,小国将增长得更慢[42]。其实,Grossman 和 Helpman(1991)已经完整地分析了开放经济条件下的增长问题,在他们看来,技术和知识的外溢是内生增长的核心[43]。Lucas(2000)从历史的角度探讨了从工业革命以来世界经济的增长,其中开放经济条件的技术扩散仍然是问题的核心,他认为发源于英国的工业革命从英国扩散到法国、美国、德国,扩散到俄国、日本,最近又波及到亚洲四小龙等东亚国家。直到今天,这种扩散还远未结束。

Parente 和 Prescott(1994)认为现实中总会存在种种因素阻碍着技术的应用,而这种种阻碍能够解释各国收入的差距。或许国际贸易、经济一体化是降低这些阻碍的有效途径[44]。Ben David(1998)详细讨论了增长与贸易的关系。他认为技术和知识的外溢效应依赖于贸易,贸易壁垒只会削弱和减缓知识和技术在国与国之间的扩散[45~46]。

Barro 和 Sala – I – Martin(1992,1995,1997)从南方国家技术模仿的角度详细讨论开放经济条件下的技术扩散问题。他们把北方和南方看成是领导者和追随者的关系，领导者创新，付出创新成本；而追随者模仿，付出模仿成本。他们希望用这样的创新、模仿框架解释开放经济条件下的各国长期增长问题[47~50]。

总的来说，内生增长理论认为，由于各国用于研究和开发的投入，知识积累及专业化人力资本积累的不同，那些在研究与开发部门投入多、知识与专业化人力资本积累多、生产高技术产品的国家，经济增长水平也高。发展中国家在技术水平上与发达国家存在差异，但通过对外开放和参与国际贸易，从知识和技术的国际流动、转移、模仿和应用中，获取世界上分布极不均匀的人力资源与技术创新成果，享受国际知识技术总存量的外部性，这无疑是发展中国家促进其技术进步和经济增长的有效途径。政府在这方面的一个重要工作就是建立有效的财政激励政策，鼓励企业积极主动地参与国际竞争，并在国际竞争中学习与获取国外新知识、新技术与新经验。首先，建立和完善引进新技术的激励政策体系。实行有利于新技术引进的财税政策，扩大对外技术交流和发展对外技术合作，鼓励外国企业以专利等无形资产进行投资的形式同本国企业合作办厂等。同时，应根据经济发展所处阶段适时调整技术引进的方式，以提高技术引进的效率。其次，建立吸收、使用新技术的政策框架。引进的新技术必须经过调整以适应本国的情况，进而在整个经济中扩散、使用、直至最后被技术创新所替代。因此政府不仅要建立一个激励新技术引进的财政政策体系，而且还要构筑一个吸收、使用、消化新技术的政策框架，如加大对高等院校、研究机构等的资助，提供技术信息、技术咨询和技术辅导等公共服务，促进新技术更广泛地采用和扩散等等。

总之，通过上述分析，我们可以得到如下两点启示：

(1)以上是财政政策促进经济增长研究从封闭系统到开放系统的延伸过程。整体上来说，古典经济学派假定各国劳动生产率不变，各国劳动生产率又具有差异性，从而各国商品的生产成本不同，各自具有自己的比较优势，因此贸易国可以从分工与贸易中获益，提高国民的消费水平与福利水平。而新古典学派 Hecksche、Ohlin 的 H – O 理论则假定各国的生产技术水平相同，要素禀赋不可改变，从而由于各国要素禀赋不同使生产要素的价格也不同，生产成本具有差异，因此各国也就具有各自的比较优势。同样，通过分工与贸易，贸易国会从中获益,提高国民的福利水平。然而,无论是古典贸易理论还是新古典贸易理论都是一般的静态均衡理论,贸易国从贸易中得到的仅仅是静态的利益,它们都无法解释贸易模式本身的动态演变问题,更不能说明贸易对增长的长期的、动态的作用。从财政政策的角度来说,古典经济学派和新古典经济学派中的"自由贸易"理论基本否定了政府干预和财政政策的作用,而"新重商主义"代表—凯恩斯外贸乘数理论虽然重视政府对贸易的干预,主张财政政策对外贸增长的激励,但过多地关注经济周期和经济总量,侧重于进行"相机抉择"的微调和寻求总供求平衡的方法,这都是有局限性的。新贸易理论虽然关注收益递增和规模经济下贸易模式的动态演变,但单纯考虑边干边学效应、收益递增、规模经济并不能完全解释增长问题的全部,也不能解释发展中国家通过保护贸易政策使本国企业享受到规模经济的好处却无法促进本国经济的增长[51],它对财政政策促进经济增长问题的探讨仍然是不完全的。内生增长理论则突出各国研究与开发投入、知识积累、技术创新与人力资本赋予方面的差异,使传统的"比较成本优势"与"资源赋予优势"理论转变为"知识积累、人力资本优势"理论。内生增长理论一方面强调正是由于这些差异才使各国的经济发展水平与收入水平发生差异,从而批驳了新古典贸易理论所持的要素价格均等化与发展水平趋同的观点;另一方面,内生增长理论也强调了国际贸易可以使知识与人力资本加速积累,产生知识传播与人力资本的外部效应,节约一大部分研究与开发费用,从而推动贸易国经济持续增长。这一点对发展中国家来说更有意义。发展中国家通过引用先进技术设备等产品,边干边学,消化吸收,不仅可以节约大量的研究与开发费用,而且还可以使国内迅速进行知识积累、专业化人力资本积累,使经济走上迅速增长的轨道。因此,内生增长理论摆脱了专业化分工、贸易模式、贸易利得、要素价格等传统的贸易话题,为财政政策在开放经济条件下促进经济增长提供了全新的动态机制,并且它更关注开放对长期增长的影响,真正把财政政策作为内生性变量纳入其长期增长理论体系,阐述其增长效应。

(2)当对一国经济增长的讨论由封闭系统转向开放系统时,我们可以看到:从短期和需求的角度来看,经济增长主要取决于投资、消费和净出口对经济总量的影响。而财政政策对经济增长的促进作用体现为,通过财政补贴、出口退税、税收优惠等,扩大净出口,形成并带动国内外投资增加,促进供求平衡,从而对本国经济增长产生积极影响。从中长期来看,经济增长的主要影响因素是要素如资本和劳动供给的增加；要素生产率的提高，如产业结构优化、规模经济、技术进步等。财政政策通过政府采购、税收减免等，依照比较优势原则优化一国资源配置，促进规模经济形成，加快本国知识与专业化人力资本积累、传播和扩散。

2.3.2.2　开放经济中财政政策对出口贸易的促进效应

在开放经济中，财政政策对出口贸易的促进作用表现在：运用出口退税或对出口进行财政补贴等奖励性财政政策措施，为实现出口贸易快速增长、加速对外开放、参与经济全球化进程以及创造和积累外汇提供良好的条件。

出口退税就是将出口商品在国内生产和流通过程中缴纳的间接税予以退还，是国际通行的一项促进对外贸易特别是出口贸易的措施。出口退税最早可以溯源到重农学派的先驱者 Boisquillebert 提出的进口商品征税、出口商品免税的思想，他认为"出口税是国王和王国前所未有的最大的敌人"[52]。古典学派的代表人物 Smith 从自由贸易和有利于商品出口的角度论证出口退税是奖励出口的最好手段，并不会扰乱资本的自然均衡。Ricardo 则是从税收来源及转嫁的角度认识出口退税，指出："某个国家如对其享有特殊便利、生产效率高于别国的某些输出品课税，这种税将完全由进口国消费者负担，这既不公平又不合理，因而出口退税是必要的。"从税制本身结构来看，当国家对出口商品在征税过程中实行各种税收减免及其他优惠，会使出口商的实际税负低于法定税率，而如果出口退税率按法定税率计算，就会出现实际上的"少征多退"。像劳动密集型和资本密集型这类不需要多高技术含量的产品，国际市场竞争激烈，价格成为影响产品竞争力的最主要因素。这时，如果对这些产品实行"少征多退"就会赋予其竞争优势，会扩大其在市场上的份额。出口退税是目前为数不多的符合国际惯例的调节机制之一。日趋激烈的国际竞争和加入 WTO 后一国政策自由空间相对缩小的现实，越来越多的国家在国际惯例规范约束的大前提下，加强了对税收非中性杠杆的运用。因此，在一定范围内，实现出口退税成为了一种相机抉择的政策手段，通过调节外需来促进整个经济增长起重要作用[53]。

出口补贴（export subsidy）是一国政府为弥补出口商品国内价格高于国际市场价格所带来的亏损，或者补偿出口商所获利润率低于国内利润率所造成的损失,增强其在国外市场的竞争力,给予出口商各种形式的补贴①。出口补贴一般有两种方式:一种是直接补贴,即出口某种商品时,直接付给出口厂商的现金补贴。补贴金额有时还可能大大超过实际的差价或利差,包含了出口奖励的意味。以欧盟对农产品的出口补贴为例,欧盟国家的农产品由于生产成本较高,其国内价格一般高于国际市场价格,若按国际市场价格出口过剩的农产品就会出现亏损,因此,政府就对这种亏损或国内市场与国际市场的差价进行补贴。据统计,1994 年,欧盟对农民的补贴总计达 800 亿欧元,严重扭曲了国际市场农产品的价格[54]。另一种为间接补贴,即政府对某些出口商品给予财政上的优惠,以减少出口企业税费支出,降低出口成本,从而提高国际竞争力,促进和扩大出口。间接补贴主要有以下几种方式:退还或减免出口商品所缴纳的国内税,如免征销售税、消费税、增值税和盈利税等;暂时免税进口,如果某些进口不是为本国消费,而是经过加工或改制、修理以后再出口时,允许其暂时免税进口;退还进口税,即进口原料或半制品,在加工为制成品后出口时,退还已缴纳的进口税;免征出口税;对出口收入实行减税;通过允许加速折旧等措施来减税、免税;对出口产品和开发出口市场提供补贴。无论直接的出口补贴也好,间接补贴也好,都是各国或多或少普遍采用的鼓励出口政策措施,只要不转移对贸易自由化其他方面的注意,不会引起贸易伙伴的报复措施,就可能有助于促进出口,进而拉动经济增长。出口补贴的贸易促进效应是通过出口经营成本的降低来实现的,即出口补贴可能通过出口商的海外价格竞争的增强扩大产品出口,或者在维持原有价格基础上增加单位出口收入,进而调动厂商的出口积极性。

综上所述,在开放经济中,出口退税和出口补贴作为国家促进出口贸易的重要财政政策措施,在降低出口产品成本、扩大出口等方面均起到重要作用。但从其经济效应来看,出口退税和出口补贴是有区别的:出口退税符合税收管辖权和国民待遇原则,只要不违背"征多少、退多少"的原则就不会对国际贸易造成扭曲,同时还会对一国经济增长产生积极的影响,是国际公认的促进出口贸易的合法性措施;而出口补贴行为会扭曲出口商品在国际市场上的价格,从而对进口国的商品或同类商品的生产造成损害,对进口国有关产业造成不

---

① 本书所指的出口补贴只是针对财政性出口补贴,而不包括来自于同业公会为支持同行业部分厂商向外拓展市场和大量出口所提供的出口补贴,也不包括生产补贴、出口退税、优惠信贷等出口扶持政策。

利影响,这种行为也是国际贸易中的不公平行为。但是,对于经济落后的发展中国家来说,给予某些出口制成品以适度的补贴,仍旧是减少其国际收支逆差的重要一环。因此,要充分发挥出口退税在促进出口贸易中的作用,应在不增加本国财政负担的情况下,确定最佳的出口退税率和调整出口退税政策;同时还应正确对待和运用适当出口补贴手段,既充分遵循国际规则,又不放弃可以增加本国出口商品竞争力的时机。

值得注意的是,以上对财政政策促进国际贸易的分析都是基于一般的静态均衡理论,贸易国从出口贸易中得到的仅仅是静态的利益,无法说明财政政策对贸易与增长的长期、动态的作用。近年来发展的新增长理论为弥补这一缺陷做出了贡献,该理论不仅提供了促进增长的动态机制,而且还为财政政策的贸易—增长效应提供了微观理论基础。即政府实行有利于新技术引进、扩散和消化吸收的财政政策,使知识与专业化人力资本在国内迅速积累,可以提高贸易国的总产出水平和经济增长率;另一方面,由于知识传播与人力资本具有溢出效应和外部收益,还可以节约一大部分研究和开发费用,间接地增加本国国内的资本积累,使经济走上迅速增长的轨道[55~56]。这对发展中国家有着特别重要的借鉴意义。

2.3.3　财政政策—FDI—经济增长

在开放经济中,随着国际资本频繁跨国流动成为经济全球化的重要特征,FDI 被认为是一种长期的、稳定的国际资本,对东道国经济增长具有重要意义。无论是发达国家还是发展中国家,都把吸引 FDI 作为促进本国经济增长的重要手段,而财政政策也成为他们吸引国际资本尤其是 FDI、促进经济增长的重要工具。本小节从理论上分析财政政策中的税收优惠政策,与投资环境、市场潜力、资源等非税因素相比较,对 FDI 的促进效应。

2.3.3.1　FDI 中的税收激励

虽然企业投资海外的动因有所不同,但东道国经济和政治环境中的一些因素对所有类型的投资都有相当重要的影响。这些因素包括:政治和经济的稳定、规范的商业和法律制度、良好的基础设施、高效的政府管理体制、充足的具有专业技能的人力资源、自由的利润汇回机制、充分的争端解决机制等,其中,财政政策是各国广为使用的吸收 FDI 的政策措施,它对 FDI 的促进效应主要是通过各种税收减免和奖励降低外国投资者的税收负担,从而吸引更多 FDI 的流入。因此,研究财政政策对 FDI 的促进效应主要是从税收角度出发的(见表 2.1)。

表 2.1　东道国的财政鼓励措施

税收类别	主要措施
利润税方面	1. 降低标准公司所得税 2. 提供免税期优惠 3. 免税期内亏损以未来利润抵消
资本税方面	1. 加速折旧、资本税收减免或奖励 2. 投资或利润再投资补贴
劳动力税方面	减免社会安全费上缴数额
销售税方面	根据雇员人数或其他劳工支出对公司应税收入予以减免
增值税方面	1. 根据产出中当地成分比例给予公司所得税减免或奖励 2. 根据净增加值给予所得税奖励 3. 减征当地产出部分的公司收入税
其他特别支出税方面	根据营销或促销开支减免公司所得税
进口税方面	1. 免征资本品、设备或与生产有关的原材料、零部件和其他投入品的进口关税 2. 进口原料、材料退税
出口税方面	1. 减免出口税 2. 出口收入税收优惠 3. 特殊创汇活动或制成品出口所得税减免 4. 根据出口业绩对国内销售予以税收奖励退税 5. 出口净当地成分所得税奖励 6. 出口行业国外开支或投资减免出口税

资料来源:UNCTND,Division on Transnational Corporations and Investment,1996;"Incentives and Foreign Direct Investment",Current Studies,Series A,No. 30,New York and Geneva,p. 4.

税收政策作为东道国体制、法律、政策因素的重要组成部分,与其他各种因素一样,共同影响着 FDI 的国际流动。无论是发达国家还是发展中国家,均根据自身经济发展阶段、地区经济平衡和经济结构调整的需要,采取适当的优惠措施来改善本国投资环境,吸引 FDI 的流入。据联合国跨国公司与投资司统计,到 20 世纪 90 年代初,在总共 26 个发达国家中,对外国投资者提供所得税率降低优惠的有 20 个国家,占 76.9%;提供免税期、税前豁减、进口关税减免优惠的均为 11 个国家,占 42.3%,提供加速折旧优惠的有 15 个国家,占 57.5%;提供退税优惠的有 9 个国家,占 34.6%;提供投资与再投资奖励、社会保障金减免的各有 5 个国家,占 19.2%。发展中国家为达到吸引外国直接投资的目的，一般都在涉外税收方面采取从轻、从宽的政策，尤其是对那些技术先进、出口比例高、有利于开发本国资源的跨国公司给予诸多税收优惠，在被调查的 52 个发展中国家中，为跨国公司提供所得税率降低优惠的有 43 国；提供免税期优惠的有 37 国；提供税前利润减免的有 32 国；提供进口关税减免的 39 国；提供退税优惠的有 28 国。

2.3.3.2 税收政策对 FDI 的促进效应

从理论上讲，东道国税收政策对 FDI 的影响主要取决于两个方面：一是外国投资者在东道国所从事边际投资项目的实际税负；二是外商居住国的税制状况。前者即通常所谓的税收优惠，后者则涉及到投资者居住国税制状况对东道国税收优惠实际效果的影响。

从国际税收来看，实际税率为：

$$t_e = (p - s)/p \tag{2.43}$$

其中 t_e 为实际税率，p 为边际 FDI 项目的税前实际收益率，s 为外商居住国储蓄税后实际收益率，$(p - s)$ 为税收楔子。就 FDI 决定因素而言，FDI 的实际税率仅与公司税收楔子有关。

假定公司的资金来源是股本资金，股本的名义收益率与股本的实际收益率及通货膨胀率之间有：

$$h = i - f \tag{2.44}$$

其中，h 为股本的实际收益率，i 为股本的名义收益率，f 为通货膨胀率。又因为 s = h，所以：

$$t_e = [p - (i - f)]/p \tag{2.45}$$

投资的税前收益率(p)是减去了经济折旧(a)后的资本成本，因而：

$$p = L/m - a \tag{2.46}$$

其中 L 表示购置成本，m 表示资本租金价格，a 表示经济折旧。

可得 FDI 的实际税率决定式为：

$$t_e = [L/m - a - i + f)]/(L/m - a) \tag{2.47}$$

从上式我们可以看出，为了吸引外国投资，政府不仅要从基本税率及税收优惠措施上来考虑，还必须要注意通货膨胀因素，减轻通货膨胀的压力，保持一般价格水平的稳定[87]。

除此以外，在考察税收对 FDI 流动的影响时还要考虑外国投资者居住国的税制状况，因为外国投资者作为跨国纳税人，虽然能得到东道国给予的各项税收政策的优惠,但因为他最终要将利润汇回居住国,若居住国重新征税,则抵消了东道国的税收优惠效果。因而要正确估计有关 FDI 的税收优惠效果,还应对居住国的课税方法进行分析。一般来说,各国为实现资本输出的中性,主要通过免税法、国外关税企业股利优惠、应付外国税额抵免法、外国税额抵免法和纳税扣除法来消除国际投资的重复征税,其中被大多数国家所采用的是外国税额抵免法[①],而这也正是东道国税收优惠政策无法产生巨大效果的原因所在。下面就以免税期为例,分析东道国税收优惠政策与居住国课税方法之间的关系,见图 2.13:

图2.13　东道国税收优惠与居住国课税方法关系

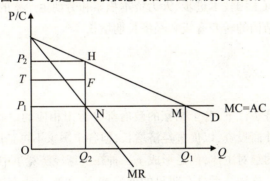

设某跨国公司获得了在东道国制造产品 A 的生产权,并获得了 8 年免税期。为简化起见,设该公司以不变的边际成本(MC),即不变的平均成本(AC)进行生产。若产品 A 的生产企业众多,属于竞争性较强的行业,则供给曲线即 MC = AC。由图 2.13 可见,均衡出现在供给曲线(MC = AC 线)与需求曲线(D 线)的交点 M 处,产品 A 的价格为 P_1,产量为 Q_1。因为追求利润最大化的跨国公司要按边际成本(MC)= 边际收益(MR)来决定产量,MC 与 MR 相交于 N 点,可得出产品 A 的价格为 P_2,产量为 Q_2,又因为 $Q_2 < Q_1$,所以跨国公司可以按大大高于 P_1 的价格 P_2 出售产品 A,其垄断利润就为 P_1NHP_2 的面积,而且这部分利润在东道国获得了 8 年的免税期。若居住国将东道国给予的税收优惠,视同已在东道国缴税,则此部分利润将全部归该跨国公司所有。但若居住国对此不予承认,仍按自己的所得税率(设为 40%)征收,则如

---

①　外国税额抵免法是指本国居住者的外国来源所得在国外已支付的税额,视同已对本国政府缴纳的税额,从应纳的税额中扣除。

图 P_2TFH 面积被居住国以税收形式取走,跨国纳税人实际并未得到任何实在的税收优惠。而对于东道国而言损失更大,即东道国消费者不仅支付高价购买产品 A,还向居住国"纳贡"。

因此,自 20 世纪 60 年代以来,发展中国家多要求发达国家调整其跨国公司所得的税收待遇,通过与发达国家签订税收协定的方式,使大多数发达国家同意采用应付外国税额抵免法征税。这样,东道国给予的税收优惠能真正有利于投资者,从而起到应有的刺激鼓励作用。

此外,研究表明:政府采取适当的税收优惠政策,在刺激 FDI 流入、促进资本积累的同时,还会伴生先进技术、管理技能、研发能力等多方面的外溢效应,有利于促进东道主国技术进步、人力资本积累和劳动生产率的相对提高,也深深影响其产业结构的转变升级和经济长期增长[57]。

2.3.4　小　结

在开放经济条件下,各个国家的政府都将运用相应的财政政策干预或调控国际贸易与外商投资,以促进经济增长,但各个国家不再是市场经济体制下运用财政政策的绝对主体,而是形成了一种在全球经济竞争中相互影响、互为主客体的关系。这种关系具有明显的博弈特征,表现为所有国家作为个体为了实现共同和长期的利益,以博弈均衡为基础,经过复杂的谈判和不断的协调,形成各种经济政治联盟和宏观政策协调机制,以达到帕累托改善的目标。我国政府在制定宏观经济政策时,不但要考虑国内经济增长和均衡的需要,还要越来越多地关注来自国际经济的外部效应,在区域经济组织条约和世界贸易组织规则的约束下,基于整体利益最大化,开展长期和可持续的竞争与合作、博弈与协调,并对别国的反应做出快速的调整。

2.4　一个总体的理论分析框架

综上所述,财政政策既是促进经济增长的重要杠杆,也是实施宏观调控的重要工具。然而,财政政策的功能定位与具体实施必须适应于整个经济系统的结构特征及发展态势,这集中体现在以下三个方面:(1)是资源约束型,还是需求约束型? (2)是短期问题,还是长期问题? (3)是封闭系统,还是开放系统?

2.4.1　从资源约束型经济到需求约束型经济的财政政策转型

经济发展的阶段与经济增长的特点不同,财政政策的基视点与着力点也是不一样的。当经济增长处于资源约束阶段时,矛盾的主要方面是有效供给不足,市场表现为经常性的供不应求、短缺与通货膨胀。与之相适应,财政政策的着力点就在于,增加供给,抑制需求。当然,控制的主要是消费需求,同时鼓励储蓄。因为资源短缺最突出的表现是资金短缺,需要高储蓄率支持高投资率。在抑制需求扩张方面,一般认为财政政策不如货币政策有效。其着力点在于减少政府支出与增加税收。由于政府支出的刚性,"减支"措施往往难以奏效,而增加税收又会不利于增加有效供给。当经济增长从资源约束型转向需求约束型时,矛盾的主要方面也转化为有效需求不足,市场表现为供过于求、过剩与通货紧缩。这一时期财政政策的着力点是,调节与刺激有效需求,主要是增加政府支出与减税。一般认为,在刺激有效需求方面,财政政策比货币政策更有效。

有关财政政策的功能与效应问题,一直是经济学界争论的焦点之一。凯恩斯认为,货币需求函数中的交易需求是相对稳定的,不稳定的是投机需求。货币政策调节的主要对象也正是投机需求,即通过增加货币供应量,降低利率,引致债券价格上涨,投资增加但由于存在"流动性陷阱",货币政策的作用是有限的。因此,宏观经济政策需以财政政策为中心,但财政政策会产生"挤出效应",因而也需要货币政策加以配合。以萨缪尔森等为代表的新古典综合派,根据 IS-LM 模型所揭示的货币政策与财政政策在不同区域的效果,提出在凯恩斯区域(即在一定的低利率水平上),货币政策基本上不起作用,必须采取扩张的财政政策;在古典区域(即在一定的高利率水平上),财政政策基本上不起作用,必须采取扩张性货币政策;在中间区域,财政政策和货币政策就相互配合,实行"混合宏观经济政策",并根据具体的经济形势与调控目标,提出了"双松"、"双紧"及"松紧搭配"等四种模式。自 20 世纪 70 年代开始,经济学界围绕"是财政政策有效,还是货币政策有效"的问题展开了争论。以弗里德曼为代表的货币主义学派认为,财政政策不仅是无效的,而且其本身还会造成经济生活的不稳定性。巴罗进而通过复兴李嘉图的"赋税和债务融资是等价的"命题,提出巴罗—李嘉图定理,即:每期政府预算约束表明预算只改变了征税的时间,而没有改变征税的贴现值;每个家庭作出消费、劳动供给等决策时,关心的只是税收贴现值而不是赋税的时间安排,因此,个人跨期最优消费决策会完全抵消政府赤字财政的影响,从而使财政政策无效。新古典宏观经济学基于理性预期提出"宏观经济政策无效论",但在全面否定货币政策有效性的同时,对于目的在于增加供给的微观性质的财政政策却给予了一定的肯定,认为这种政策所造成的相对价格变化一般会使经济当事人做出关于产量和就业等实际变量的反应。自20世纪80年代开始,以曼丘、斯蒂格利茨等为代表的新凯恩斯主义,以非市场出清为前提,论证了国家的宏观经济政策效果不仅不会丧失,反而会得到加强,以财政政策为例,今日财政支出的增加会产生溢出效应,通过乘数增加未来收入。当理性预期存在时,人们会预期到劳动需求增加,随之就业机会增加,于是会减少储蓄,增加消费,从而提高现期财政支出的乘数值。

总之,尽管财政政策有一种"中性化"的趋势,但这并不能否定财政政策在调节经济运行,促进经济增长方式的有效性和积极作用。特别是财政政策通过微观化,在调整经济结构,促进内生经济增长方面是大有可为的。

2.4.2 兼顾短期经济增长与长期经济增长的财政政策

短期经济增长不考虑结构变动问题,所以财政政策的功能主要是调节社会总供求,熨平经济波动,实现稳定增长目标。然而,我们更关注是如何实现可持续的经济增长。经济增长要可持续,就必然涉及到经济结构问题,也就是长期经济增长的问题,而这又主要涉及到产业结构、区域结构与分配结构三大因素。

首先从产业结构来看。如果产业结构能够适时、有效地实现高度化,那么就会形成在时间上继起的新的经济增长点与主导产业群,从而支撑起整个经济的持续增长。相反,如果产业结构被锁定,那么,在需求方面,主导产业群中以高投入、高能耗、高污染的产业为主,经济增长主要靠高投入实现,因此,高增长会迅速形成能源、原材料等方面的缺口及环境因素的制约,形成资源约束,导致增长不可持续;在供给方面,由于缺乏新的增长点,资源仍然主要流向已经趋于饱和的产业,使这些产业的产能进一步扩张,产品积压,生产能力闲置,企业间出现恶性竞争。因此,从长期来看,财政政策促进经济增长的着力点在于,促进产业结构高度化,催生新的经济增长点。新经济增长点形成的逻辑是:以新技术开发新产品,以新产品开拓新市场,并进而形成新产业。新技术不能凭空产生,需要大量的 R&D 投资及人力资本投入。这正是在新的经济发展阶段,财政政策发挥作用的关键所在,也就是我们所说的财政政策促进经济内生增长。美国之所以能够在 20 世纪 90 年代保持长时间的经济增长,其中一个至关重要的原因是:美国政府投入巨资建设"信息高速公路",扶持高新技术产业的发展,支持企业的风险投资,形成了以信息产业为代表的新的经济增长点与主导产业群。

其次从区域结构来看。如果区域之间的发展极不平衡,资源主要集中在发达地区,就会出现在发达地区投资的边际成本递增,而欠发达地区的资源没有得到有效的开发与利用。发达地区的生产能力迅速扩张,但由于欠发达地区人均收入较低,有效需求不足,市场容量有限,结果出现产能过剩,产品积压的问题。当国内市场有限时,就只好依赖国际市场,并主要依靠低价竞销方式获得较多的国际市场份额。这又会遭遇到反倾销等众多贸易壁垒的限制。长期下去,不仅欠发达地区的经济增长上不去,发达地区也难以实现可持续增长。因此,财政政策促进经济增长的另一着力点,在于协调区域经济发展。城乡经济的协调发展也属于这一范畴。

最后从分配结构来看。收入水平决定需求结构,需求结构影响产业结构。收入分配存在一定的差距,就会形成不同层次的需求,这是有利于产业结构高度化的。然而,当收入分配差距发展为两极分化时,就会降低全社会的边际消费倾向,而对经济增长产生负面效应。此外,当财富向少数人手上集中,而大多数人的收入没有相应增长时,其人力资本投资的能力下降,会影响到经济的长期增长。美国克林顿政府曾于 1993 年推出削减财政赤字法案,在增加税收的同时,减少政府开支,但在税收方面并不是简单地增税,而是较大幅度提高高收入层的所得税率,例如,年收入超过 18 万美元的个人所得税税率由原来的 31% 提高到 36%,年收入超过 25 万美元的再加征 10% 的附加税,公司年应税收入超过 1000 万美元的,其所得税率由原来的 35% 提高到 36%,年收入低于 4 万美元的家庭,每月所需支付的税款不到 17 美元,低于 3 万美元的则无需交纳所得税。在"负累进所得税制"下,低收入家庭还能得到有效的社会保障。这种"劫富济贫"式的税收政策,既改善了财政收支,同时又提高了全社会的边际消费倾向。

针对中国的情况而言,推动自主创新与技术进步,催生新的经济增长点,促进产业结构升级,正是科学发展观的要义,协调区域经济与城乡经济增长,调节收入分配,正是构建和谐社会的要义。这些也正是财政政策促进经济增长的着力点。

2.4.3 开放经济系统中的财政政策

在封闭的经济系统中,财政政策只需考虑本国经济的内部目标,在开放系统中,情况就要复杂得多,集中体现在两个方面:一是本国内部目标与外部目标的协调问题。蒙代尔针对内外均衡的"米德冲突"(Meade's Conflict),提出财政政策和货币政策对国民收入和经常账户的影响是相同的,但它们在利率和资本账户上的作用不一样。如果能够合理地搭配使用财政政策和货币政策,例如将内部均衡的目标分派给财政政策,将外部均衡的目标分派给货币政策,就可以同时实现内外均衡,解决"米德冲突",此外,蒙代尔还论证了不同汇率制度下的财政政策的有效性问题。但蒙代尔有关解决"米德冲突"的方案尚未得到有效的实践经验的支持。"克鲁格曼三角"进一步揭示了内部均衡与外部均衡的复杂性。中国目前正面临着这一突出问题。外部均衡目标无疑是实现国际收支的平衡与汇率稳定,但中国现阶段的财政政策重心已经由原来鼓励出口和吸引外资,转向减缓人民币升值压力。按照蒙代尔的理论,这应该是货币政策的功能,但货币政策必须有财政政策的配合,形成协调与对冲。二是本国目标与他国目标的协调问题。在开放经济系统中,一国宏观经济政策不仅影响到本国的经济运行,也会影响到他国的经济运行,因此,国与国之间宏观经济政策的相互依赖与协调就十分必要,同时也是在进行着复杂的博弈。可以说,在这种博弈过程中,各国经济政策会不同程度地丧失其独立性。Cooper、Patrick、Canzoneri and Gray、De Bruyne、Oudiz and Sachs、Hughes Hallett Currie and Levine、Miller and Salman 等建立了两国或多国的合作与非合作博弈模型,以求得出最优政策选择。然而,这些模型在理论上存在着严格的假设条件,也没有得到充分的经验支持。但国际间宏观经济的相互依赖与部分独立性的丧失是客观存在的,也是我们在分析财政政策促进经济增长时所必须考虑的。

第3章 财政政策促进经济增长的实证分析:中国的经验与数据

本章主要分析和验证中国经济增长与财政政策的相关性,特别是在经济增长理论框架下,实证分析财政政策与经济稳定增长、财政政策与内生经济增长、财政政策与对外经济增长的关系。

3.1 中国20世纪90年代以来财政政策促进经济增长的实践

20世纪90年代以来,随着社会主义市场经济体制的逐步建立与完善,中国开始了以分税制为主体的财政体制变革,极大地推动了中国经济体制模式和经济增长方式"两个转变"的进程。同时,根据日益复杂的国内外经济形势,中国政府审时度势、积极应对,综合运用财政政策,对经济波动进行了有效的宏观调控,极大地促进了中国经济的稳定持续发展。

3.1.1 中国20世纪90年代以来的财政政策简要回顾

1994年以来,中国政府根据国民经济运行的不同时段及其特点,择机实施了"适度从紧"的财政政策、积极的财政政策和稳健的财政政策,充分表明中国政府驾驭宏观经济的能力已日渐增强。

3.1.1.1 20世纪90年代初期的紧缩性财政政策,成功实现中国经济的"软着陆"

1993年,中国经济出现严重过热态势和通货膨胀。突出表现为"四热四紧一乱",即房地产热、开发区热、集资热、股票热;交通运输紧张、能源紧张、原材料紧张、资金紧张;经济秩序特别是金融秩序混乱。宏观经济运行环境日趋紧张,形势非常严峻。为此,中国政府提出 16 条宏观调控措施,确定了实行"适度从紧"的财政政策基调,对过热的经济实施恰如其分的宏观调控,引导经济"软着陆",实现"高增长、低通胀"的发展目标。其财政政策措施主要包括:一是加强税收征管,清理税收优惠政策,堵塞减免税漏洞,确保财政收入较快增长。二是实行从紧预算管理,通过适当压缩财政支出,逐步减少财政赤字,增加有效供给,缩小社会总供求差额。三是实行税制改革,调整税种结构和税率,完善税收政策,建立健全税收政策的调控机制。四是实行分税制财政管理体制,提高中央财政收入占全国财政收入的比重,增强中央财政的宏观调控能力。五是整顿财经秩序,健全规章制度,强化财税监管。"适度从紧"意味着在实施财政政策中,要恰如其分地掌握好宏观调控力度,在消除经济剧烈波动的同时,又保持住经济的平稳增长,使国民经济的运行在经过了一段过度扩张后,平稳回落到适度的增长区间。经过 4 年的宏观调控,中国经济成功实现"软着陆",取得了显著的反周期调节效果,既遏制了通货膨胀,又促进了经济适度增长,形成了"高增长、低通胀"的良好格局,为中国经济持续快速健康发展打下了坚实基础。

3.1.1.2　1998 年实施积极财政政策,有力拉动国内经济增长

1998 年,由于亚洲金融危机的冲击,我国经济增长再次面临严峻的形势,主要是长期重复建设带来的结构不合理等深层次矛盾,在国际经济环境急剧变化和国内市场约束双重因素作用下,更加突出地显现出来,内需不振,外需不足,经济增长速度回落。在这种背景下,我国政府果断决策实施扩张性的积极财政政策。其政策措施主要包括:一是发行长期建设国债,增加基础设施和技术改造投资,带动民间资金跟进。6 年共发行长期建设国债超过 8000 亿元,拉动形成 35000 亿元的总投资规模。并且,为发挥财政政策与货币政策的协同作用,长期建设国债主要是面向国有商业银行发行的,国债投资项目带动了银行的配套贷款,在一定程度上提高了银行资金的运营效益,增强了银行的抗风险能力,充分发挥了财政政策和货币政策相互协调与配合的作用。二是调整税收政策,增强税收调控功能,刺激需求增长。从 1999 年 7 月 11 日起,减半征收固定资产投资方向调节税,2000 年开始暂停征收;从 1999 年 7 月 1 日起,对符合国家产业政策的技术改造项目购置国产设备的投资,按 40% 的比例抵免企业所得税,连续几次提高出口退税率,使我国出口货物的平均退税率由原来的 8% 左右提高到 15% 左右;从 1999 年 11 月 1 日起,对居民存款利

息恢复征收个人所得税。三是调整收入分配政策,改善居民消费心理预期,培育和扩大消费需求。1999 年以来,我国连续三次提高机关事业单位职工工资标准,还实施了年终一次性奖金制度,使机关事业单位职工月人均基本工资水平得到了提高。同时,提高了社会保障水平,1998—2004 年中央财政大幅增加对"两个确保"和城市"低保"的投入,共安排资金 2620 亿元左右。2005 年将个人所得税的起征点提高到了 1600 元,并于 2006 年 1 月 1 日起正式实施。四是调整完善财政管理体制,加大对中西部地区转移支付力度,增强其财政保障能力,促进区域的协调发展。2003 年,中央财政本级收入由 1997 年的 4227 亿元增加到了 11849.5 亿元;相应地,中央财政本级收入占全国财政收入的比重由 49.5% 上升到了 54.6%。在此基础上,中央财政不断加大对地方的转移支付力度,中央财政转移支付总额由 1997 年的 2857 亿元增加到 2003 年的 8687 亿元,有力地促进了各地区社会经济的协调发展。五是加大治理乱收费力度,减轻企业和居民的负担,增强企业自主投资和居民消费的能力。1998—2003 年,我国政府公布取消不合法不合理的收费项目达 1805 项,降低 469 项收费标准,在一定程度上减轻了企业和社会的负担。由于收费是一种准税收,减费可以起到与减税同等的效应,同样利于增强企业自主投资的能力。积极财政政策是中国政府根据市场经济规律在国内外经济环境急剧变化的情况下,主动采取的一次反周期调节,在中国财政调控史上具有重要意义。实践证明,积极财政政策每年拉动经济增长 1 至 2 个百分点[58],使中国经济成功地应对了亚洲金融危机的冲击,宏观经济运行环境得到明显改善,社会需求全面回升,经济持续快速增长,逐步走出通货紧缩阴影,GDP 又达到了年增长 9% 以上的水平。在一个较长的时期内,我国经济增长一直处于景气上升的阶段。但是积极财政政策未能在刺激有效需求、恢复经济自主增长方面产生明显效果,并且这种扩张性财政政策的持续直接贡献效应也在逐渐递减。

3.1.1.3 2004 年以来实行稳健财政政策,促进经济持续快速健康增长

自 2003 年下半年以来,在经济加快发展的过程中,出现了粮食供求关系趋紧、固定资产投资增长过猛、货币信贷投放过多、煤电油运供求紧张等新的矛盾和问题。到了 2004 年,不仅一些矛盾和问题继续加剧,同时因为多种因素的共同作用,又出现了价格水平特别是生产资料价格水平上涨较快的压力。可见,在基本摆脱通货紧缩、有效需求不足的困扰后,我国经济转向了供求总量大体平衡、结构问题和体制问题日益突出的新阶段。这些新问题,要求我们

必须对积极财政政策作出适时而必要的调整，以进一步加强和改善宏观调控。因此，从 2004 年下半年开始，我国政府开始实行了以"控制赤字、调整结构、推进改革、增收节支"为主的稳健财政政策。所谓"控制赤字"，就是逐步减少基于实施积极财政政策目的而增发的国债数额，压缩财政赤字，做到松紧适度，重在传递调控导向信号，既防止通货膨胀苗头继续扩大，又防止通货紧缩趋势的重新出现，体现进一步加强和改善宏观调控，巩固和发展宏观调控成果的要求，体现财政政策支持增量平衡的取向。2005 年中央财政预算赤字为 3000 亿元，比上年减少 198 亿元，财政预算赤字相当于 GDP 的比重比上年降低 0.5 个百分点，适当减少长期建设国债的发行规模，由 2004 年 1100 亿元，调整为 800 亿元，同时增加中央预算内经常性建设投资 100 亿元。所谓"调整结构"，即在对财政支出总量不做过大调整的基础上，按照科学发展观和公共财政要求，适当调整财政支出结构和国债项目资金投向结构，及时消除经济运行中不稳定、不健康因素，解决经济运行中的深层次矛盾和问题、促进经济社会全面协调可持续发展。一是加大财政资金支农力度。全年支农投资达 500 亿元，重点加强大型灌区节水改造和大型商品粮基地、优质粮食产业工程、种子工程建设，继续完善农业补贴政策，增加对农业产业化、农业科技推广、小型农田水利建设等方面的投入。二是增加对教育、卫生等社会事业的投入。实施"两免一补"政策的范围扩大到约 1400 万名农村义务教育阶段家庭贫困中小学生。中央投入 30 亿和 20 亿分别用于西部农村寄宿制学校建设和农村中小学现代远程教育工程。3000 万中西部贫困学生得到中央免费教科书资助。加大对农村合作医疗、乡镇卫生院建设、疾病预防控制体系和医疗救治体系等方面投入。三是继续推动西部大开发、东北地区等老工业基地振兴。保证西部开发、东北振兴重点工程投资。四是支持重大基础设施建设。主要是南水北调、西电东送、大江大河堤防及河道工程、枢纽及骨干水源工程、大型煤炭基地、国家石油战略储备等。五是加大财政转移支付力度，中央财政预算仅安排用于农村税费改革的转移支付资金就达 664 亿元，新增 140 亿元，缓解县乡财政困难。所谓"推进改革"，即大力推进和支持体制改革，实现制度创新，既要搞好财政自身的改革，同时又大力支持收入分配、社会保障、教育和公共卫生体制改革，为市场主体发展创造一个良好、公平的政策环境，建立有利于经济自主增长和健康发展的长效机制。一是加快投资体制改革。落实《国务院关于投资体制改革的决定》，建立健全核准制和备案制管理方式，加强政府投资管理，制定《中央预算内投资补助和贴息项目管理暂行办法》。二是推进增值税转型改革试点。明确东北地区工业企业固定资产折旧的税收方案，推进生产型增值税转为消费型增值税试点，促进东北老工业基地振兴。三是改革出口退税负担机制。调整中央与地方分担比例，国务院批准核定的各地出口退税基数不变，超出基数的部分中央与地方按照 92.5∶7.5 的比例共同负担（以前分担比例：中央 75%，地方 25%）。四是推进各级财政体制改革。完善中央财政转移支付制度，深化预算管理体制改革，规范省以下财政体制，扎实推进"省直管县"、"乡财县管"等县乡财政管理体制改革试点工作。所谓"增收节支"，即依法组织财政收入，确保财政收入持续稳定增长；同时，严格控制支出，提高财政资金使用效益。"增收节支"是财政永恒的主题，但在当前中国宏观经济条件下，又具有明显的政策取向和效用，有利于防止少收多支、盲目扩张的问题，具有一定的宏观调控政策意义。就财政收入政策方面来说，就是配合经济社会协调发展和宏观调控需要，调整税收政策。一是大范围、大幅度减免农业税，在全国范围内免征牧业税，全国共有 28 个省份免征农业税。二是调整出口环节税收政策。自 2005 年 1 月 1 日起，取消电解铝、铁合金等 17种商品的出口退税，并对铝、铜、镍征收出口税。降低或取消了焦炭、钢坯、钢锭和部分钢材的出口退税，调整尿素出口暂定关税税率。对纺织品出口关税进行调整。对集成电路、移动通信设备和计算机等部分信息技术产品出口退税率由现行的 13% 提高至 17%。三是调整住房转让环节营业税政策。2005年 6 月 1 日起，对个人购买住房不足 2 年转手交易的，销售时按其取得的售房收入全额征收营业税，促进房地产市场健康发展。四是调整资本市场税收政策。主要调整了资本市场的营业税、证券交易印花税以及企业所得税和个人所得税政策，促进资本市场健康发展。五是调整资源税政策。提高河南、安徽等 8 个省市的煤炭资源税标准，调整油田企业原油、天然气资源税税额标准，促进资源合理开发和利用。六是继续调低关税率。《中国—东盟全面经济合作框架协议货物贸易协议》开始实施，7000 种商品开始削减关税。在调整税收政策，促进健康发展的基础上，清理、规范税收优惠政策，挖掘非税收入潜力，规范非税收入管理，严格依法征税，确保财政收入稳定增长。在财政支出方面，主要是按照科学发展观和公共财政的要求，政府资金使用重点集中于国家发展规划确立的战略发展目标和经济社会事业发展的薄弱环节。同时严格支出管理。严控会议费、招待费、公务用车等一般性支出增长，体现配合宏观调控和建立节约型社会的要求。稳健财政政策力求财政活动对社会总需求的影响保持中性，财政收支既不产生扩张效应，也不产生紧缩效应，既要继续坚持扩大内需的方针,又要进一步抑制部分行业的过热势头。同时,更加注重解决经济社会不协调、城乡不协调、区域不协调等深层次结构问题,财政政策由主要拉动经济增长转向支持深化各项改革,调整优化结构,促进社会经济协调发展,建立有利于经济自主增长的长效机制。

总的来说,中国的财政政策在改革开放20多年来的历程中,沿着建立市场经济新体制的轨迹,经历了包括治理经济全面过热、局部过热与内需不足、通货膨胀与通货紧缩的复杂过程,采取的调控措施包括紧缩性、扩张性与中性等政策选择,成功应对了经济运行中可能遇到的各种复杂状况,发挥了促进经济稳定增长的作用。以下从实证的角度,对中国财政政策对经济增长的效应作进一步具体分析。

3.1.2 财政政策促进经济增长效应的一般性考察

总的来看,改革开放以来我国财政政策促进经济增长的效应十分显著。为具体分析财政政策的经济增长效应,选择 GDP、财政支出、财政收入、财政赤字及其增长率,来分析经济总量指标与主要财政指标的关系,具体见表3.1、图3.1、图3.2。

表3.1 1990—2006 年经济增长与主要财政指标

(单位:亿元、%)

年份	GDP	GDP增长率	财政支出	财政支出增长率	财政收入	财政收入增长率	财政赤字	财政赤字增长率
1990	18547.8	7.4	3083.6	6.9	2937.1	7.9	−146.5	−9.7
1991	21617.7	13.3	3386.6	6.7	3149.5	4.2	−237.1	57.3
1992	26638.0	16.9	3742.2	4.8	3483.4	4.9	−258.8	3.6
1993	34634.3	14.9	4642.3	9.6	4348.9	10.3	−293.4	0.1
1994	46759.2	10.9	5792.6	2.5	5218.1	−1.4	−574.5	60.9
1995	58478.0	8.9	6823.7	2.6	6242.2	4.2	−581.5	−11.8
1996	67884.6	9.4	7937.6	9.6	7407.9	11.8	−529.6	−14.1
1997	74462.8	8.8	9233.6	15.4	8651.1	15.9	−582.4	9.1
1998	78345.2	8.0	10798.2	20.1	9875.9	17.2	−922.2	62.5

年份	GDP	GDP增长率	财政支出	财政支出增长率	财政收入	财政收入增长率	财政赤字	财政赤字增长率
1999	81910.9	7.8	13187.7	25.9	11444.1	19.5	-1743.6	94.9
2000	88254.0	7.7	15886.5	20.5	13395.2	17.0	-2491.3	42.9
2001	95727.9	8.5	18902.6	18.9	16386.0	22.3	-2516.5	1.0
2002	102398.2	7.0	22053.2	16.7	18903.6	15.4	-3149.5	25.1
2003	116694.1	13.9	24649.9	11.8	21715.2	14.9	-2934.7	-6.8
2004	136515.8	16.9	28486.9	15.6	26396.5	21.6	-2090.4	-28.8
2005	182321.6	14.0	33930.3	19.1	31649.3	19.9	-2280.9	9.1
2006	209407.0	10.7	39664.6	24.3	40213.2	18.5	-548.6	-75.9

图3.1 1990—2006年GDP、财政支出、财政收入、财政赤字比较

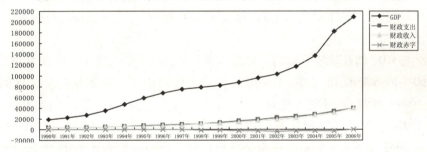

图3.2 1990—2006年GDP、财政支出、财政收入、财政赤字增长率比较

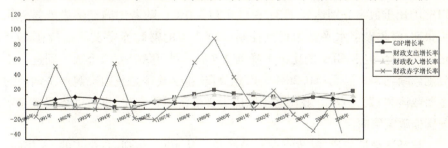

从经济总量指标来看，GDP 的增长轨迹明显出现三个拐点，即 1994 年、1998 年、2003 年。可以理解，1994 年，中国实施财税体制改革，初步建立了以分税制为基础的分级财政体制框架，成为由"行政性分权"（分灶吃饭）向"经济性分权"（分税分级）的里程碑式的转折点。首先改变凭借行政隶属关系损害经济效率的"条块分割"，从而适应市场经济的内在要求，释放了巨大的生产力；其次，新财政体制内在要求财政政策的设计和运用以经济杠杆为主，成为宏观经济管理由传统的直接控制向市场间接调控转变的制度依托，有力地提高了财政政策效力。1998 年，为了拉动内需，中央果断、"高调"地启动了扩张性的积极财政政策，发行国债，增加支出进行公共基础设施建设，政策对于中国经济持续增长发挥了明显的促进作用。据测算，积极财政政策对 GDP 增幅的贡献率，1998 年为 1.5 个百分点，1999 年为 2 个百分点，2000 年为 1.8 个百分点，使得 1994—2003 年中国经济以年平均增长 6.8% 的速度稳步上升[59]。但积极财政政策在运行层面对经济总供需状态进行调节的同时，并没有与中长期解决深层次矛盾制约的体制创新、结构调整更紧密结合起来，不能推动中国经济进入新一轮增长高峰。因此，中国原来政策体制惯性所产生的沉淀成本对经济增长的负面影响受到普遍检讨[60]，加上宏观经济形势的变化，通货紧缩阴影已经消散，需要逐步减弱以调节总量为主的积极财政政策的扩张效应，向以调节结构为主的稳健财政政策转型，以实现经济的长期持续稳定增长。

与 GDP 增长轨迹相似的是财政赤字水平，从图 3.1、图 3.2 可以看到，从 1990—2006 年的 16 年中，中国财政赤字大体经历了三个不同的变化区间。从 1994—1997 年，不论是绝对水平还是相对水平，财政赤字都处于递减状态。到 1997 年，财政赤字及其占 GDP 的比重数字分别为 558.45 亿元和 0.7%。然而 1997 年下半年的东南亚金融危机扭转了这一进程。从 1998 年起，积极财政政策的实施，使得财政赤字迅速扩张起来。到 2002 年，财政赤字及其占 GDP 的比重数字分别达到了 3150 亿元和 3.0%。随着中国经济进入新一轮扩张期，财政赤字水平开始得到控制。2003 年的财政赤字虽然维持在 2935 亿元的高台，但占 GDP 的比重下降到 2.7%。到 2006 年，两个数字则进一步分别调减到 548 亿元和 0.26%。因此，财政赤字政策是我国宏观经济调控的主要载体和"发力点"。我国必须顺应宏观经济运行变化，审时度势调整赤字与国债政策取向。

与经济增长相比，财政收支平稳增长。从 1990 年到 2006 年的 16 年间，财政收入总额从 2937.1 亿元增长到 39343.6 亿元，增加了 36406.5 亿元，增长了 13.4 倍，年均增加 2275.4 亿元，年均增长 17.6%；财政支出总额从 3083.6 亿元增长到 40213.2 亿元，增加了 37129.6 亿元，增长了 13 倍，年均增加 2320.6 亿元，年均增长 17.4%。这期间大概可以分为两个不同的区间：从 1990 年到 1994 年之间，财政收入总额从 2937.1 亿元增长到 5218.1 亿元，增长了 1.78 倍，增长了 2281 亿元，平均每年增长 15.5%，增加 570 亿元；财政支出总额从 3083.6 亿元增长到 5792.6 亿元，增长了 1.88 倍，增长了 2709 亿元，平均每年增长 17.1%，增加 577 亿元；1994 年到 2002 年，由于中央与地方分税分级框架的建立，税制设计也逐渐与经济增长挂钩，财政收支增长率从"谷地"开始反弹，财政收入从 5218.1 亿元增加到 26396.5 亿元，增长了 5.06 倍，增加了 21178.4 亿元，平均每年增长 22.5%，增加 2647 亿元，财政支出从 5792.6 亿元增加到 28486.9 亿元，增长了 4.92 倍，增加了 22694.3 亿元，平均每年增长 22.0%，增加 2837 亿元，很明显后一阶段的增长绝对额和增长率都要高于前一阶段。以名义货币计，我国财政支出占 GDP 比例波动较大，并且在绝大部分时间内财政支出的增长率都要低于 GDP 增长率，特别是在 1994 年税制改革之前，财政支出增长速度每年都低于 GDP 的增长速度，而在 1998 年实行积极财政政策后，财政支出较前有较大幅度的增长，其增长率超过了 GDP 的增长速度，到 2006 年，我国财政支出占 GDP 的比例已上升到 19.2%，但距世界大多数国家 30% 以上水平还有相当的差距。

　　综上所述，经济总量指标与财政指标的变化趋势、周期、程度、拐点都较为呼应和吻合，中国经济增长受到财政方面的变量影响较大，从另一个角度说，经济增长也对财政政策拉动产生了较大的依赖惯性。可以得出结论，中国未来的财政政策应将反周期应急举措与中长期可持续增长和结构调整相衔接，通过反周期调节争取赢得克服体制、结构等方面深层矛盾的时间和条件，以及财政经济良性循环的综合环境，这样才有可能迎来国民经济的新一轮全面协调持续增长。

3.2　财政政策与经济稳定增长的实证分析

　　我国财政政策与经济稳定增长的关系体现了凯恩斯需求管理原则，即在 IS-LM 框架下，通过财政政策乘数调控经济总量，使整个经济在面临通货膨胀和通货紧缩的形势下保持了持续平稳的增长态势。本节在综合考虑整个国民经济系统的基础上，假定现实经济系统能满足乘数作用机制顺畅，通过经典 IS-LM 模型对中国的实际经济数据进行计量分析，测算出影响乘数的各相关因素值，进而得出财政政策对经济增长的影响效应。

3.2.1　中国的 IS-LM 模型估测

3.2.1.1　中国 IS-LM 模型构架

1. 产品市场:IS 模型

产品市场的均衡方程 IS 是总收入等于总支出,即 Y = AD。而总支出 AD 由消费 C、投资 I、政府支出 G 和净出口 XM 四部分构成。

根据凯恩斯的绝对收入假说,消费取决于可支配收入,消费函数由自发消费和引致消费两部分构成。投资是实际利率的函数,同时根据对中国的投资活动、资本形成和生产活动的分析可以发现,投资又取决于国民收入,即国民收入的函数。净出口为出口与进口之差,一般认为,出口由国外市场决定,国内市场对它的影响较小,故可以视为常数。而进口则取决于国民收入和汇率水平,考虑到汇率资料繁杂和模型规模的限制,在此仅仅把进口考虑为国民收入的函数。

2. 货币市场:LM 模型

货币市场均衡条件是真实货币余额的供给等于其需求:M/P = L(Y,i)。名义货币存量 M 由货币当局外生给定,真实货币余额需求是实际收入 Y 和利率 i 的函数。在考虑利率时,我们使用真实利率变量,同时利率的变化还要考虑到通货膨胀的影响。因此构建 LM 模型下的利率函数时,货币需求是国民收入、实际利率和通货膨胀的函数。

具体的模型如下:

$$C = \alpha_{11} + \alpha_{12}Y_d + \mu_1 \tag{3.1}$$

$$I = \alpha_{21} + \alpha_{22}Y + \alpha_{23}i + \mu_2 \tag{3.2}$$

$$M = \alpha_{31} + \alpha_{32}Y + \mu_3 \tag{3.3}$$

$$i = \alpha_{41} + \alpha_{42}Y + \alpha_{43}\frac{M}{P} + \alpha_{44}IFL + \mu_4 \tag{3.4}$$

$$Y_d = Y - T + TR \tag{3.5}$$

$$XM = X - MY = C + I + G + XM \tag{3.6}$$

在上面的模型中,α_{ij} 是待估参数,μ_i 为随机误差项,其数学期望为零。在整个模型中,内生变量有:消费 C、投资 I、进口 M、真实利率 i、可支配收入 Yd、净出口 XM 和总产出 Y。外生变量有:政府支出 G、通货膨胀率 IFL、真实货币供给余额 M/P、财政收入 T、转移支付 TR 和出口 X。该模型经过阶条件和秩条件检验,整个模型是过度识别的[61]。

表3.2 中国决定总需求的基本因素

（单位：亿元，%）

年份	GDP	投资	消费	进口	货币供求	真实利率	可支配收入	政府购买支出	转移支出	通胀率	财政收入占GDP比重	商品零售价格
1985	8964.4	2135.39	4590.30	1257.8	3341.85	-2.48	7259.49	1711.31	806.93	8.8	22.36	100
1986	9624.72	2514.11	4883.08	1414.49	3993.46	1.2	8220.47	1803.63	597.65	6.0	20.80	106
1987	10518.33	2897.27	5238.64	1419.33	4348.77	-0.1	9231.91	1697.16	647.41	7.3	18.39	113.73
1988	11076.87	3132.63	5665.86	1524.89	4443.18	-10.82	9950.49	1582.41	622.71	18.5	15.79	134.77
1989	10650.79	2547.46	5371.08	1385.68	4012.74	-6.69	9255.47	1512.11	660.47	17.8	15.76	158.76
1990	11442.96	2544.56	5622.31	1588.19	4288.17	8.09	9974.60	1633.51	700.79	2.1	15.84	162.09
1991	12961.09	3126.12	6923.28	2037.71	5176.15	4.99	11437.13	1766.01	670.25	2.9	14.57	166.79
1992	15152.50	4398.55	7784.39	2527.47	6673.21	2.16	13595.64	1907.91	677.68	5.4	13.08	175.80
1993	17434.89	6337.09	8741.77	3013.44	8195.52	-3.86	15558.53	2148.37	519.94	13.3	12.56	198.65
1994	19341.25	7154.84	9850.34	4119.83	8496.32	-10.72	17514.52	2226.59	483.13	21.7	11.16	241.76
1995	21070.15	7171.51	10937.35	3980.58	8642.75	-3.82	19284.76	2285.57	581.82	14.8	10.67	277.54
1996	23053.15	7719.87	10919.32	3924.81	9683.43	3.06	21159.95	2497.92	737.08	6.1	10.91	294.47
1997	25085.94	8275.08	11744.21	3977.53	11732.74	6.31	23027.72	2876.89	980.43	0.8	11.62	296.83
1998	27098.75	9518.71	12830.25	4012.34	13473.66	7.63	24775.67	3429.42	1208.26	-2.6	12.61	289.11
1999	29263.84	9949.51	14088.77	4898.20	16344.78	5.92	26144.79	4389.58	1065.14	-3.0	13.94	280.44
2000	31775.86	11010.43	15272.14	6619.83	18875.98	2.12	28015.48	4635.38	1096.14	0.4	14.97	281.56
2001	34841.14	12688.61	16490.85	7217.50	21435.54	1.52	30024.12	5687.82	1157.01	1.0	16.84	279.31
2002	38150.14	15193.69	17790.04	8861.83	25711.62	2.78	32557.48	6700.52	1358.59	-0.8	17.97	275.68
2003	42625.34	20308.09	19186.97	12416.70	30544.15	0.78	36190.12	7473.35	1531.98	1.2	18.52	275.40
2004	48347.25	25410.73	20900.19	16402.03	33898.77	-1.65	40364.47	7878.70	1808.35	3.9	19.31	283.11

资料来源：历年中国统计年鉴、中国财政年鉴计算整理得。

3.2.1.2 数据处理

以 1985—2004 年的数据资料为样本期,GDP 作为总产出,消费是指居民消费,投资是指私人部门的投资,是固定资产形成总额扣除固定资产投资中的国家预算资金投资。政府投资和政府消费共同构成了政府购买支出,政府投资主要指国家预算内投资。可支配收入用总产出减去财政收入加上转移支付作为 Y_d 的估计,由于企业亏损补贴冲减财政收入,调整后的财政收入要加上企业亏损补贴。转移支付主要包括抚恤和社会福利救济事业费、政策性补贴、企业亏损补贴和内债利息支出。货币供应和需求采用狭义的货币量 M_1。通货膨胀率通过居民消费价格指数的波动来计算,真实利率为名义利率减去通货膨胀率,名义利率是指 1 年期定期存款利率。所有的绝对量指标根据 1985 年为基期的商品零售价格指数调整为不变价格的变量。

3.2.1.3 模型的估计

根据上述资料,以常数项、所有的外生变量和所有内生变量的一阶滞后变量作为工具变量,利用三阶段最小二乘法对上述模型进行估计,结果如表 3.3 所示。

表 3.3　中国 IS-LM 模型的三阶段最小二乘估计

解释变量	消费方程	投资方程	进口方程	利率方程
常数项	653.6321	−485.3447	20994.7 **	5.9972
	(2.5722)	(−1.8349)	(0.2798)	(5.0011)
Y		0.3897	0.6198	0.0004
		(27.5973)	(3.0189)	(2.1978)
Y^d	0.4500			
	(40.9193)			
r		−17.7945 *		
		(−1.7092)		
M/P				−0.0006
				(3.4496)

解释变量	消费方程	投资方程	进口方程	利率方程
IFL				- 0.7985
				(- 18.9799)
R^2	0.9988	0.9820	0.9620	0.9516
调整的 R^2	0.9963	0.9789	0.9569	0.9396
D.W	1.2889	2.0021	1.6155	1.0986

注:括号中的值是 t 统计值,加 * 表明在 10% 的水平上是显著的,加 * * 的表明在 5% 的水平上是显著的。为了消除序列相关的影响,消费方程使用了 AR(1) 和 AR(2) 项,投资方程使用了 AR(1)、AR(2) 和 AR(3) 项,进口方程使用了 AR(1) 项。

从估计的结果可以看出,模型的拟合优度达到 94% 以上,基本消除了序列相关,除了进口函数的截距项不显著外,其他系数均显著。消费函数表明边际消费倾向为 0.45。投资函数表明投资对收入的敏感度为 0.39,对利率的敏感度为 - 17.79。进口方程表明边际进口倾向为 0.61。将利率方程改写为货币需求形式,可以得到货币需求对收入的敏感度为 0.67,货币需求对利率的敏感度为 - 1666.67。模型中各个参数估计值符合经典的 IS-LM 模型理论,表明估计结果是正确的。

3.2.2　财政政策乘数效应的实证分析

根据对中国 IS-LM 模型的估计结果,将消费、投资和净出口方程相加,可以得到中国的 IS 曲线,再加上利率方程,就得到了中国的 IS-LM 曲线:

$$\text{IS 曲线:} \quad Y = \frac{-20826.4126 + 0.45TR + G + X}{0.7881 + 0.45t} - \frac{17.7945r}{0.7881 + 0.45t} \quad (3.7)$$

$$\text{LM 曲线:} \quad r = 5.9972 + 0.0004Y - 0.0006\frac{M}{P} - 0.7985IFL \quad (3.8)$$

其中 t 为我国的宏观税负,由财政收入占 GDP 的比重求得。将 IS 曲线和 LM 曲线联立,可以求出均衡总产出:

$$Y = \frac{-20933.1298 + 0.45TR + G + X + 0.0107\frac{M}{P} + 14.2089IFL}{0.7881 + 0.45t} \quad (3.9)$$

根据均衡收入对各个外生变量求偏导,可以得到各个具体的财政政策变量乘数值:

政府支出乘数 = 1/(0.7881 + 0.45t)　　　　　　　　　　　　(3.10)

转移支付乘数 = 0.45/(0.7881 + 0.45t)　　　　　　　　　　(3.11)

税收乘数 = - 0.45/(0.7881 + 0.45t)　　　　　　　　　　　(3.12)

以各年的财政收入除以当年的 GDP 得到宏观税负,进而求出各年的财政政策乘数。财政政策乘数只是描述了财政政策变量对于总产出的影响程度,总产出的实际变化量则需要进一步计算乘数效应,即财政政策变量对于总产出的实际影响程度。根据乘数效应 = 财政政策变量的变动量 × 乘数,可以计算出历年财政政策变量对于 GDP 的影响程度及总效应。"贡献率"是乘数效应占当期 GDP 的比重,意指政府购买支出、政府转移支付等对当期 GDP 的拉动作用。计算结果见表 3.4、3.5、3.6、3.7。

表3.4　政府购买支出乘数效应

(单位:亿元、%)

年份	GDP	政府购买支出乘数	购买支出变动量	乘数效应	贡献率
1985	8964.4	1.125	18.1	20.3625	0.2271
1986	9624.72	1.134	92.32	104.6909	1.0877
1987	10518.33	1.483	- 106.47	- 157.895	- 1.501
1988	11076.87	1.1641	- 114.75	- 133.58	- 1.206
1989	10650.79	1.1642	- 70.3	- 81.8433	- 0.768
1990	11442.96	1.1636	121.4	141.261	1.2345
1991	12961.09	1.1714	132.5	155.2105	1.1975
1992	15152.50	1.1807	141.9	167.5413	1.1057
1993	17434.89	1.1840	240.46	284.7046	1.633
1994	19341.25	1.1929	78.22	93.30864	0.4824
1995	21070.15	1.1960	58.98	70.54008	0.3348
1996	23053.15	1.1945	212.35	253.6521	1.1003
1997	25085.94	1.1899	378.97	450.9364	1.7976
1998	27098.75	1.1836	552.53	653.9745	2.4133
1999	29263.84	1.1753	960.16	1128.476	3.8562
2000	31775.86	1.1689	245.8	287.3156	0.9042
2001	34841.14	1.1576	1052.44	1218.305	3.4967

年份	GDP	政府购买支出乘数	购买支出变动量	乘数效应	贡献率
2002	38150.14	1.1508	1012.7	1165.415	3.0548
2003	42625.34	1.1475	772.83	886.8224	2.0805
2004	48347.25	1.1429	405.35	463.2745	0.9582

表 3.5　政府转移支付乘数效应

（单位：亿元、%）

年份	GDP	政府购买支出乘数	转移支出变动量	乘数效应	贡献率
1985	8964.4	0.5062	498.96	252.5736	2.8175
1986	9624.72	0.510	−209.28	−106.733	−1.109
1987	10518.33	0.5177	49.76	25.76075	0.2449
1988	11076.87	0.5238	−24.7	−12.9379	−0.117
1989	10650.79	0.5239	37.76	19.78246	0.1857
1990	11442.96	0.5236	40.32	21.11155	0.1845
1991	12961.09	0.5271	−30.54	−16.0976	−0.124
1992	15152.50	0.5313	7.43	3.947559	0.0261
1993	17434.89	0.5328	−157.74	−84.0439	−0.482
1994	19341.25	0.5368	−36.81	−19.7596	−0.102
1995	21070.15	0.5382	98.69	53.11496	0.2521
1996	23053.15	0.5375	155.26	83.45225	0.362
1997	25085.94	0.5355	243.35	130.3139	0.5195
1998	27098.75	0.5326	227.83	121.3423	0.4478
1999	29263.84	0.5289	−143.12	−75.6962	−0.259
2000	31775.86	0.5260	31	16.306	0.0513
2001	34841.14	0.5209	60.87	31.70718	0.091
2002	38150.14	0.5178	201.58	104.3781	0.2736
2003	42625.34	0.5164	173.39	89.5386	0.2101
2004	48347.25	0.5143	276.37	142.1371	0.294

表3.6 税收乘数效应

（单位:亿元、%）

年份	GDP	税收乘数	税收变动量	乘数效应	贡献率
1985	8964.4	−0.5062	928.376	−469.944	−5.242
1986	9624.72	−0.510	−62.871	32.064	0.333
1987	10518.33	−0.5177	−83.229	43.088	0.410
1988	11076.87	−0.5238	−99.466	52.100	0.470
1989	10650.79	−0.5239	−51.275	26.863	0.252
1990	11442.96	−0.5236	21.083	−11.039	−0.096
1991	12961.09	−0.5271	47.649	−25.116	−0.194
1992	15152.50	−0.5313	75.945	−40.349	−0.266
1993	17434.89	−0.5328	241.624	−128.737	−0.738
1994	19341.25	−0.5368	−19.664	10.556	0.055
1995	21070.15	−0.5382	50.370	−27.109	0.129
1996	23053.15	−0.5375	156.852	−84.308	−0.366
1997	25085.94	−0.5355	392.199	−210.023	−0.837
1998	27098.75	−0.5326	394.388	−210.051	−0.775
1999	29263.84	−0.5289	555.375	−293.74	−1.004
2000	31775.86	−0.5260	683.896	−359.723	1.132
2001	34841.14	−0.5209	944.314	−491.893	1.412
2002	38150.14	−0.5178	859.556	−445.078	−1.167
2003	42625.34	−0.5164	814.410	−420.561	−0.987
2004	48347.25	−0.5143	1856.52	−954.81	−1.975

表3.7 财政政策综合乘数效应

（单位:亿元、%）

年份	GDP(亿)	综合效应	综合贡献率
1985	8964.4	−197.008	−2.198
1986	9624.72	30.0219	0.3119
1987	10518.33	−89.0463	−0.847
1988	11076.87	−94.4179	−0.852
1989	10650.79	−35.1978	−0.33

年份	GDP(亿)	综合效应	综合贡献率
1990	11442.96	151.3336	1.3225
1991	12961.09	113.9969	0.8795
1992	15152.50	131.1399	0.8655
1993	17434.89	71.9237	0.4125
1994	19341.25	84.10504	0.4348
1995	21070.15	96.54604	0.4582
1996	23053.15	252.7964	1.0966
1997	25085.94	371.2273	1.4798
1998	27098.75	565.2658	2.0859
1999	29263.84	759.0398	2.5938
2000	31775.86	-56.1014	-0.177
2001	34841.14	758.1192	2.1759
2002	38150.14	824.7151	2.1618
2003	42625.34	555.8	1.3039
2004	48347.25	-349.398	-0.723

通过经典的 IS-LM 模型推导财政政策乘数,并从实证上估计了中国的 IS-LM 模型,测算出 1985—2004 年各年的政府购买支出乘数、转移支付乘数和税收乘数,得出一些有益的结论与启示:

(1)综观样本期内历年的各财政政策变量乘数,政府支出乘数大致围绕在 1.5 上下波动,转移支付乘数值在 0.5 左右,税收乘数在 -0.5 左右,可见政府支出、转移支付、税收等财政政策变量对经济运行的影响较为明显。

(2)就财政政策变量乘数效应如政府购买支出乘数效应、转移支付乘数效应、税收乘数效应等来看,首先,财政政策对经济的综合拉动作用,主要通过改变政府购买支出来实现的,说明中国自 1985 年以来在引用财政政策调控经济运行的过程中主要依赖政府购买支出政策。其次,在 1995 年之前,转移支付对经济的拉动作用最小,而且转移支付缺乏与购买支出政策的协调配合,未能成为宏观经济调控的有效手段。但自 1995 年开始,转移支付对经济拉动作用明显增强,1998 年、1999 年、2000 年这 3 年更显突出,这与积极财政政策的实施相吻合。再次,税收乘数在大多数年份对经济增长是负效应,而且与财政购买支出对经济拉动方向基本相反,与整个经济政策的协调配合还有待加强。

（3）根据测算的历年财政政策乘数，整体上，财政政策的综合乘数效应在
1985、1987、1988、1989、2000 和 2004 年为负，反映了财政政策在 1985、1987、
1988、1989 年总体上实行的是从紧政策，与这些年份的实际情况是基本相符
的。而 2000 年实行的是积极的财政政策，反映出来的却是紧缩的效果，这可
能是随着积极财政政策的实施，其效果逐渐减弱，积极财政政策的"紧缩效
应"逐渐显露出来所致，2004 年的紧缩效应就更加明显。在其他年份，财政政
策的综合乘数效应表明，无论在治理整顿、抑制经济过热的年份，还是内需不
足、通货紧缩的年份，财政政策总体上都对经济的运行起到了明显的调节作
用。此外，一些其他因素如加强税收征管带来税收增加①，导致财政政策综合
乘数发生较大变动，对财政政策效应分析会带来一定影响。

（4）就财政政策对经济增长的贡献率看，除个别年份较大，大多数年份对
经济的拉动作用在 1%—3% 之间，而且拉动作用的政策性时滞短、见效快。
其中拉动最小的是在 1986 年对经济拉动 0.711%，拉动最大的是在 1991 年，
对经济拉动 2.378%。从 1991 年开始，财政政策对经济的拉动作用呈现逐年
下降趋势，而自 1998 年我国实施积极财政政策以来，财政政策对经济的综合
拉动效应又显著上升。1998 年，财政政策对当年 GDP 的贡献率为 1.88%，连
续 3 年贡献率都在 1% 以上，同时积极财政政策效果存在逐期递减的趋势，这
为财政政策向"稳健"转型提供充分依据[62]。

因此，我国目前的财政政策设计与实施，一方面，要提高财政政策变量与
经济的关联度，促进乘数机制的顺畅运行，以增强财政收支变化对经济增长的
乘数效应；另一方面，要突破原有政策惯性对历史路径的依赖，从"总量调
控"、"逆风向而动"等抽象、粗放、被动式思维中跳出来，更侧重于经济系统内
部结构的调整优化和精准调控，更注重财政政策的协调、连贯、平稳过渡等，使
财政政策在促进经济长期增长、提升经济增长的质量和效益方面发挥更大作
用。

3.3 财政政策与内生经济增长的实证分析

内生经济增长理论重新探讨了长期经济增长的源泉，并为政府干预内生

---

① 这一因素在计算中很难剔除，在某些年份造成税收变动量剧增，进而影响税收乘数效
应。

化的知识积累和专业化的人力资本水平,提供了许多可供选择的政策工具。从这个意义来讲,内生经济增长理论为我们提供了一个分析财政政策的新的框架。本节对财政政策与经济内生增长的实证分析也正是基于此。

3.3.1　对财政政策促进内生经济增长的一般性考察

财政政策促进内生经济增长的效应主要由财政投资来体现。根据对内生增长理论的研究,除劳动、资本和技术等基本要素之外,财政支出对长期经济增长速度和路径具有显著的内生影响,尤其是生产性公共支出即财政投资对经济增长具有正效应,而非生产性的消费支出和经济增长相关性不大,甚至呈负相关。进一步而言,和传统理论仅关注财政用于形成物质资本的开支相比,内生增长理论更为关注劳动力素质提高和技术进步对未来产出的影响。因此,在内生增长理论的框架下,财政投资主要包括三个部分,即:财政用于形成物质资本的支出、用于形成人力资本的支出以及用于促进技术进步的支出。本节对财政政策促进内生经济增长的实证分析也主要从这三个方面展开。

根据以上分析,考察我国财政政策促进经济内生增长的效应,主要应考察我国财政投资部分的比重以及投资方向问题。我国政府财政投资规模及财政投资占 GDP 的比重如表3.8。

表 3.8　1981—2004 年中国政府财政投资占 GDP 的比重

(单位:亿元、%)

年份	GDP	预算内财政投资额	预算内财政投资额占 GDP 的比重
1981	4862.4	269.76	5.5
1982	5294.7	279.26	5.3
1983	5934.5	339.71	5.7
1984	7171.0	421.00	5.9
1985	8964.4	407.80	4.5
1986	10202.2	455.62	4.5
1987	11962.5	496.64	4.2
1988	14928.3	431.96	2.9
1989	16909.2	366.05	2.2
1990	18547.9	393.03	2.1

年份	GDP	预算内财政投资额	预算内财政投资额占 GDP 的比重
1991	21617.8	380.43	1.8
1992	26638.1	347.46	1.3
1993	34634.4	483.67	1.4
1994	46759.4	529.57	1.1
1995	58478.1	621.05	1.0
1996	67884.6	625.88	0.9
1997	74462.6	696.74	0.9
1998	78345.2	1197.39	1.5
1999	82067.5	1852.14	2.3
2000	89442.2	2109.45	2.4
2001	95933.3	2546.42	2.7
2002	104790.6	3160.96	3.0
2003	116694.1	2533.42	2.2
2004	136515.8	3994.20	2.9

资料来源:《中国统计年鉴》(2005)。

由表 3.8 可知,改革开放以来,由于市场经济转轨,政府逐渐从竞争性的生产性领域退出,财政投资占 GDP 的比重呈现迅速下滑的趋势。尤其是 1992 年以后,我国推进社会主义市场经济体制改革,这种趋势更加明显。到 1997 年,我国预算内财政投资额占 GDP 的比重只有 0.9%。从 1998 年开始,我国实行了积极的财政政策,依靠政府投资刺激社会需求、拉动经济增长,财政投资规模急剧扩张,从而出现了政府投资支出占 GDP 比重的迅速回升,2002 年,这个比重达到了 3%。这些年来,我国政府的财政投资维持了一定规模,这将有利于物质资本形成、人力资本积累和劳动生产率的提高等等,使产出收益递增,必然对长期的经济增长起到一定的促进作用。但从我国经济增长的实际需要来看,改革开放后,尤其是在社会主义市场经济体制过程中,各地区的经济发展差距拉大,中西部地区的交通、通讯、能源、水利等基础设施的瓶颈作用非常明显,农业作为最典型的基础产业的发展严重滞后,高新技术产业的投入不足等问题仍然存在,财政投资的欠账太多,显然会影响到我国经济的长期增长。因此,在我国目前实施稳健性财政政策的大背景下,财政投资应在保持一定规模的同时,注重结构调整。

　　值得注意的是,由于财政支出和税收通过预算约束高度相关,需要探讨财政投资和税收政策同时作用下经济增长率的变化方向。根据研究,人力资本和物质资本的税后边际产品对个人所得税、公司所得税等扭曲性税收非常敏感,它们对经济长期增长率存在负效应;而非扭曲性税收不影响个人或公司的投资决策,对经济的增长率并不产生明显影响[63]。研究还表明,只有当税收水平比较高(一般高于30%)的时候,才可能出现扭曲性税收的负效应大于财政投资对经济的正效应,从而导致增长率随税收水平的上升而下降。但从我国现在的税收水平来看,应该不会对内生经济增长产生负面影响。

　　具体来说,财政的物质投资对经济增长的作用在于增加总需求的同时可以改善经济供给能力,增加生产性公共资本存量,从而提高私人资本的边际生产率,进而促进经济增长率的提高。改革开放后,我国正处于工业化和城市化加快发展的阶段,物质资本形成对经济增长具有重要影响,此时的财政物质投资在保持投资率较高水平的同时,也对拉动 GDP 年均增长 9.4% 发挥着重要作用。20 世纪 90 年代中期,为抑制经济过热,我国政府采用了削减公共投资来控制总需求膨胀的做法,使我国的物质资本积累出现了非公共资本的长期快速增长与公共资本积累速度放慢并存的局面。这一时期,财政用于形成物质资本的投资绝对数量虽然都有增加,但其占 GDP 的比例却逐年下降。其中,形成基础设施的国家预算内固定资产投资在全社会固定资产总投资中所占的比重明显下降,由 1981 年的 28% 降至 1996 年的 2.7%;预算内固定资产投资占当年 GDP 的比例由 1981 年的 5.55% 降至 1996 年的 0.92%。我国的经济增长速度放慢现象与财政物质资本投入不足、政府无法以一个平稳的速度来扩张经济不无关系。这种状况到 1998 年国家实行积极财政政策才有所改善。在实施积极财政政策期间,中央政府每年发行 1000 亿—1500 亿元的长期建设国债,仅从 1998 年至 2004 年 7 月间,累计发行 9100 亿元,主要投资用于基础设施领域,直接增加了固定资产投资。财政物质投资的日益扩大不仅促进了社会城乡基础设施建设的发展,而且对于扩大内需、引导和带动民间投资、拉动经济增长起了至关重要的作用。但过分注重财政物质投资的增长效应也造成了一些负面影响:一方面,当前我国投资率水平明显高于国外相同发展阶段水平,经济增长对积极财政政策的投资拉动依赖性较强;而另一方面,财政政策对经济增长的拉动作用在递减。据测算,国债投资对 GDP 的拉动作用,1998 年为 1.5 个百分点,1999 年为 2 个百分点,2000 年为 1.7 个百分点,而 2001 年则约为 1.67 个百分点,2003 年为 1.8 个百分点[64]。因此,我国随后实施的稳健财政政策更为重视财政物质投资对非均衡经济短边问题的逐步解决,2004 年,我国国债规模保持在 1100 亿元左右,除用于续建和收尾项目外,重点向改善农村生产生活条件、经济结构调整、生态环境建设、东北老工业基地改造、中西部地区发展等方面倾斜,同时注重经济和财政可持续发展[65]。

财政用于人力资本和技术进步的投资可以消除其中的外部性、风险与不确定性等"市场失灵",鼓励"内生化"知识积累和技术进步,提高劳动和物质的生产率,从而实现经济长期持续增长。从我国实践来看,财政投资是科技进步和人力资本积累的重要来源。在我国科技经费供给结构中,财政性资金约占 30%,而在教育经费供给结构中,财政性资金平均最低占 70% 以上,财政一直是保证我国教育和科研事业发展的基础力量,如图 3.3 所示。

图3.3 中国财政教育和科研支出的相对规模

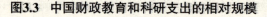

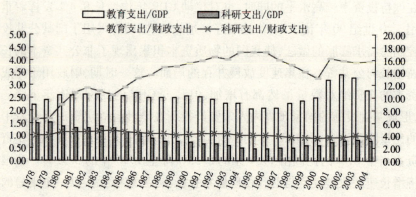

资料来源:《中国统计年鉴》(2005)、《中国科技统计年鉴》(2005)、《中国教育统计年鉴》(2005)。

改革开放以来,我国在教育和科研的财政投资规模不断增长,但这方面的财政投资占财政总支出的比重、占 GDP 的比重并不高。从图 3.3 来看,财政科研支出占财政总支出的 3%—5%,占 GDP 的 0.5%—1.5%;财政教育支出占财政总支出的 7%—15%,每年都在 GDP 的 2% 以上。研究表明,全世界在教育方面的财政支出占 GDP 的比重平均为 4.4%,其中低收入国家平均为3.6%,中等收入国家平均为 5.2%,高收入国家平均为 5.5%。相比之下,我国的财政教育支出占 GDP 的比重非常之低,更重要的是我国十分低下的财政教育投入与巨大的需求已形成鲜明的对比。另一方面,我国的 R&D 支出总额仅是美国的 2.1%、日本的 2.6%、德国的 7.3%,无论是 R&D 支出占 GDP 比重还是财政科技投入占 GDP 和财政支出的比重,都低于发达国家和新兴市场国家,这和财政在科技发展和人力资本投资中的核心地位不相符合[66]。从长期来看,政府在教育和科研方面的投入太低,影响我国的人力资本积累和科技进步,必然会对经济增长产生负面影响。而从趋势上来看,我国在教育和科研的财政投资占财政总支出的比重、占 GDP 的比重呈现先下降后上升的特征,到 2002 年,比重基本上升到了 20 世纪 80 年代的水平,到 2004 年,财政科研支出占财政总支出的 3.8%,占 GDP 的 0.8%;财政教育支出占财政总支出的15.7%,占 GDP 的 2.79%。这表明,改革开放 20 多年来,与经济增长和财政支出规模变化相比,我国政府在教育和科技方面的投入从总体上来看并没有增加,而世界上绝大多数国家在这方面的投入都在随着经济的增长而增加[67]。

3.3.2 财政政策促进内生经济增长效应的模型分析

根据对财政政策促进内生经济增长的一般性考察可知,财政在人力资本和技术进步的投资对长期持续的内生经济增长有着重要作用,在此基础上,我们引入多个变量建立实证模型,以对财政科技投入、财政教育投入和经济增长的关系进行定量分析。

3.3.2.1 模型建立

考虑传统的 C-D 生产函数形式:

$$Y_t = A_t L_t^{\alpha} K_t^{\beta} \tag{3.13}$$

这里 Y、L、K 分别表示国内生产总值、劳动力和资本,α、β 分别表示劳动力和资本的产出弹性。新古典增长理论将技术进步视为由常数项 A_t 所表示的残值,来度量全要素生产率(TFP)。

对(3.13)两边取自然对数有

$$\ln(Y_t) = \ln(A_t) + \alpha\ln(K_t) + \beta\ln(L_t) \tag{3.14}$$

全要素生产率是指扣除了资本和劳动投入的贡献以外其他所有能够促进经济增长的因素贡献的总和,包括设备和工艺技术、产业结构调整、教育进步等因素作用。其中人力资本和 R&D 资本是技术进步和经济增长的重要来源。

现在我们假设全要素生产率是人力资本和 R&D 资本的基本函数。

$$\ln(TFP_t) = C + \gamma_1 \ln(H_t) + \gamma_2 \ln(R_t) \tag{3.15}$$

财政政策对内生增长的促进作用主要表现在财政政策如何影响全要素生产率。这里主要选取财政教育支出、财政科技投入来反映财政政策的变化,分别表示为 H、R。

3.3.2.2 数据来源与处理

（1）产出量的确定

产出根据宏观分析的需要,以及分析内容和资料情况,可分别采用总产值、净产值或销售产值等。本书采用国内生产总值（GDP）表示产出。

（2）物质资本投入量的确定

本书采用通行的资本计量方法——永续存货法,即:某期物质资本的存量由上期的资本存量减去当期的折旧再加上当期总物质资本投资得到:

$$K_t = (1 - \delta)K_{t-1} + I_t \cdots\cdots \tag{3.16}$$

其中, K_{t-1} 是 t−1 期期末的物质资本存量, I_t 是 t 期的总物质资本投资流量,也就是统计年鉴上所列的资本形成额,δ 是物质资本的折旧率,本书数据计算中用 5% 作为折旧率。初始物质资本存量,即 1980 年的物质资本存量是在张军（2003）对 1978 物质资本存量的基础上推算确定[68]。

（3）劳动投入量的确定

劳动投入量是生产过程中实际投入的劳动量,并由标准劳动投入来衡量。由于我国缺乏这方面的统计资料,故在测算时一般选用劳动者人数来反映一定时期内全部劳动力资源的实际利用情况。

（4）财政教育投入的确定

人力资本投入水平的确定比较复杂,对人力资本的度量方法有多种,主要由劳动者报酬法、学历权重法和受教育年限法等。一般认为劳动者的人力资本数量主要取决于其所受教育水平,大小等于在某个时期劳动者获得这样的教育水平所需要的财政教育投资。

（5）财政科技投入的确定

由于中国关于研究开发活动的统计数据不够详实,虽然我国财政科研支出并非是真正意义上的 R&D 投入,但可采用财政科技拨款代替研究开发支出来近似地计算 R&D 资本。

此外,考虑到人力资本和 R&D 资本对经济增长发生作用需要经过一段时间,应采用滞后 8 年的财政教育投入和滞后 4 年的财政科技投入,因此,财政教育投入和财政科技投入实际分别是 1980—1996 年和 1984—2000 年的数据。考虑到价格变动的影响,除 L 外,所有数据均以 1980 年物价水平为基准,根据各年商品零售价格指数进行调整(1980 = 100)。

综合以上分析和处理,具体的数据见表 3.9:

表 3.9 1988—2004 年的相关数据

(单位:亿元、万人)

年份	GDP(Y)	劳动力投入量(L)	资本投入量(K)	财政教育投入(H)(−8)	财政科技投入(R)(−4)	商品零售价格指数(1978 = 100)
1988	14922.3	54334	4753.80	172.7481	138.8682	100
1989	14364.33	55329	3744.72	183.3553	138.2838	117.8
1990	15464.34	64680	3755.83	203.8056	143.1715	120.3
1991	17184.72	65590	4438.081	228.9833	134.853	126.1
1992	20438.03	66380	6196.418	263.659	121.1	130.4
1993	23415.45	67240	8856.752	307.1625	108.5739	147.6
1994	25982.94	68090	9487.978	343.815	115.6276	179.6
1995	27883.27	68910	9708.883	338.7915	127.4385	206.2
1996	30558.71	68850	10474.22	340.7	145.092	218.8
1997	33171.6	69600	11311.26	427.7589	152.8455	220.5
1998	35837.79	69957	13226.61	456.1097	149.3875	214.8
1999	38677.22	71150	14329.92	489.9286	146.6537	208.3
2000	43006.39	72085	16040.88	558.819	159.3236	205.2
2001	47019.93	73025	18278.64	587.9404	185.4422	203.6
2002	50963.02	73740	20722.61	654.0646	204.1899	200.9
2003	58128.27	74432	23599.43	684.5296	261.1138	200.8
2004	66150.79	75200	26121.21	764.0311	280.5068	206.4

资料来源:有关各期的《中国统计年鉴》、《中国固定资产投资统计年鉴》、《中国劳动统计年鉴》、《中国财政年鉴》。

3.3.2.3 实证分析

1. TFP 的测算

根据模型(3.14),对国内生产总值 GDP、资本存量、劳动力的数据进行对数化处理。时间序列数据对数化后并不会改变其时序性质,且能够使其趋势线性化,易获得平稳序列。对数化后的经济变量序列分别记为 LY、LK、LL。

采用模型(3.14)计算得到回归模型如下:

$$ln(Y_t) = -2.6978 + 0.6904ln(K_t) + 0.5958ln(L_t)$$

$$(3.2319^*)(0.0469^{***})(0.3230^{**}) \tag{3.17}$$

小括号内为标准差,*、* *、* * *分别表示在 10%、5%、1% 的显著性水平上显著。于是计算得到各年度的全要素生产率(TFP)如表 3.10:

表 3.10　1988—2004 年的 TFP 值

年度	TFP	年度	TFP
1988	0.0652	1997	0.0687
1989	0.0731	1998	0.0664
1990	0.0716	1999	0.0671
1991	0.0703	2000	0.0685
1992	0.0659	2001	0.0679
1993	0.05860	2002	0.0671
1994	0.0615	2003	0.0696
1995	0.0645	2004	0.0734
1996	0.0672		

2. TFP 的财政因素分析

将全要素生产率(TFP)、财政教育支出(H)、财政科技投入(R)对数化,变化后的变量分别是 LTFP、LH、LR。要研究这三者之间的关系,首先检验样本序列的平稳性,如果所有的样本序列是平稳的,可以进行相应的回归分析,但若时间序列数据不是平稳的,回归分析可能导致伪回归现象,从而得到错误的结论,这时不能直接利用模型进行回归分析,但对于一阶差分平稳的 I(1) 序列,可以采用协整技术(Cointegration)确定各变量之间的长期稳定关系。

(1)平稳性检验

一般采用 ADF(Augmented Dickey-Fuller)单位根检验方法来检验变量的平稳性,它是考虑到因序列的高阶滞后相关而破坏随机扰动项的白噪声假设的基础上,对 DF 检验进行改进,假定序列 $\{x_t\}$ 服从 AR(p) 过程,检验方程为:

$$D(x_t) = \alpha_0 x_{t-1} + \alpha_1 D(x_{t-1}) + \alpha_2 D(x_{t-2}) + L +$$
$$\alpha_{p-1} D(x_{t-p+1}) + \varepsilon_t \qquad\qquad (3.18)$$

其中 $D(x_t)$ 表示变量的一阶差分,参数 p 视具体情况而定,一般选取确保 ε_t 是白噪声的最小数值。检验的零假设是序列不是平稳的,存在单位根,即 $\alpha_0 = 0$。ADF 检验可以包括常数项和线性时间趋势项两种形式,这只需要在式(3.18)右边加上 c 或 $c + \gamma t$,在具体的检验执行过程中,可以通过观察序列 $\{x_t\}$ 的变化趋势而定[69]。

表 3.11　ADF 平稳性检验结果

变量	检验形式	ADF 检验统计量	5% 临界值	10% 临界值
LTFP	(C,T,1)	-2.5310	-3.081002	-2.6813
ΔLTFP	(C,0,3)	-3.3299	-3.144920	-2.7138
LH	(C,T,3)	-2.1862	-3.828975	-3.3629
Δ LH	(C,0,3)	-4.9167	-3.875302	-3.3883
LR	(C,T,3)	-3.2902	-3.828975	-3.3629
Δ LR	(C,0,1)	-3.7804	-3.098896	-2.6904

注:检验形式中的(C,T,N),C 表示常数项,T 表示时间趋势,N 表示滞后阶数。

由表 3.11 可见:变量 LTFP、LH、LR 是一个非平稳序列,而它们的一阶差分序列 ΔLTFP、ΔLH、ΔLR 均呈平稳性,因此序列都是一阶单整 I(1)。

(2)协整检验

协整分析是指如果两个或两个以上的变量的时间序列是非平稳的,但它们的某种线性组合却表现出平稳性,则这些变量之间存在长期稳定的关系,即协整关系。一般进行协整检验的方法是 EG 两步法和 Johansen 检验法,本书采用多变量的 Johansen 检验法(即 JJ 检验)进行协整检验。该方法是 Johansen(1988,1991)、Johansen and Juselius(1990)由 VAR 模型推导而来[70]。为了使结论具有稳健性,本书同时采用了迹检验(Trace Test)和最大特征值检验(Max - Eigenvalue Test),如表 3.12 所示。可见,LTFP、LH、LR 之间在 5% 的置信水平上存在一个协整方程,这意味着 LTFP、LH 与 LR 之间存在着协整关系,即三者有着某种长期均衡关系,进一步揭示了财政政策能够通过财政教育投入和财政科技投入对内生经济增长发挥作用。

表 3.12 LTFP、LH、LR 的协整检验

特征值	迹统计量	5% 临界值	1% 临界值	最大特征 值统计量	5% 临界值	1% 临界值	假设的协 整方程数
0.7668	33.8512	29.68	35.65	21.8396 *	20.97	25.52	0 *
0.5510	2.9659	15.41	20.04	12.0106	14.07	18.63	最多一个
6.15E−05	0.000922	3.76	6.65	0.000922	3.76	6.65	最多两个

注:*表示在 5% 置信水平上拒绝零假设 H_0

由此可得:

$$ECM_t = LTFP_t + 2.226904 + 0.384842\, LH_t - 0.398405\, LR_t \qquad (3.19)$$

根据 LTFP 的标准化长期方程,在 1988—2004 年的期间,财政教育投入对全要素生产率的影响弹性为 −0.384842,财政教育投入与 TFP 呈反方向变动;财政科技投入对全要素生产率的影响弹性为 0.398405,财政科技投入与 TFP 呈正向变动,而且参数显著。说明我国内生经济增长相当大程度上受到财政科技投入增长的制约,而财政教育投入的变化对内生经济增长的影响略小。

(3)误差修正模型

前面证明了 $LTFP$、LH、LR 变量之间的协整关系,确定了财政科技投入、财政教育投入、全要素生产率之间确实存在长期均衡关系,为了研究三者的动态的影响过程,需要建立误差修正模型进行分析。

我们将财政科技投入、财政教育投入与内生经济增长关系的误差修正模型设定为:

$$\Delta LTFP_t = a_1 + \sum_{i=1}^{n} (c_{11,i}\Delta LTFP_{t-i}) + \sum_{i=1}^{n} (c_{12,i}\Delta LH_{t-i}) + \sum_{i=1}^{n} (c_{13,i}\Delta LR_{t-i})$$
$$+ \lambda_1 ECM_{t-1} + \varepsilon_{1t} \qquad (3.20)$$

$$\Delta LH_t = a_2 + \sum_{i=1}^{n} (c_{21,j}\Delta LTFP_{t-i}) + \sum_{i=1}^{n} (c_{22,j}\Delta LH_{t-i}) + \sum_{i=1}^{n} (c_{23,i}\Delta LR_{t-i}) +$$
$$\lambda_2 ECM_{t-1} + \varepsilon_{2t} \qquad (3.21)$$

$$\Delta LR_t = a_3 + \sum_{i=1}^{n} (c_{31,j}\Delta LTFP_{t-i}) + \sum_{i=1}^{n} (c_{32,j}\Delta LH_{t-i}) + \sum_{i=1}^{n} (c_{33,i}\Delta LR_{t-i}) +$$
$$\lambda_3 ECM_{t-1} + \varepsilon_{3t} \qquad (3.22)$$

其中,n 为差分解释变量的最适滞后阶数;ECM_{t-i} 为误差修正项;ε_{1t}、ε_{2t}、ε_{3t} 为残差。

$$\Delta LTFP_t = 0.0791 + 1.0497\,\Delta LTFP_{t-1} - 0.3569\,\Delta LH_{t-1} - 0.18689\,\Delta LR_{t-1}$$

$-0.96649\ ECM_{t-1}$

$(1.5077)\ (2.8665)\ (-1.9443)\ (-0.7385)\ (-2.9091)$ (3.23)

$R^2 = 0.4983\ \bar{R}^2 = 0.2976\ F-statistic = 2.4833$

$\Delta LH_t = 0.2054 - 0.0332\ \Delta LTFP_{t-1} - 0.0609\ \Delta LH_{t-1} - 0.3611\ \Delta LR_{t-1} -$
$0.9927\ ECM_{t-1}$

$(4.9522)\ (0.1146)\ (-0.4202)\ (-1.8067)\ (-3.7823)$ (3.24)

$R^2 = 0.7805\ \bar{R}^2 = 0.6927\quad F-statistic = 8.8894$

$\Delta LR_t = 0.2249 - 0.4993\ \Delta LTFP_{t-1} - 0.0353\ \Delta LH_{t-1} - 0.5307\ \Delta LR_{t-1} -$
$0.0870\ ECM_{t-1}$

$(4.7121)\ (-1.4997)\ (-2.1176)\ (-2.3074)\ (-0.2880)$ (3.25)

$R^2 = 0.5625\ \bar{R}^2 = 0.3875\quad F-statistic = 3.2139$

其中，$ECM_{t-1} = LTFP_{t-1} + 2.2269 + 0.3848\ LH_{t-1} - 0.3984\ LR_{t-1}$

$$(3.26)$$

从统计量的检验值来看，所有变量的参数都通过了检验，并且方程对显示的模拟程度也比较高。被解释变量的波动可以分为短期波动和长期均衡两部分。这里误差修正项系数为 -0.99，显著小于 0，表明财政科技投入、财政教育投入、全要素生产率之间存在长期均衡关系。ECM 系数表明 99% 的偏离均衡部分会在一年之内得以调整，不会偏离均衡值太远。方程(3.22)还表明，财政教育投入的短期弹性大于长期弹性（短期弹性为 0.356886，长期弹性分别为 0.384842），财政科技投入的短期弹性小于长期弹性（短期弹性为 -0.186834，长期弹性为 -0.398405），不过每个变量短期弹性和长期弹性的符号是完全一致的。

（4）脉冲响应分析

以下采用脉冲响应函数和方差分析技术对全要素生产率冲击的动态效应进行分析。脉冲响应函数刻划的是在扰动项上加上一个标准差大小的冲击对内生变量当前值和未来值所带来的影响。本书分别给财政教育投入和财政科技投入一个标准差的冲击得到的脉冲响应函数图，横轴表示冲击作用的滞后期数，纵轴表示脉冲响应函数值，实线为脉冲响应函数值随时间的变化路径，两侧虚线为响应函数值加减两倍标准差的置信带。

图 3.4 分别是对财政教育投入的冲击引起 TFP 的变化的响应函数和对财政科技投入的冲击引起 TFP 的变化的响应函数。从图中可以看出，当本期给财政教育投入一个冲击后，TFP 在前两期呈下降特征，在第 3 期开始逐渐回

图3.4 财政教育投入、财政科技投入对TFP的冲击反应

Response to Cholesky One S.D. Innovations ± 2 S.E.

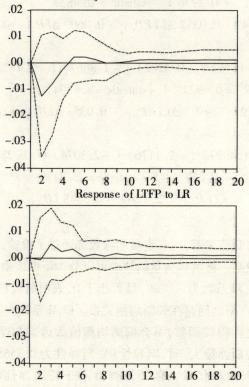

升,到第6期到达最大值,然后逐渐回落,到第9期后开始慢慢上升,从第10到第20期财政教育支出对 TFP 增长具有明显的促进效应。从图可见,给财政科技投入一个冲击后,TFP 在第2期迅速反弹,并于第4期达到最大值,并快速回落,在第5期再逐渐上升,在以后的一个时期内重复了这一变化,并且呈现出长久效应的特征。

从图 3.4 的分析还可得出,财政教育投入对 TFP 的冲击大于财政科技投入的冲击,即财政教育投入和财政科技投入对 TFP 的影响在短期内表现迥异,财政科技投入促进内生经济增长的效应在短期更为突出。但我们可以看到,在长期趋势上财政科技投入和财政教育投入的差异逐渐拉近。

3.3.2.4 结论

通过上述分析,可以得出结论:(1)财政教育投入与 TFP 存在某种长期的

稳定关系,但财政教育投入对 TFP 贡献较小,甚至出现轻微程度的负相关。这可能与以下原因有关:其一,中国财政性教育投入不足的问题一直十分突出,财政性教育支出占 GDP 的比重虽呈现增长的趋势,从 1993 年的 2.51% 增加到 2004 年的 2.79%,但仍未达到《中国教育改革和发展纲要》中提到的"财政性教育经费占国民生产总值的比重在本世纪末达到 4%"的战略发展目标。政府在教育方面的投入太低,影响我国的人力资本积累和劳动力素质提高,必然会对经济增长产生负面影响。其二,目前存在财政教育支出结构不合理,区域之间、城乡之间、贫富之间的公共教育资源配置不均衡,并且尚未建立"政府积极统筹、社会广泛参与"的多元化、多渠道、多形式的高效的教育投入体系,民间资金投入没有大规模地向非公共教育领域聚集和转化,教育投入总量持续稳定增加难和结构合理调整难"两难"并存。其三,由于教育投入管理体系和制度方面存在的缺陷,人力资本对全要素生产率的促进效应存在某种"漏损",在教育投入大量增加的情况下,资金使用无法达到预期效益的情况较为普遍。近年来,教育"产出"越来越难以与社会需求相匹配,再加上产业吸纳能力有限、就业竞争压力巨大等外部性障碍,已出现"知识性失业"或"过度教育"的问题。因此,目前急需创新财政政策,形成与全要素生产率相适应的教育投入格局,实现我国现代化赶超战略。(2)财政科技投入与 TFP 存在某种长期稳定的关系,并且财政科技投入对 TFP 的贡献率很高,有显著的正效应。这说明我国在科技的贡献下,开始由主要依靠资金和自然资源支撑经济增长,向主要依靠技术进步支撑经济增长转变。但我们也应该认识到现实中财政科技投入仍存在一些问题,亟须改善。一是在一段时期内,政府对科研支出的支持力度在下降。虽然在 1998—2005 年,R&D 占 GDP 的比重在逐年上升,但按照《科技进步法》要求 R&D 占 GDP 1.5% 的目标仍未达到。二是缺乏明确的科技投入战略。财政科技投入带有较大的不确定性,某些科技投入缺项或缺乏稳定渠道,尚未形成稳定增长机制,并且政府对企业高风险科技项目的支持考虑因素不全,成果转化的基金、科技创业投资和产业开发基金发育严重不足,等等。三是科技投入管理与调控缺乏有效的资源整合机制,造成投入重复和支持不足同在。因此,进一步增强技术进步对经济增长的贡献,促进我国实现跨越式发展也是财政政策的重要目标。(3)脉冲响应分析表明,财政教育投入和财政科技投入对全要素生产率发挥效应有一个滞后期,甚至在短期内还会导致全要素生产率的下降。但从长期均衡关系来看,财政教育投入和财政科技投入对 TFP 则具有拉动效应。因此,应通过财政政策创新,通过可用科教资源的优化整合和政策调节导引,尽量缩短这个滞后期,充分发挥财政科教投入对内生经济增长的"乘数"效应[71]。

　　此外,政府财政除了以直接的财政投资的方式支持人力资本积累和技术进步之外,还可以采用间接激励的手段来达到提高全要素生产率的目的。如对发明人所取得的特许权所得、转让所得的税收优惠;对开发、设计等的风险准备金的税后扣除;以及当企业采用先进技术将新产品投入大规模生产阶段,政府对加速设备折旧或建立技术准备金,在计税前予以扣除,并对企业开发的新产品予以税收减免等。如采用政府采购,就可以创造出一个特殊的"政府市场",直接拉动那些有发展前景而市场一时不能接受的科技成果以及为了国家利益保护起来的科技成果的需求。又如,鼓励非政策性银行和金融机构对高新技术企业和科技创新项目给予贷款支持,对其低息贷款给予财政贴息,等等。

　　就目前的实际情况来看,我国的财政政策没有针对整个人力资本积累和技术进步的过程设计相应的激励政策,体现在:政府采购环节薄弱,在每年几千亿元规模的政府支出中,尚未划出一块专门针对科技产品进行采购的领域;税收的优惠待遇也显得模糊和不明确,还有财政贴息对促进科技进步的间接支持十分不足。可见,财政政策间接促进内生经济增长的效应相对较弱,也不明显。这对我们的相关实证研究造成了较大困难。

　　综合研究表明,由财政政策以直接或间接的方式促进经济内生增长的机制并不是由市场机制自然衍生的,而是根据两者的内在规律与特点,不断进行制度创新的产物。因而,中国在未来落实科学发展观、转变经济增长方式、提高经济增长的质量和效益的过程中,提出促进内生经济增长的财政政策具有特殊意义。第一,中国要在今后一段时间内继续保持较高的增长趋势,实现经济增长质量和效益的提升,逐渐形成单纯由物质资本刺激经济增长向增加人力资本(知识资本)投资主导经济增长的转变。因此,应加大政府在形成积累人力资本、促进科技进步方面的直接投资,提高相关财政投资占总财政支出比例,而财政物质资本投资应保持一定规模,并着眼于结构调整,消费性支出比例也应压缩。此外,由于财政支出与税收高度相关,在为财政投资筹资时,应尽量选择使经济增长最大化的平均税率,并尽可能选择非扭曲性税收融资,以减少扭曲性税收对经济增长的负面影响。第二,应注重财政政策一揽子工具的应用,诸如采用税收刺激或财政补贴等手段鼓励增加人力资本投资、增加基础设施投资、增加研究与发展投资,充分发挥财政政策的调控、导引和优化功能,实现政府、企业、社会在市场资源配置基础机制之上的合理分工与协调配合,为促进经济持续增长提供更为有效的途径。

3.4　财政政策与对外经济增长的实证分析

中国以开放促发展的政策与制度模式,对中国的经济增长产生了重要的影响。本节主要从财政政策的角度出发,就出口退税对拉动出口贸易、税收优惠对国际资本流动的影响进行实证分析,揭示财政政策在这两个方面与对外经济的关联性以及对我国经济增长的重要贡献。

3.4.1　出口退税对外贸增长的效应分析

在开放经济条件下,出口退税是国际贸易中广泛采用的、旨在鼓励本国货物出口的一种财政政策。我国实行出口退税政策,对于促进外向型经济的发展、带动国民经济持续健康发展、增强国家综合国力发挥着重要的作用。本节拟对出口退税在出口贸易总量、结构等方面的促进效应进行分析验证。

3.4.1.1　出口退税对出口贸易总量的影响

为全面考察出口退税对出口贸易总量的影响,我们首先根据出口退税率的调整情况,把出口退税政策演进历程分为 8 个不同的阶段后,再深入研究各阶段出口退税率的调整与出口增长率波动之间的相关性,从而得到出口退税政策与出口贸易成绩之间的相互关系。其次,在分析历年出口退税额与出口总值之间的关系基础上,得到出口退税政策的实施对我国外贸出口的真实影响。

1. 出口退税率与出口贸易增长率的相关性

伴随着出口退税率的调整,我国出口增长率一般会出现较大的同向波动,见图 3.5。据专家测算,出口退税率平均每下调 1 个百分点,成本将上升 1.33 个百分点,出口增长率将下降 4.9 个百分点[72]。但在不同的历史时期,由于宏观经济、政策环境的变化,出口退税率的变化影响出口增长的表现和力度会有所差异。本节将结合出口退税政策实施的阶段性,从实证上度量和比较各阶段出口退税政策对出口的促进实效,以期得到关于出口退税率的调整与出口增长率波动之间相关性的重要结论,并有针对性地对不同阶段的出口退税政策提出评价。

图3.5 1985—2004年度出口增长率和出口退税率

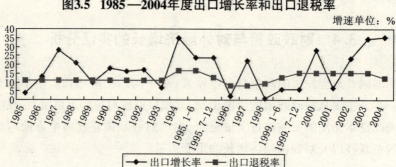

资料来源:历年中国对外贸易年鉴;中华人民共和国商务部网站。

1985 年—2004 年出口退税政策经过一系列调整和演变,其演进历程可分成 8 个阶段。

表 3.13 出口退税政策演进历程

（单位:%）

阶段	时间	该阶段的综合退税率
第一阶段	1985.01—1993.12	11.2%
第二阶段	1994.01—1995.06	16.63%
第三阶段	1995.07—1995.12	12.89%
第四阶段	1996.01—1997.12	8.29%
第五阶段	1998.01—1998.12	9.24%
第六阶段	1999.01—1999.06	12.56%
第七阶段	1999.07—2003.12	15.11%
第八阶段	2004.01 至今	12.16%

资料来源:历年中国对外贸易年鉴;中华人民共和国商务部网站。

由表 3.13,1985 年 4 月我国开始实施出口退税政策,1988—1993 年一直实行出口产品零税率。这一时期在旧税制体制下,出口退税额按照产品分类,由于存在重复课税问题,难以计算退税的数额,因此出口退税额处于低速增长时期。

1994 年中国进行了税制改革,新税制施行后,综合退税率从 11.2% 提高到 16.63% ,出口退税急剧增加。相应的,1994—1995 年我国出口迅速增长,增速分别达到32%和23% 。

由于庞大的出口退税额对中央财政造成很大负担,1995 年 7 月 1 日,政府将出口退税率从 16.63% 下调到 12.89% ,下调近 3.8 个百分点,出口增长率相应从上半年的44.2%下降到下半年的8.8% ,下调出口退税率的出口弹性系数高达9.4 。

1996 年 1 月 1 日,政府再次调低出口退税率为 8.29% ,这一政策调整造成我国外贸出口大幅度下滑,当年出口仅比上年增加了 1.5% 。

1997 年亚洲金融危机恶化了我国出口环境,1998、1999 年出口比上年分别仅增加0.5%和6% 。为了遏止出口大幅下滑趋势,政府在 1998 年 6 次调高了出口退税率,由原来的8.29% 提高到15% ,1999 年 1 月、7 月继续两次上调出口退税率,使综合平均退税率增至 12.56% 后由上升到 15.11% 。1999 年出口增长率进一步回升,由上半年的 - 4.7% 迅速提升到下半年的 15.8% ,增幅提高了20.5 个百分点,上调出口退税率的出口弹性系数接近7,彻底扭转了出口下降的不良局面,并进入高速增长阶段。2000 年退税效果继续显现,出口比上年增长 27.9% ,出口依存度达 23.1% ,创历史新高。2002 年延续了这一良好态势,比上年增长 22.3% 。2003 年我国出口退税 2038.98 亿元,较上年净增 779.65 亿元,提高 44.4 个百分点,比进口环节税收增长高14.3 个百分点,占出口额的比重接近 5.6% 。在出口退税的支持下,2003 年我国进出口总值达 8512.1 亿美元,比上年增长 37.1% ,跃居世界第四位。其中,出口增长 34.6% ,占 GDP 的比重33% ,比上年提高 6 个百分点[73]。

由于 2003 年前的出口退税政策不利于深化外贸体制改革和产业结构优化,负担机制不合理、缺乏稳定的资金来源,还有在出口贸易增势强劲和人民币升值压力的情况下,2003 年 10 月,我国对当时的出口退税政策进行了一定调整:(1)适当降低出口退税率。2004 年起出口退税率适当下调,综合退税率从原来的15% 平均下降 3 个百分点。(2)加大中央财政支持力度。2004 年起,中央进口环节增值税、消费税收入增量首先用于出口退税。(3)退税超基数部分由中央和地方按 75∶25 的比例共同负担。虽然出口退税率有所下调,但 2004 年我国出口退税高达 4200 亿元,比上年增长 106% ,有力地拉动了全年的对外贸易,当年进出口总额逾 11547 亿美元,其中出口 5933.6 亿美元,增长 35.4% ,全年实现贸易顺差 319.8 亿美元,全年外贸出口总体形势良好[74]。

以上充分说明出口退税率的调整与出口增长率波动总体上满足正相关

性:伴随着出口退税率的调高,出口增长率同向波动;而随着出口退税率的降低,出口增长率也发生了同向的变化,出口退税率的高低对出口贸易升降具有直接的制约作用。但也有异常情况出现,如2004年初综合出口退税率下调后,由于世界经济的增长有力回升、出口退税进度加快、欠退税问题得到较好解决等积极因素,在一定程度上抵消了退税率下调的冲击,导致出口退税率调整的影响没有直接、明显地表现出来。

2. 出口退税总额与出口贸易总额的相关性

在实践中,考虑到中国出口退税政策的实施受到国家财力的严重制约,存在实际出口退税率与名义退税率不一致的问题,因而单纯以退税率变动反映该政策对出口贸易的影响是不全面的,需要进一步考察出口退税额与出口贸易额的关系,见表3.14。

表3.14 出口退税与出口贸易额

（单位:亿元、%）

年份	出口退税		出口	
	出口退税额	同比增长	出口额	同比增长
1985	19.7		808.9	39.35
1986	44.0	123.4	1082.1	33.77
1987	76.7	74.3	1470.0	35.85
1988	113.0	47.3	1766.7	20.18
1989	153.0	35.4	1956.0	10.71
1990	185.0	20.9	2985.8	52.65
1991	254.4	37.5	3827.1	28.18
1992	285.0	12.0	4676.3	22.19
1993	301.0	5.6	5284.8	13.01
1994	450.0	49.5	10421.8	97.20
1995	549.2	22.0	12451.8	19.48
1996	826.0	50.4	12576.4	1.00
1997	432.5	-47.6	15160.7	20.55
1998	437.0	1.0	15231.6	0.47
1999	627.7	43.6	16159.5	6.09
2000	810.4	29.1	20635.2	27.69
2001	1071.5	32.2	22029.1	6.75

年份	出口退税		出口	
	出口退税额	同比增长	出口额	同比增长
2002	1259.2	17.5	26947.3	22.33
2003	2039.0	44.4	36271.1	34.60
2004	4200.0	106.0	49111.0	35.40

资料来源：根据中华人民共和国商务部网站资料整理。

图3.6　1985—2004年中国出口退税与出口贸易额

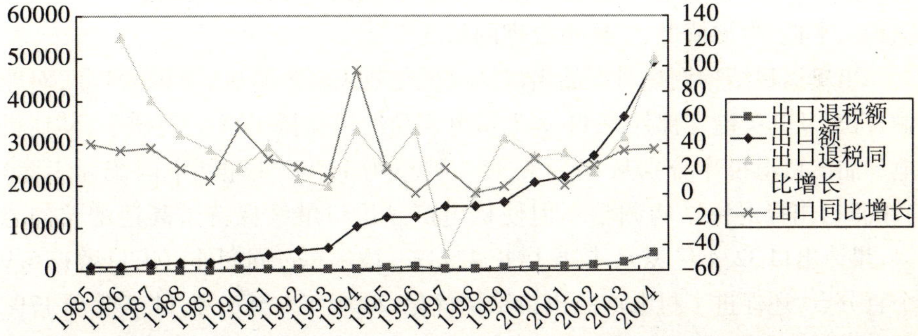

从图 3.6 可以看出，外贸出口与出口退税紧密相关，出口退税的变化会及时、敏感地反映在当年出口增长的变动上，不仅出口增长轨迹与出口退税调整的轨迹较为吻合，而且退税额增幅高低与出口额的增长快慢也大体相符。但二者增长又不尽相同，一是大多数年份退税额增幅远远高于出口额的增长；二是在退税率变动频繁的年份，二者出现了严重背离。这一方面说明出口退税只是影响出口贸易的因素之一，出口退税与出口贸易的背离通常与当时国内外经济、政策环境的变化有较大关系；另一方面也反映出口退税实际退税率与名义退税率不相一致[75]。

3.4.1.2　出口退税对出口贸易结构的影响

历史经验证明：出口退税政策具有一定的针对性（对不同产品的区别对待），其结构性调整能对出口产品结构产生较大影响。而出口产品结构的调整必将增强外贸出口增长后劲，推动产业结构的升级，促进供给与需求质量的提高，从而对我国经济的发展起到重要推进作用。

1995、1998、1999、2004 年的出口退税政策改革都有这种结构性调整的意味，即区别不同产品调整退税率：对国家鼓励出口的产品退税率不降或少降，对一般性出口产品退税率适当降低,对国家限制出口的产品和一些资源性产品多降或取消退税。其目的是为了推动我国出口产品结构和产业结构的优化和调整。如2004年出口退税政策规定:对汽车及其零部件、光通讯设备医疗仪器及器械、航空航天器等科技含量高、附加值高、关联度大、重点扶持的行业,仍维持17%的税率不变;对服装、纺织品、食品等劳动密集型产品降低出口退税率;对部分受国家限制或比较紧缺的资源性产品,如各种矿产品的精矿、原油等取消出口退税;对小麦粉、玉米粉等深加工的农产品,出口退税率由5%调至13%。这种出口退税率有针对性的"升降"有利于改善我国出口整体结构水平低、附加值低、结构不合理的状况[76]。

出口退税结构调整对产品出口结构优化效果较为明显。如2004年,对船舶、汽车及其关键零部件等11大类机电产品继续保持17%的退税率,其他机电产品出口退税率分别从17%和15%调整为13%。根据《中国统计年鉴》(2005),出口退税结构调整不但使机电产品出口继续保持了高速增长的态势,累计出口3234亿美元,同比增长42.3%,增幅超过同期外贸出口增长6.9个百分点,还促进了机电产品出口结构优化,2004年1至6月,11类保留17%退税率的机电产品出口182.8亿美元,同比增长110.3%,大大超过机电产品出口46.3%的增幅。其中:液晶显示器同比增长114.1%、彩电同比增长79.3%、液晶彩电同比增长452.2%、等离子彩电同比增长29131.3%、手机同比增长109.2%、集成电路及微电子组件出口同比增长82.3%,汽车及零部件、数控机床等九类产品出口平均增幅超过上年同期增幅多达36.6个百分点,出口结构调控效果明显。

出口结构优化的另一方面是出口贸易结构的优化。1998、1999年退税率的提高改善了一般贸易出口徘徊不前的状况。根据《中国对外贸易年鉴》(1999),1999年下半年一般贸易增长24.2%,占出口总额比重上升为41.8%,全年一般贸易出口增长6.6%,高于出口额的增长水平。

此外,由于实际中的出口退税并非总是理想的完全出口退税,而是中性与非中性政策的有机结合,在确定出口退税规模时,有必要考虑本国的经济政策和财政收入目标。从我国实践来看,出口退税政策调整带动了我国出口强劲增长的同时,也促进了出口退税规模不断扩大,出口退税资金与出口退税实际需求之间的缺口越来越大:1991年出口退税占当年财政支出的1/15,1997年上升到1/3。1995、1996年两次降低出口退税率,使1998、1999年的出口退税占当年财政支出降到14%和15%。但1998年到1999年9次调高后,2000年和 2001 年又增加到 19%。这一方面导致欠退税问题十分严重，而且呈现逐年增长的势头。自 1995 年退税压力骤增、第一次出现欠退税现象以来，2002 年末，全国累计应退未退税额为 2477 亿元，到 2003 年达到 3000 亿元。另一方面造成名义上的退税率与实际退税率存在相当差距。例如，1997—2002 年，出口退税指标年增长率为 17.8%，而应退税额年均增长率却达到了 37.4%，二者相差近 20 个百分点。越来越严重的欠退税问题给出口贸易及财政金融运行带来隐患，基于此，2004 年我国出口退税再次进行了调整，实行中央与地方共同负担出口退税，在缓解中央财政压力的同时，也使地方政府的利益遭受了不同程度的损害，长期下去，必然会打击地方政府支持出口的积极性，从而造成对外贸易结构的扭曲[77]。

通过对我国的出口退税与出口贸易关系的考察，可知我国的出口退税政策对经济总量增长和结构优化起到了显著的作用，但该效应也受到很多实际因素的制约。因此，未来的出口退税政策调整应注意以下几点：第一，我国出口退税政策目标的确立应贯彻中性与非中性相结合的原则。在政策设计上力求按消费地原则和国家待遇原则，向彻底的出口退税政策靠拢，但在一定的范围内，出口退税可以根据效率原则，成为适度调整外贸出口总量和结构的经济杠杆。第二，我国外贸出口经历了近 20 年的快速扩张之后，不能停留在以往的数量扩张的阶段，必须在全面的出口退税范围上有所侧重，逐步调整出口产品结构，从原来的以出口非熟练劳动密集型、低附加值产品为主逐渐转变为出口物质与人力资本密集型乃至技术与知识密集型的高附加值产品为主的新路上来，推动我国对外贸易健康稳定发展。第三，应按照我国经济发展的总体需要以及国家财力，建立合理机制，科学确定出口退税规模。

3.4.2　税收优惠对激励 FDI 的效应分析

税收优惠对 FDI 的激励作用主要是通过降低 FDI 相对成本或风险的税收措施，增加本国在吸引外来资本以及先进技术、先进管理经验和体制创新要素的相对优势，进而推动经济的快速增长。为了更多地吸引 FDI，全球有 116 个国家（地区）对 FDI 有特殊的税收优惠政策。我国在改革开放以来，也制定了税收优惠的激励政策来吸引外资：根据《外商投资企业和外国企业所得税法》，对于生产性外商投资企业，经营期在 10 年以上的，从开始获利的年度起，第一年和第二年免征企业所得税，第三年至第五年减半征收企业所得税。

对某些特定地区（如经济特区、沿海经济开放区、经济技术开发区、高新技术产业开发区等）和某些特定行业（如能源、交通、港口、码头、铁路、公路、电站、煤矿、水利等）的投资，政府往往在"两免三减半"的基础上再给予税率优惠（税率为15%或24%）。同时，我国还给予外商投资企业"再投资退税"的优惠，根据税法，"外商投资企业的外国投资者，将从企业取得的利润直接再投资于该企业，增加注册资本，或者作为资本投资开办其他外商投资企业，经营期不少于5年的，经投资者申请，税务机关批准，退还其再投资部分已缴纳所得税的40%税款。"另外，外资企业购买国产设备投资可以抵免企业所得税。"按核实征收方式缴纳企业所得税的企业，其购买国产设备投资的40%可从购置设备当年比前一年新增的所得税中抵免。如果当年新增的企业所得税税额不足抵免，未予抵免的投资额，可用以后年度比设备购置的前一年新增的企业所得税税额延续抵免，但延续抵免的期限最长不得超过5年。"这些税收优惠措施对 FDI 的总量规模、产业结构、区域结构产生了一定的积极影响，事实也证明中国改革开放以后的 FDI 引入在吸引外资、弥补资源短缺，拉动外贸出口和经济增长，引进先进技术、设备和管理模式等各方面对中国经济增长产生了正面的影响，FDI 已经成为我国发展外向型经济、加快技术外溢、促进产业优化升级的重要载体。

3.4.2.1　税收优惠对 FDI 规模的影响

中国的经验表明：FDI 的规模变化与税收优惠措施有密切关系，尤其是对税收优惠政策的调整使我国吸引外资规模发生显著变化。1978—2004 年的FDI 投资情况如表 3.15 所示。

表 3.15　1978—2004 年 FDI 投资情况

（单位：个、亿美元）

年度	项目数	合同外资金额	实际使用外资金额
总计	508941	11321.99	5621.06
1978—1982	920	49.58	17.69
1983	638	19.17	9.16
1984	2166	28.75	14.19
1985	3037	63.33	19.56
1986	1498	33.30	22.44

年度	项目数	合同外资金额	实际使用外资金额
1987	2233	37.09	23.14
1988	5945	52.97	31.94
1989	5779	56.00	33.93
1990	7273	65.96	34.87
1991	12978	119.77	43.66
1992	48764	581.24	110.08
1993	83437	1114.36	275.15
1994	47549	826.80	337.67
1995	37011	912.82	375.21
1996	24556	732.76	417.26
1997	21001	510.03	452.57
1998	19799	521.02	454.63
1999	16918	412.23	403.19
2000	22347	623.80	407.15
2001	26140	691.95	468.78
2002	34171	827.68	527.43
2003	41081	1150.7	535.1
2004	43664	1890.7	606.3

资料来源:《中国统计年鉴》(2005)。

　　根据表 3.15,在改革开放初期,政策的逐步放开吸引了大量来自港澳台的中小企业投资。这种投资也是试探性的投资,在数量上并没有非常明显的增长,因为政策还未完全明朗化,多数投资者还处于谨慎的观望阶段。随着改革开放程度逐步加深,外资的进入开始呈现出上升趋势,1990 年之后进入高速增长期,尤其是 1991 年,我国颁布实行《外商投资企业和外国企业所得税法》及其实施细则,税收优惠政策第一次以法律形式规定下来,同时避免双重征税的双边协定也使税收优惠政策给予外商的实惠在外资的来源地得到了保证。随着税收优惠政策的逐渐明晰、稳定,在 1991—1993 年间,外资进入的幅度大大增加。项目数在 1990 年仅有 7273 个,而在随后的 3 年中增加了 10.5倍,达到 83437 个;合同利用外资金额由 65.96 亿美元增长到 1114.36 亿美元,增幅达 1590%,年均增幅达 560%。实际使用外资金额由 34.87 亿美元增长到 275.15 亿美元,增幅达 690%。由此可见,税收优惠政策对激励对外商直接投资确实起到了积极作用。1994 年,为逐步适应市场经济改革和社会发展需要,我国政策统一了内外有别的流转税制,取消了流转税方面的优惠规定。因此,从数量上看,这段时期的外资规模呈现一定程度的下降趋势,项目数陡然下降到 1994 年的 47549 个,合同利用外资金额也下降到 826.80 亿美元。可见,税收优惠政策的运用与外商直接投资确实是有直接关联的。这种情况到 1999 年才有所改善,2000 年以后,无论是外商数量还是实际使用外资的金额都恢复了增长。2002 年在世界跨国直接投资规模持续大幅下降的情况下,中国实际使用外资金额超过 527 亿美元,创历史最高水平,首次超过美国,跃居全球第一。2003 年中国在 SARS 影响下,仍取得了实际使用外资 535亿美元的历史最高水平,在这期间对 FDI 所得税优惠的政策并没有发生比较大的变化,这说明吸引外商直接投资的因素正在发生变化,区位优势、土地政策、劳动力成本和市场容量等比较优势在 FDI 流入过程中的作用日益明显,税收优惠吸引 FDI 的功能逐渐弱化。进入 2004 年,我国利用外资继续在平稳中向前发展,但税收优惠的引资效应呈现出下滑趋势。

目前,中国仍主要依靠税收优惠政策来吸引 FDI,并且外资在中国的税收优惠方面享受的“超国民待遇”相当可观。应该指出,在我国改革开放中,利用税收优惠的激励政策,来弥补外商投资的前期条件、基础设施不足等缺陷,通过吸引 FDI 改变资金匮乏和人才、技术的短缺,这对我国经济增长起了特别重要的促进作用。但从长远和全局的角度来看,这种作用是有限的,优惠政策吸引 FDI 的效应也已呈现不断弱化的趋势。这是因为目前各国对 FDI 的税收竞争日趋激烈,FDI 的税收政策效应相互抵消,中国吸引 FDI 的税收成本也逐渐上升,而且相比较而言,市场规模,劳动力成本等比较优势在 FDI 流入过程中将起着更大的决定性作用。中国现行税率政策同周边国家及一些发展中国家相继出台的许多优惠政策相比,优势并不明显,难以在吸收外资的竞争中占据有利地位。特别是对欧美等大型跨国公司来说,在影响投资的诸多因素中,税收刺激是居于政治稳定、法制条件、基础设施等其他因素之后的,税收对这些公司市场导向型投资的激励效应不太明显[78]。

3.4.2.2 税收优惠对 FDI 产业结构的影响

我国针对 FDI 的税收政策,在产业优惠方面经历了一个从合资企业无导向性,到 1991 年起对生产性 FDI 企业、农林牧业、港口码头投资给予所得税优惠,再到 1999 年对能源交通建设项目投资适用 15% 的优惠税率的演变过程[79]。从总体上看,我国涉外税收优惠政策在一定范围内和一定程度上体现了产业政策的要求,但由于具体规定比较笼统、模糊,对优惠产业不够细化,没有突出我国的产业政策和有关经济政策的主导方向,致使外商直接投资的产业布局不尽如人意。我国1979—2004年三大产业利用外商直接投资的情况见表3.16。

表3.16 1979—2004年外商直接投资在中国三大产业间的分布情况

(单位:%)

年份	第一产业	第二产业	第三产业	合计
1979—1990	2.9	60.2	36.8	100
1991	1.8	84.4	13.8	100
1992	1.2	60.1	38.7	100
1993	1.1	49.4	49.5	100
1994	1.2	56.0	42.8	100
1995	1.9	69.6	28.5	100
1996	1.6	71.6	26.8	100
1997	2.1	66.7	31.2	100
1998	2.3	68.0	29.7	100
1999	3.6	68.9	27.5	100
2000	2.4	75.1	22.5	100
2001	2.6	74.6	22.8	100
2002	2.0	73.9	24.1	100
2003	1.9	73.2	24.9	100
2004	1.8	75.0	23.2	100

资料来源:中华人民共和国商务部。

根据图3.7,从外资投向的产业分布趋势来看,有如下特征:(1)投向第一产业的外资所占比重较小,而且在1996年前都呈逐年下降的趋势,从1997年开始略有回升,但回升幅度不大,在1999年达到3.6%,之后又出现下降的趋势,2004年为1.8%。(2)第二产业吸收外商直接投资的比重较大,并且经历了一个先降后升的过程,在1993年降到49.4%的谷底后,不断攀升,在2001年为74.6%,在2002年也占到了73.9%,2004年达到75%。(3)投向第三产业的外资所占比重呈现出一个先升后降的趋势。外商直接投资在第三产业所占的比重在1993年之前呈现出一个不断上升的趋势,1993年达到最高,为

图3.7 1979—2004年外商直接投资在中国三大产业间的分布

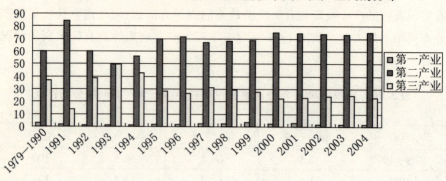

49.5%。在此之后又出现不断下降,2000年达到最低22.5%[80],2004年又回升到23.2%。

表3.17 截至2004年三大产业吸引外商直接投资情况

(单位:个、%、亿美元)

产业名称	项目数	比重	合同外资金额	比重	实际外资金额	比重
总计	508941	100%	10966.1	100%	5621.01	100%
第一产业	14463	2.84%	213.06	1.94%	99.34	1.76%
第二产业	381701	75.0%	7486.4	68.27%	3967.65	70.12%
第三产业	112777	22.16%	3266.64	29.79%	1598.02	28.12%

资料来源:中国统计年鉴(2005);中华人民共和国商务部。

图3.8 截至2004年三大产业吸引外商直接投资项目数

图3.9 截至2004年三大产业吸引外商直接投资合同外资金额

从三大产业吸引外商直接投资情况来看,截止到2004年年底,第一产业吸引外资的项目数为14463个,合同利用外资的金额为213.06亿美元,仅仅

图3.10　截至2004年三大产业吸引外商直接投资实际外资金额

占全部合同利用外资总额的 1.94%，实际使用外资的金额占总额的 1.76%，长期以来成为 FDI 的盲点产业；而第二产业合同利用外资金额则有 7486.4 亿美元，占总额的 68.27%，实际使用外资的金额占总额的 70.12%，处于绝对优势；第三产业增长速度较快，但仍滞后于第二产业。

可见，税收优惠政策对 FDI 的投资产业分布产生了非常重要的影响：外商投资项目大部分是一些投资少、见效快的产业，特别是制造业中的一般加工工业和其他劳动密集型产业，大量的外资沉淀于此，造成这些行业的相对过度发展。而对处于国民经济薄弱环节、国家产业政策鼓励发展的行业，如农业、能源、交通等基础产业和高新技术产业，外商投资则严重不足，制约了其发展。并且，外商直接投资产业结构分布的非均衡趋势越来越显性化，这种结构性倾斜加深了我国三大产业的结构偏差[81]。我国外商直接投资的产业分布结构不理想与涉外税收优惠政策有很大关系，现行行业性倾斜的税收优惠政策缺乏合理的科学产业规划和引导，导致优惠政策目标不清晰、范围过宽、重点不突出，如对于生产性外商投资企业不分产业性质，实行一刀切的优惠政策等。这造成税收优惠政策无法有效调节外商投资的方向，不但未能对我国经济发展质量和效益水平的提高以及产业结构的改善发挥应有作用，甚至还扭曲和减弱了产业政策的导向功能，影响了国家产业结构合理布局[82]。

3.4.2.3　税收优惠对 FDI 行业结构的影响

我国现行的涉外税收优惠政策，只对农林牧等几个行业的特殊优惠进行了粗线条的规定，对其他行业则不分产业性质，实行"一刀切"的优惠政策，这导致在不同的风险与技术投入下不同行业承担相同税负，外国直接投资行业结构存在失衡现象。

表 3.18 按行业分外商实际直接投资额

（单位:万美元、%）

行业\年份	2000		2002		2003		2004	
	金额	比重	金额	比重	金额	比重	金额	比重
农、林、牧、渔业	67594	1.66	102764	1.95	100084	1.87	111434	1.84
采掘业	58328	1.43	58106	1.10	33635	0.63	53800	0.89
制造业	2584417	63.48	3679998	69.77	3693570	69.03	4301724	70.95
电力、煤气及水的生产和供应业	224212	5.51	137508	2.61	129538	2.42	113624	1.87
建筑业	90542	2.22	70877	1.34	61176	1.14	77158	1.27
交通运输、仓储及邮电通信业	101188	2.49	91346	1.73	86737	1.62	127285	2.10
批发和零售贸易餐饮业	85781	2.11	93264	1.77	111604	2.09	158053	2.61
金融、保险业	7629	0.19	10665	0.20	23199	0.43	25248	0.42
房地产业	465751	11.44	566277	10.74	523560	9.79	595015	9.80
社会服务业	218544	5.37	294345	5.58	316095	5.91	298218	4.92
卫生体育和社会福利业	10588	0.26	12807	0.24	12737	0.24	8738	0.14
教育、文化艺术和广播影视业	5446	0.13	3779	0.07	5782	0.11	48617	0.80
科学研究和综合技术服务业	6184	0.15	20448	0.39	27648	0.50	29384	0.48
其他行业	145277	3.57	132102	2.50	225102	4.21	114700	1.89
总计	4071481	100.00	5274286	100.00	5350467	100.00	6062998	100.00

资料来源:中国统计年鉴(2005);中华人民共和国商务部。

从我国目前吸引 FDI 的状况来看,在我国国民经济各行业中,农、林、牧、渔业在外商投资中所占比例不足 2%,投资类型也主要是农产品加工业和养殖业;第二产业的外资过多集中在中小型规模的劳动密集产业、一般加工工业、一般性技术产业,而在能够提高中国工业化水平、产业关联度较高的大型项目以及基础工业项目的投资则不多;在第三产业中外商投资过多地集中于旅游、房地产、公用事业等非生产性项目,而交通运输、邮电通讯业以及科研和综合技术服务业等基础行业吸引的外资却非常少[83]。

从税收优惠政策的角度来看,造成这种结果的原因是:我国在超国民待遇原则指导下,对外国直接投资企业采取了全方位、多层次的税收优惠政策,凡是外商投资企业,不分投资性质、行业、产业,都给予“普惠型”税收优惠[84]。这些政策并未体现出对重点行业的特殊倾斜,未能有效地引导外资流向我国急需发展的瓶颈产业,如能源、交通等基础行业和技术密集型、资本密集型行业等,却在客观上又促成制造业等劳动密集型行业的发展。可见我国普遍宽松的税收优惠政策未能有效引导外资投向,税收在调节行业结构、合理配置资源方面的作用也打了折扣[85]。

3.4.2.4　税收优惠对 FDI 区域结构的影响

改革开放以来,我国形成了按“经济特区—经济技术开发区—沿海经济开放区—其他特定地区—内地一般地区”的顺序实行递减的税收优惠政策,这种在不同的经济区域设置不同的优惠税率的税收优惠政策,形成了外商对投资地区选择的差异[86]。

表 3.19　截至 2004 年东、中、西部地区利用外商直接投资情况比较

（单位:个、%、亿美元）

地区	企业数量	比重	合同外资金额	比重	实际使用外资金额	比重
东部地区	419505	82.43	9515.89	86.78	4848.13	86.25
中部地区	56195	11.04	843.39	7.69	514.70	9.16
西部地区	33241	6.53	606.81	5.53	258.17	4.59
总计	508941	100.00	10966.08	100.00	5621.01	100.00

资料来源:根据中国统计年鉴(2005)整理。

图3.11　截至2004年东、中、西部地区利用外商直接投资企业数量

图3.12 截至2004年东、中、西部地区利用外商直接投资合同外资金额

图3.13 截至2004年东、中、西部地区利用外商直接投资实际使用外资金额

税收优惠政策对 FDI 结构的影响还表现为外资区域分布的不均衡,东部投资规模与中西部投资规模之间的差额中,外商投资部分所占比重由 1993 年的 15.4% 上升到 1998 年的 31.4%,截至 2002 年年底在全国累计批准设立的外商投资企业数,合同外资金额和实际使用外资金额中,东部地区所占比重分别为 81.34%、86.60% 和 86.05%,中部地区所占比重分别为 11.66%、7.55% 和 8.86%,西部地区所占比重分别为 7.00%、5.85% 和 5.09%。到 2004 年,外资区域分布上的累积失衡现象越来越明显,这表明各地区利用外资的差距越来越大,这种外商投资分布失衡进而加剧了我国地区间发展的不平衡。有资料显示,外商投资税收最为优惠的五个经济特区、浦东新区和沿海 14 个开放城市的经济开发区不仅是外商投资最集中、最活跃的地方,也是经济增长最快的地区[87]。

东西部地区基础设施和投资环境之间的差异固然是造成 FDI 地区分布不均衡的主要原因,但所得税优惠在地区之间的不同也是一个重要原因。我国现行的地区性税收优惠共有 13 个,其中具有代表性的有经济特区、沿海开放城市(地区)经济技术开发区和高新技术产业开发区,上述优惠主要集中在我国东部,造成了 FDI 也主要集中在东部地区;而目前我国西部大开发的税收优惠政策,优惠面比较窄,力度也不够,不足以构成像当年东部地区那样的税收优势,因此中西部地区吸收的外资相对较少。这种现状又导致了人力资源、技术资源和其他经济资源不断涌向沿海地区,加剧了沿海地区和中西部地区、东北地区等老工业基地、老少边穷地区经济发展的两极分化,形成了严重的"马太效应",不利于国民经济协调发展和地区稳定[87]。

以上分析表明:我国借助税收优惠积极有效地吸引 FDI 的举措值得充分

肯定,但对政策的制定和运用过于简单、粗糙。主要体现在偏重于 FDI 在发展外向型经济、保持出口稳步增长的效应,而忽视了大规模外资引进可能带来贸易利益转移,国内企业"挤出"、资源误配置、"超国民待遇"造成税收牺牲等负面影响。对 FDI 与东道国间形成一种长期供给契约,将技术、管理技能、研发能力等多方面内容的扩散转移到发展中国家,促进产业结构转变升级、市场机制培育以及技术进步和劳动生产率提高等长期作用认识不足,这都是影响税收优惠政策发挥效用的重要原因。因此,目前应摆脱传统税收优惠措施的路径依赖,进行政策的调整转型和制度创新,使税收优惠促进 FDI 提升到新的阶段:

(1)摒弃损害一国长期经济增长率的盲目的优惠政策,重视外资对经济增长质量的综合影响,在保持外资规模适度增长的基础上,趋利避害,努力提高利用外资的质量和水平,并注重税收政策与国家产业政策和区域发展政策协调使用。

(2)逐步取消对外资普遍的"超国民待遇",将外资激励政策同产业结构调整相结合,采用差别化的税收优惠,选择性地降低行业或产业的税收负担,改变资源在行业或产业间的配置及相应的产出结构,促进产业结构优化和迁移,提升产业的国际竞争力。

(3)研究制定税收优惠政策,引导外资技术转移和扩散,有效推动国内劳动力生产技术、经营管理水平、创新研发能力的有效提升。

(4)根据东、中、西部地区资源禀赋特性和环境承载能力,制定一套合理的税收优惠政策,加强对外资的空间投向引导,优化利用外资区域布局,统筹区域经济协调发展[88]。

此外,还应重视与外资税收优惠相关的国际税收环境,尤其要考虑投资者母国的税收制度及周边国家的税收优惠。

3.5　中国财政政策促进经济增长效应的评价

评价中国财政政策促进经济增长效应,主要针对经济体制改革和经济转型过程中,短缺经济逐渐结束,结构性矛盾开始凸显,既有通货膨胀的压力,又存在通货紧缩的隐患,财政政策"临危受命",被赋予弥补市场缺陷、熨平经济波动的重任。

从总体上说,20 世纪 90 年代以来财政政策的实施的确起到了有效抑制经济增长的不稳定因素、避免经济出现大的波动，同时保障经济体制改革成果并将改革持续推向深入的积极作用。具体来说，在稳定经济方面，财政政策基本实现了调整供需关系、缓解供求失衡的目标，保障了宏观经济健康、稳定的发展，同时兼顾了促进经济结构转变升级、优化经济总体运行机制以及加快经济体制改革从而实现微观经济基础转变等等；在促进内生经济增长方面，财政政策的制定和实施能够有助于刺激人力资本积累和创新活动，有助于加快由物质资本刺激经济增长向人力资本投资主导经济增长的转变，进而提高经济长期持续增长的能力；在促进对外经济增长方面，我国的出口退税、涉外税收优惠从总量到结构等多个层面，对拉动出口增长、优化对外贸易结构、发展外向型经济起到了重要作用。

但是在具体运用实践中，还存在一些矛盾与缺憾。如1998年启动的积极财政政策，这一本属于短期性的反周期调控措施在中国却使用6年之久，并且，政府投资的单兵突进未能带来民间消费需求的活跃，同时造成了经济增长对财政支出扩张的严重依赖，而且国债规模的急剧膨胀客观上累积了财政政策风险。积极财政政策的刚性特征直接造成了2003—2004年财政政策抉择时的进退维谷，以及稳健财政政策举措空间的相对狭小。从另一个角度看，过多关注财政政策的反周期调控功能，而忽略财政政策在促进技术创新、人力资本积累、经济结构调整优化等长期增长潜力的巨大推动效应，对开放经济和国际竞争环境的变化也估计不足，将使中国经济实现"总量增加、质量改善"、"速度稳定、效益提升"，即又好又快发展丧失先机。此外，财政政策的具体运用上往往过于单调和粗糙，容易使经济的基本面受到伤害，对经济的稳定健康运行具有潜在的破坏性，主要体现在涉外税收优惠政策上，现行涉外税收优惠和主动迎接国际竞争挑战的要求相去甚远，长远的对外贸易和经济增长将受到影响。这些反思无一不昭示我们：必须抓住稳健财政政策实施的重要转机，进行财政政策目标层次、选择视野、运用艺术的积极调整和完善，以实现未来中国经济真正意义上的又好又快发展。

第4章　财政政策促进经济增长的路径选择:国际经验与借鉴

一国促进经济增长的财政政策是一系列财政政策工具的组合,且在政策工具运用上,在不同时期侧重点不同。实践表明,不同国家的财政政策不但千差万别,而且政策效果也不尽相同。如美国作为发达国家的代表,在运用财政政策熨平经济周期方面就有很多成功的经验和实践;日本作为资源匮乏的国家,在支持外向型经济发展的过程中,也采取了很多行之有效的政策,这些政策措施在有力推动本国经济增长从量的扩张向质的提高转变,并在提高质的基础上实现量的新扩张方面卓有成效。

4.1　反周期财政政策

一个完整的经济阶段由经济萧条、复苏、繁荣、衰退四个阶段组成。通货膨胀和通货紧缩是经济运行过程中"病态"的两种表现,也是政府宏观调控的主要对象。世界各国总是尽力延长本国经济处于繁荣的阶段,并力图尽快走出萧条和衰退阶段。为此,在财政政策上,各国都在努力建立有利于促进经济稳定增长的制度,并在经济处于波动时期,采取反周期的财政政策,以熨平经济波动。

4.1.1　充分发挥"自动稳定器"功能

财政政策的"自动稳定器"功能是指建立一种内在的机制,能在宏观经济不稳定时,使宏观经济自动趋向稳定。财政政策的自动稳定器功能主要通过两大制度发挥。一是累进的所得税制,特别是累进的公司所得税制和个人所得税制。二是公共支出,特别是社会福利支出。在发挥财政政策"自动稳定器"功能方面,美国有着最成功的经验,其主要原因在于美国作为西方发达资本主义国家的典型代表，由于资本主义制度的固有局限性，经济周期总是不可避免，为此，美国建立了比较完善的"自动稳定器"功能体系，以降低经济周期发生频率和破坏程度。美国财政政策的"自动稳定器"体系主要通过三方面建立：

4.1.1.1 建立比较完善的累进个人所得税制体系

美国在19世纪就开征了个人所得税，到目前，美国个人所得税占美联邦财政收入的比重约40%，成为美国政府最重要的财政支柱之一，也成为美国政府调控经济的重要手段之一。美国个人所得税制的累进性主要体现在以下几方面：一是按照收入状况实行累进税，高收入者多纳税，中低收入者少纳税，对不确定的临时性收入及时征税。美国个人所得税实行超额累进税率，分别适用于不同的收入者，由此可以降低在经济萧条时期中低收入者的负担。二是在确定应税所得时规定了详细的费用扣除和个人基本生活宽免。美国个人所得税有大量的不予计征的应税所得项目、所得扣除项目和税收抵免等优惠政策，这一特点使税收全面介入再生产过程，对不同的经济活动起到鼓励或限制的作用。其费用扣除既包括商业经营支出的扣除（商业扣除），也包括纳税人特殊的生活费用扣除（个人扣除），如医药费用、慈善捐赠、个人支付的各种税款、个人意外损失等。对个人生计费用的宽免设计也十分合理、科学。每人只取得一份个人宽免，根据纳税人所照料的家庭成员多少，确定个人宽免额。高收入者的宽免额较少，低收入者的宽免额较多，因此能更好地体现量能负税、公平合理的原则。三是实行税收指数化调整。为了降低通货膨胀对税收的影响，美国从1981年开始实行税收指数化，使税制中一些项目随物价变化进行指数化调整，以实现自动消除通货膨胀对实际应纳税额的影响。个人所得税中的个人宽免额、标准扣除、税基档次和个人劳动所得税收抵免等都实行指数化，以调整和缓解通货膨胀的负面影响，即缓解"税级爬升"[89]。

4.1.1.2 建立比较完善的累进公司所得税制

美国的企业所得税经历了从重筹集收入到以"公平、简化和经济增长"为政策目标的过程，1986年，美国对其企业所得税制进行了改革，基础税率实行15%、25%、34%三档累进税率，最高税率由46%降低到34%，另外对100001—335000美元的年所得还要征收5%的附加税。地方所得税采取与联邦所得税相同的税基，税率水平由各州根据经济发展状况确定，除内华达、纽约等 4 个州为零税率外,其余各州都设置了不同的地方所得税率,最高为 12%(爱俄华州),最低为 2.35%(密歇根州)。同时,加强了对企业所得税的税收征管,取消了大部分税收优惠,仅保留了对小企业和生产、加工等特定行业实行较低税率的优惠;为避免纳税人滥用这些税收优惠,造成税收流失,规定了征收"公司最低替代税";为解决公司长期虚报亏损偷逃税收问题,又开征了按公司权益和资本债权总额计算的"资本税"。另外,美国对所得税前成本费用的扣除限制较少,其原则是只对固定成本费用扣除作出限制,如折旧等;对变动成本费用扣除不作限制,如工资、补助等。这种宽税基、简税负的累进税率税制设计有利于企业根据经济发展情况,及时调整生产经营活动。

4.1.1.3 建立较为完善的社会保障制度

美国一直比较重视建立社会保障体系,以缓和国内的社会矛盾。同时,社会保障制度的建立又在一定程度上发挥了缓和经济周期的作用。特别是在危机时期,这种制度的作用是十分明显的。如在 20 世纪 30 年代的大危机时期,美国庞大的劳动力失业大军严重威胁到了社会稳定,为了救济失业者和维持社会稳定,罗斯福政府先后制定了一系列法案,如 1933 年,罗斯福政府向国会提出拨款 5 亿美元用作各州的社会救济金,3 月又督促国会通过了《失业救济法》,6 月通过了《全国就业服务法》等。通过这些法案,一方面对失业人员实行临时性的救济,另一方面通过"以工代赈"的方法解决失业人员的就业问题,提高受惠者的自尊心。另外,作为罗斯福"新政"的一个重要组成部分,1935 年美国国会通过一项最早的被称为美国福利史上里程碑的法案——《社会保障法》(Social Security Act)。该法案规定实行老年和失业保险,在各州建立贫困老人养老金制度。到 1940 年,约有 260 万 65 岁以上无机会参加工作的老年人得到每月平均 20 美元的津贴;各州实行失业保险制度,受益者达 2800 万人;此外还照顾无力谋生者与残疾人,使老、幼、病、残及失业者得以解除生活的顾虑。此法案后经多次修改,逐步成为一个包含了许多社会保障措施的综合性法律,不仅有力地扩大了消费需求,而且为美国社会提供了一张安全网,对克服经济危机起到了很大的作用。

4.1.2 积极实施"相机抉择"的财政政策

相机抉择是相对于"自动稳定器"而言的,由于"自动稳定器"并不足以保证经济自动趋于稳定，因此，为达到预定的宏观调控目标，各国都会根据经济形势变化情况，采取相应的公共支出和税收措施，以调节短期的社会总供求平衡。实践中，由于反周期财政主要在经济衰退、萧条时期使用，因此，财政政策主要体现为刺激投资需求和消费需求，以调节短期的需求不足。

4.1.2.1 扩大政府支出，增加社会需求

在反周期财政政策工具中，财政支出工具是政府调控经济的有效的手段，特别是在经济危机时期，增加政府支出可以迅速增加社会总需求，刺激经济恢复增长。

美国在历史上两次危机中都充分利用了财政支出工具。在 20 世纪 30 年代的大危机中，罗斯福政府采纳了凯恩斯的观点，采取了国家干预经济的方式，实施扩张性的财政政策，核心措施就是大幅增加政府支出。其主要内容是大规模兴办公共工程。新政时期，美国实施了有史以来最大规模的"公共工程"计划，通过兴办各种公共事业、扩大就业机会来缓解当时的失业贫困和生产萎缩的严重压力。为了弥补投资需求的不足，罗斯福采取了扩大政府投资的办法，颁布了新政的核心和基础法案——《全国产业复兴法》，将大力发展公共工程计划列为主要内容之一，拨款 33 亿美元投资于公共建筑方面，全面完善和推进公共工程事业的发展。面对当时庞大的失业队伍，1933 年 3 月，罗斯福政府通过了《民间护林保土队植树造林救济法》，把由于缺乏经验、技术而导致失业和就业困难的 18—25 岁青年人组织起来，建立了民间护林保土队。1933—1942 年有 275 万青年人分期分批参加了这些工作，每年有 40 万—50 万青年人在民保队建立的劳动营地上从事植树造林、土壤保持、森林防护、道路修筑等工作。他们除食宿外可享有每月 30 美元的薪金，他们的薪饷每月扣除 25 美元寄回家中，这样既扩大了救济面和相应的购买力，同时也保护了失业的青年人。1933 年 5 月，罗斯福将马瑟肖尔斯工程计划扩大为田纳西河流域管理局主持下的更大规模的水利电力和水土保持公共工程，这项工程在水利、发电、治洪、保土、造林和化肥生产、军工生产等方面都取得了美国有史以来的最大效益。期间，罗斯福还完成了胡佛大坝、派克大坝、古力大坝等水利工程[89]。1935 年成立了"公共工程兴办局"，拨款 50 亿美元，用"以工代赈"的方式兴办公共工程事业，通过兴办一些生产性的工程项目给失业者以较为稳定的工作，使他们得到略低于"通行标准"的工资，并通过消费工资促进企业复苏。从 1935 年到 1941 年，联邦公共工程局共拨付资金 113 亿

美元,加上地方政府安排的 27 亿美元,用于各项公共工程的资金共达 140 亿美元;平均每月用工达 211.2 万人,仅在 1938 年,公共工程计划就为 350 万人提供了就业机会,占全国失业人数的 1/3,若把依靠工人赡养的人计算在内,其受益者达 2500 万人以上;主办了约 25 万个工程项目,包括 12.2 万幢公共建筑,66.4 万英里新道路,7.7 万座新桥梁,850 个飞机场,数以千计的医院、城市电厂和校舍,以及大批的公园、游乐场、运动场和蓄水池。此外,罗斯福政府还根据客观需要兴办了一些专项公共工程,如住宅工程、电气化工程等。总之,公共工程计划以财政赤字拨款为基础,以建筑行业为龙头,将长期工程目标与临时性的工程目标相结合,在救济失业与贫困、刺激经济恢复过程中起到了重要的杠杆作用[90]。

在 20 世纪 70 年代由于石油危机引发的席卷全世界的经济危机中,美国同样充分利用了财政支出工具,其核心是大规模增加国防开支。当时,里根政府为了与苏联对抗,同时也是为了克服"滞胀"、刺激经济增长,加大了国防投入,把美国的国防开支从 1980 年的 1359 亿美元增加到 1985 年的 2515 亿美元,平均年增长率为 13.1%,比 1960—1980 年的年均 5.6% 的增长率高 1 倍以上。国防开支在政府预算中的比重也从 1980 年的 23.6% 上升到 1985 年的 26.8%,这些措施不仅刺激了国防工业的发展,而且通过政府的军事订货和采购,使大量国防开支转入制造业的许多部门乃至许多高科技研究机构,从而推动整个国民经济的发展,也帮助美国逐步走出了滞胀的危机。

财政政策除了在经济萧条时期效果较为明显外,在经济情况较好的时期,也有很多成功的调控经验。如克林顿执政时期的财政政策。20 世纪 90 年代初由于通货膨胀压力加大,美国政府采取了紧缩或趋向中性的财政政策,核心内容是通过增收节支大幅度削减赤字,实现预算平衡。规定 5 年内削减赤字 4960 亿美元,其中增税 2410 亿美元,包括将年收入超过 18 万美元的个人所得税税率从 31% 提高到 36%,对年收入超过 25 万美元的富裕阶层征收 10% 的附加税等;同时,大力压缩财政支出,包括减少 20 万联邦工作人员,放弃"星球大战"计划,关闭 20 个海外军事基地,把 32 个欧洲军事基地交给东道国政府接管,使国防开支占财政支出比重由 1991 年以前超过 25% 降至 1999 年度的 14.6%。克林顿的财政政策取得了较好效果,1997 年联邦财政赤字由 1992 年的 2900 亿美元降至 23 年来的最低点 220 亿美元,1998 年出现 29 年来的首次财政盈余 630 亿美元,2000 年盈余达 2560 亿美元,使美国经济持续 10 年保持高增长。

另外，英国、日本等西方发达资本主义国家都有利用财政支出工具走出经济危机的成功经验。如二战后，英国社会经济遭到了战争的重创，经济处于萧条之中，英国政府为了刺激经济增长，在很长一个阶段都实行了以扩大政府支出为核心内容的赤字政策，政府支出占 GDP 的比重由 1950 年的 39.5% 增长到 1980 年的 54.3%。日本政府在 20 世纪 90 年代，为了走出泡沫经济危机，也实施了以扩大公共投资为核心内容的扩张性财政政策，并取得了较好的效果，日本经济从 1994 年开始出现回升势头，1995 年和 1996 年 GDP 分别增长 1.4% 和 3.5%。

4.1.2.2　实行减税政策，扩大消费需求

当经济处于萧条时期，政府往往通过减税的手段，增加企业、家庭、个人等社会经济活动微观主体收入，扩大消费需求。

如美国就很重视利用税收政策进行反周期调控。里根政府时期，美国实施了以减税为主要内容的大规模税制改革。美国税制在改革前存在很多问题，主要是税率档次过多，税种复杂，税收负担不平衡，削弱了对经济的促进和调节作用，阻碍了经济的发展，加剧了社会矛盾。基于此，里根政府实行了以"实现公平、公正的纳税负担，简化税制，恢复美国经济、美国产业界的活力"为目标的税制改革。其原则是：进一步鼓励工作积极性，鼓励储蓄和投资，鼓励发明创新，公平对待纳税者家庭。其主要内容是减税，主要措施有：(1)降低所得税税率。原来个人所得税是按照税率表从 11% 到 50% 的 14 个等级进行征收，改革后变成了 15% 和 28% 两级，另对高收入者课征 5% 的附加税，合并最高税率为 33%，比原来降低 17 个百分点；公司所得税的税率由 15%、18%、30%、40% 和 46% 的五级超额累进税率，降为 15%、25%、34% 三档税率，最高税率比原来降低 12 个百分点。(2)扩大税基，简化税制。取消税法中的一些免税项目，通过降低税率来减少税收偷逃和税基侵蚀。这次税制改革还使所得税制趋于简化，一方面通过提高个人免征额来减少纳税人数，另一方面通过取消一些现行税法中规定的减免纳税的项目，从而减少对这些减免项目的申报和审核。(3)全面实行税收指数化，以避免通货膨胀引起的"税级爬升"，以利于企业扩大投资和生产。(4)注意保持税收中性原则，减少对私人经济的干扰。比如，取消"加速成本回收制度"和"新设备投资纳税扣除优惠"的规定，减少对公司利润的重复征税等。据测算，这次税制改革使年收入 20 万美元以上的超富裕阶层的所得税负担人均降低 26%，全美人均负担减轻

6.4%,有 600 万穷人免交所得税。因税制改革,1987—1991 年,个人消费增加了 1135 亿美元。这大大刺激了美国人的个人消费、储蓄、投资及工作的积极性,实践证明,减税对刺激经济增长确实发挥了积极的作用。在里根 8 年的任期里,美国经济已经进入了一个繁荣时期。通货膨胀由 1979 年的 13.3%降到了 1986 年的 1.1%,失业率也比其上任之初大幅度下降[91]。

4.1.2.3　综合利用国债政策,扩大政府购买支出

由于财政政策主要在经济萧条时期使用,为了刺激经济增长,一方面不可避免需要增加政府支出以刺激社会总需求增长,另一方面,则往往会采取减税措施,以降低企业等经济运行主体的运行成本,增支减税的最终结果往往就是会出现赤字,而弥补这种赤字的最有效手段就是发行国债。政府举债以应对经济危机源于凯恩斯的经济思想。在 20 世纪 30 年代的经济危机中,凯恩斯指出,要有效地扭转经济大萧条,只能是采取举债支出的方法,而不是增税的方法,以扩大政府开支。因为如果政府一方面扩大财政支出,另一方面却用增加税收的方式保持预算平衡,这样一增一减,财政支出的扩大就不能起到补偿私人投资和消费不足的作用[92]。

在现代经济中,国债以及赤字政策已经不再是简单地作为弥补收支不平衡的工具,而是往往作为一种引导工具使用,但作为反周期政策使用时,其最主要的作用就在于筹集资金,弥补收支缺口。

美国在罗斯福“新政”时期就实行了赤字政策工具,它也是“新政”的客观产物,整个 20 世纪 30 年代美国年年都有赤字,国债也大幅度上升。40 年代末期和 50 年代,美国财政还间或出现盈余,但自 1960 年之后的近 40 年里,只有 1969 年略有结余,其他的财政年度都是赤字,直到 20 世纪末才实现平衡。罗斯福推行赤字政策有其客观原因:一是赤字政策与新政主体思想是相适应的。“新政”的主体思想是加强联邦政府在社会经济中的作用,用政府干预来弥补市场经济在新的历史条件下丧失自我调节功能的缺陷。因此,它的一系列反危机措施如举办公共工程投资、建立社保制度等都需要政府大幅增加支出,从而扩大了赤字额度。罗斯福政府也曾经为了平衡预算而削减支出,为了抑制通货膨胀而收紧银根,但经济又出现衰退,不得已又追加了 30 亿美元的公共工程支出,才使经济形势好转。所以,到 1939 年他只强调政府支出与国民收入的关系,而不再提平衡预算的事了。美国财政赤字和国债同时递增的态势,与“新政”所实行的扩张性财政政策密不可分。“新政”实行的后一阶

段，继续扩大政府开支，其资金来源是大规模举债和增税。美国的财政政策已经从理性上突破了年度财政平衡，目标是实现周期平衡。二是美国财政收入不足以支撑新政所需支出需要，由于危机中美国经济倒退，财政收入中的主体来源，如企业所得税、个人所得税减少，收入增长滞后于支出增长，使债务逐年增加。三是社会投资严重不足。经济危机使美国的金融市场、证券市场几近瘫痪，企业、个人无力进行投资，严重阻碍了经济恢复。为此，美国大幅增加了政府投资，以解决投资需求不足的问题，其主要资金来源是发行国债，从而导致了赤字的产生。

日本政府在 20 世纪六七十年代为了应对石油危机，也运用了国债工具。从 1965 年以后，日本政府放弃财政平衡方针，开始发行国债，1965 年至 1973 年国债发行额由 1972 亿日元增加到 17662 亿日元，共发行国债 75504 亿日元；1975 年又开始发行赤字国债，到 1979 年，日本的国债余额已经占到 GDP 总额的 25%[93]。

英国布莱尔政府也运用了赤字政策。布莱尔政府在其第二个五年计划中提出了一系列扩张性的措施，特别是近年来受战争、反恐、教育和医疗开支增加等影响，财政支出和赤字呈不断增长趋势。2004 年政府债务发行额攀升到了 330 亿英镑，占 GDP 的 3.4%；财政赤字达到 213 亿英镑，占 GDP 的 3% 左右。布莱尔政府的赤字政策起到了明显作用，带来了经济稳定增长。1997—2003 年英国 GDP 年均增长 2.7%，物价涨幅低于 2%，失业率降至 30 年来的最低点，实现了过去 200 年英国历史上从未有过的一个最长的经济持续增长期，成为当今唯一未陷入衰退的西方大国[94]。

4.2　提升经济增长潜力的财政政策

20 世纪 80 年代以来，随着知识因素不断参与融入到经济活动中，各国政府开始关注经济长期持续增长的源泉和动力：报酬递增与知识内生化，从而将发挥政府作用，提升经济增长潜力、加速经济增长带入了一个新的发展阶段，为财政政策运用拓展了新的空间和领域。即通过税收、支出、补贴、公债等财政手段，改变内生因素如研究与开发投资率以及处理外部性等，促进技术进步和创新，提高单位生产要素产出率，调节收入分配，促进人力资本积累等，进而推动经济的长期稳定增长。

4.2.1　促进技术进步和创新的财政政策

技术进步是经济增长的重要源泉,尤其是 20 世纪后期,国外发达国家越来越重视发挥财政政策在促进技术进步中的作用,并成功地通过技术进步实现了其在世界经济发展中的领先地位。

4.2.1.1　加大科技投入

外国政府都非常重视对科技的投入,其投入的重点包括:基础研究、战略技术研究、社会公益技术研究、科技基础设施建设、战略产业技术开发等。如美国政府对企业研发经费的投入在 20 世纪 50 年代曾经连续多年高达 R&D全部经费投入的 50% 以上,1959 年达到 58.6% 的最高点。而后随着美国企业实力的提高,政府投入比重开始下降,但政府投入企业的绝对额仍然每年保持在 200 亿美元以上。韩国政府也非常重视对企业研发的支持,在研发总预算中规定,投入到原创技术开发、下一代产业技术开发以及地方科技开发的预算,分别由 2004 年占 20%、6% 和 32% 提高到 2008 年的 25%、15% 和 40%。在韩国 2004 年的研发预算中,用于生物技术、纳米技术等未来高技术领域、基础科学、宇宙开发的预算分别占 27.6%、16.4% 和 11.3%。

20 世纪 90 年代开始,世界各国科技投入呈现出一些新态势和新特点。除了加大科技投入力度外,更加重视大力加强科技公共基础设施和国家战略目标,并加大对战略性产业的引导性支持。随着新科技革命浪潮的兴起,美国、欧盟和一些新兴工业化国家的科技投入开始了新一轮的增长,具体表现为R&D 投入大幅增加,R&D 占 GDP 的比重在较高的基础上进一步快速攀升。如美国在布什政府执政的 4 年中,联邦研发预算增加了 44%,2003 年达 1180亿美元,2004 年达到了 1267 亿美元,2005 年联邦研发预算总额外负担为 1320亿美元。欧盟在 2002 年制定的巴塞罗那《关于使研发经费占 GDP3% 的行动计划》中,明确要求各成员国到 2010 年将研发投入增至占 GDP 的 3%。英国政府制定的《英国 10 年(2004—2014)科学与创新投入框架》将科学和技术置于其他投入之上,并且宣布:政府通过贸工部和教育技能部加大对科学和技术的投入,确保从 2004 年 R&D 占 GDP 的 1.9% 增加到 2014 年的 2.5%。韩国政府在 2003 年政府研发投入为 160 亿美元,占 GDP 的 2.64%。韩国政府计划今后 5 年内研发投入规模要翻一番。甚至连发展中国家中比较贫穷的印度也在 2003 年《科学技术政策》中提出，到印度第十个五年计划结束时（2007 财政年度），研发投入至少要占国内生产总值的 2%，比现在的 0.86% 高 2 倍多（"科技投入倍增计划"）。

4.2.1.2　利用财税政策促进企业增加研究开发投入

实施财税优惠是国外鼓励企业加大研究开发投入通用的政策工具。对企业 R&D 的财税激励方式包括：税前扣除或税收抵免、税收优惠的后转或追溯、加速折旧、提取技术准备金等等。

（1）实行研究开发税前抵扣

国外政府鼓励研究开发的税前抵扣，具体方法通常有 3 种：一是抵扣年度发生的 R&D 费用；二是对 R&D 投入增长部分给予抵扣；三是这两种方法同时使用。如澳大利亚在对企业研究开发投入实行 125% 的税前抵扣的基础上，对企业研究开发投入增长部分，给予 175% 的税前抵扣。英国对大企业的研究开发投入实行 125% 的税前抵扣。对年营业额少于 2500 万英镑的中小企业，如果每年研发投入超过 5 万英镑时，实行研究开发投入 150% 的税前抵扣政策。尚未盈利的中小企业投资研究开发、可预先申报税收减免、获得相当于研发投资 24% 的资金返还。匈牙利政府规定如果企业研究开发室是建在大学或者科研机构，将给予 300% 的 R&D 税前抵扣（一般为 100%），鼓励产学研结合。法国对产学研联合的项目投入加倍冲抵所得税。英国、比利时、丹麦把企业与大学、科研机构联合进行研究开发项目的投入，纳入到享受税收抵免和扣除等优惠政策的范围之中。

（2）R&D 费用向后结转或追溯抵扣

R&D 费用向后结转或追溯抵扣是指准许企业以某年度的 R&D 费用抵消以后年度的盈利，以减少其以后年度应纳所得税额外负担；或者冲抵以前年度的盈余，申请退还以前年度已纳税的部分税款。一般而言，冲抵或抵消前后年度的盈余，都有一定的年限。由于高新技术企业投资风险较大、市场变化迅速，这些措施对企业加大 R&D 投入有极大的激励作用。美国税法规定，企业当年发生亏损或没有上缴所得税、计算确定的减免税款和 R&D 费用扣除额，可以往回追溯 3 年，往后顺延（结转）7 年，其中扣除最长可以顺延 15 年。加拿大（1960 年始）规定往回追溯 3 年，往后顺延 10 年。法国（1983 年始）政府规定往后顺延 5 年。日本（1966 年始）政府规定往后顺延 5 年。英国、澳大利亚、德国、瑞典、西班牙、挪威、荷兰、奥地利、比利时等都有类似的规定。

（3）对科研设备实行加速折旧

对科研设备实行加速折旧即固定资产在使用年限的初期提取较多的折旧,以后逐年减少,税负相对于后期较轻。尽管总税负不变,但相对于"直线法"折旧,企业享有递延纳税的好处,相当于政府给予企业一笔无息贷款。英国、丹麦、爱尔兰规定用于 R&D 的建筑物、机器,在购置费用发生当年全部在税前扣除。美国企业 R&D 用机械设备,折旧期限缩短为 3 年。韩国对企业所属研究开发机构的研究试验用设备,按购置价款的 50%（国产器材则为70%）实行加速折旧。

（4）提取技术准备金

提取技术准备金是指为减少企业研究开发投资风险而设立的资金准备,是税收支出的一种形式,可以不纳税。如韩国税法规定,企业可按收入总额的3%—5% 提留技术开发准备金,在投资发生前作为损耗计算,在提留之日起 3年内使用。

（5）促进中小企业技术创新

美国在 1982 年启动了"小企业创新研究计划（SBIR）",要求国际部、国立卫生研究院和国家科学基金会等 10 个部门,每年在 R&D 预算中安排 2.5%的经费,对科技型企业实施无偿资助。其中产品开发阶段所提供的无偿资助额一般在 75 万美元以上。在 1983—2003 年的 21 年里,政府通过此计划给予小企业的资金约达 154 亿美元,共资助了 76000 多个项目。1994 年又设立了鼓励研究机构和创业企业之间合作的"小企业技术转移计划"。德国对中小企业由于技术开发而购买专利,联邦政府除补贴 15% 的研究投资费外,还补贴 30% 的费用支持其专利购买。日本政府专门制定了技术开发补助金制度,对中小企业的技术开发给予 50% 的资助,资助下限为 500 万日元,上限为2000 万日元。

（6）鼓励技术转让

韩国规定转让或租赁专利、技术秘诀或新工艺所获收入,公民按照合同提供自行研究开发的技术秘诀所获收入,可减免所得税或法人税。转让给本国人所得的收入,全额免征;转让给外国人所得的收入,减征 50% 的税金。巴西政府规定巴西公司技术输出而取得的特许权使用费收入,根据属地原则不再征收公司所得税;特许使用费和技术转让费可从与技术有关的产品净售的10% 扣除,经批准的子公司支付给母公司的特许权使用费可以免税。

4.2.1.3 对风险投资实施税收优惠政策

技术创新的高成本、高风险是制约私人部门开展技术创新活动的关键因素。现代社会中，风险投资是促进技术创新的重要工具。但由于风险投资具有高风险、高投入、高收益的特征，在其发展过程中需要政府进行扶持，以鼓励活跃风险投资程度。当今世界上技术先进的国家一般都形成了一整套政府扶持风险投资发展的机制。

如美国政府为了鼓励私人风险投资的发展，将风险企业的所得税率由1970年的49%降至1980年的20%。这一措施的实施，使美国风险投资在80年代初期大约以每年46%的速度激增。1981年制定的《股票选择权促进法》，准许把股权作为对投资者的报酬，并把纳税环节由行使选择权推迟到出售股票。英国法律规定，对高科技企业的投资额达到10万英镑的投资者，将给予20%的减税。法国在1985年颁布的85－695号法案中规定，风险投资公司从持有的非上市股票中获得的收益或净收益可以免交所得税，免税数额最高可达收益的1/3。

4.2.1.4 利用政府采购政策支持自主创新

利用政府采购推动本国科技创新和产业发展，是各国的普遍做法。即使WTO在1996年通过了包括《政府采购协议》，各WTO缔约国甚至《政府采购协议》签字国也力图通过规避协议规则，努力支持本国高新技术产业发展，支持企业掌握产业共性、关键技术的自主知识产权，支持中小企业发展等。

如美国虽然是WTO《政府采购协议》的签约国，但美国在政府采购中仍高度重视保护本国工业。美国政府的技术采购不仅份额大，且采购价格高于市场价格，并优先考虑由本国厂商供应。在支持高科技产业方面，在20世纪五六十年代，美国的航天航空技术、计算机、半导体的建立和发展，基本都是靠政府采购给予第一推动力。例如，美国半导体和计算机工业发展早期，由国防部和国家宇航局出面采购，有效地降低了这些产品早期进入市场的风险。以集成电路为例，1960年集成电路产品刚刚问世，100%由联邦政府购买。1998年美国政府的采购合同总额中，来自高技术企业的产品价值占35%。美国在政府采购中还通过"提高技术标准"、"增加检验项目"和"技术法规变化"等技术壁垒政策，提高外国高技术革新产品进入的"门槛"，以削弱外国产品的竞争力。美国通过政府采购扶植了IBM、惠普、德克萨斯仪器公司等一批国际IT

业巨头。美国西部硅谷地区和东部 128 公路沿线高技术产业群的迅速发展,与联邦政府的采购政策密不可分。在支持本国产业方面,美国法律明确规定,国际采购至少必须购买 50% 的国内原材料和产品。在同等条件下,美国给予国内投标商 10%—30% 的优惠价格。在政府采购项目的国外报价中,如果本国供应商的报价比外国供应商的报价高出不超过 6% 的幅度,那么,必须优先交由本国供应商采购。美国 1991 年的《道路运输效率法》规定,各州接受联邦运输部补助采购机械时,必须有 60% 以上是美国产品,而且车辆最后须在美国国内组装。在支持中小企业方面,法律规定,在政府采购项目报价中,本国中小型企业供应商可以享受比外国供应商高出 12% 的报价优惠。10 万美元以下的政府采购合同,要先考虑中小企业。美国还建立了政府与私人投资进行联合采购的合作制度。政府采购法规定,对有发展前景的小型企业建立特别基金,每个合格小型企业可获得高达 85 万美元的政府采购合同;对该类合同的每 1 美元采购,协约私人企业就对该小企业做出自己的 1—4 美元的采购或投资合同,即最高达 340 万美元的采购或投资合同[95]。

韩国政府也高度重视政府采购政策的使用。为使本国高新技术产品得到社会的广泛认同,推动高新技术产品进入市场,对高新技术产品实施政府采购制度。韩国法律规定,科技部长及有关部门首长,为扩大新技术产品销售,可采取要求国家机关及地方政府、政府投资机构、接受政府出资和补助等财政支援的机构、其他公共团体等优先采购高新技术产品的措施。韩国的国产高速列车和核电站等公用事业装备,全部由政府购买。如高速列车,在引进之时政府就决定,在引进法国 12 台列车后,其他的 34 台全部采购本国产品。对市场竞争的汽车、计算机产品,政府规定,本国产品即使价格较高也优先采用。如清洁燃料汽车,2004 年财政部以每台 1 亿韩元(高于市场普通车 10 倍的价格)带头购买了(首购制度)50 台现代公司新研制的清洁燃料汽车,政府其他部门还准备采购几百辆。对一些中小企业开发的新技术,政府实施收购,并出资支持其实施产业化。对国有企业,政府也要求企业优先采购国产装备和其他产品。在支持中小企业创新方面,法律规定,对中小企业生产的技术开发制品,政府要大力支持相关机构优先采购。通过综合评估认定每年确定鼓励采购的高新技术产品的品种目录。公共机关要参照本部门预算和年度工作计划制定采购中小企业产品计划,报国会审议后予以公布。

澳大利亚的政府采购政策在保护本国产业方面规定,在 1000 万澳元以上的重大采购项目中,采购部门须在招标中按有关规定要求,列明采购项目对本国产业发展的影响。在利用国外技术产品带动本国的创新方面,如果外国企业的产品在政府采购中中标,则要求中标的外国供应商与本国企业或科研机构,就符合国内需求且具有持续性的研究项目,共同制定研究计划,或共同成立研究开发中心;或者要求中标的外国供应商就国内欠缺的管理、运行、检测等技术,提供培训服务,为国内企业实现技术升级,提高产品质量,培训专业人才。在支持中小企业方面,法律规定联邦一级采购合同的 10% 要授予中小企业,并责成联邦财政部对这项规定的落实情况每年进行调查。1999 年,中小企业获得当年合同数的 55.1%,占全部合同金额的 27.3%。

为支持技术进步,英国政府规定政府部门、政府实验室、国营公司在计算机通信器材等采购上,必须从本国公司购买,并且从 2004—2005 年度开始实施一项新政策,规定占政府研发经费总量 2.5% 的科研活动,要从中小企业采购。

4.2.1.5　注重加强对消化吸收的经费投入

日本从 20 世纪 50 年代到 70 年代,技术引进费用增加了 14 倍,而用于技术消化吸收、再创新的费用却增加了 73 倍。日本各产业部门从国外购买技术专利的费用总数与消化吸收这些技术专利的研究费用总额之比平均为 1∶7,即平均花 1 美元引进的技术要花 7 美元进行消化吸收和再创新[96]。

韩国政府对技术的消化吸收、再创新进行资助和税收优惠。技术引进与消化吸收投入的比例大致保持在 1∶3 的水平。据统计,1968 年,韩国引进技术的消化吸收总费用达到 17 亿美元,其中政府占 19%。近年来,韩国政府主要通过税收优惠政策及资助等办法,帮助私人企业引进技术并进行消化吸收和再创新活动。例如,企业因引进技术而支付的各种费用(包括专利权使用费)在 5 年之内均可免税,有 180 多家私人企业的研究所得到了政府的资助。

4.2.2　调节收入分配的财政政策

20 世纪 50 年代以来,随着工业化进程在各国的扩散和加快,西方许多发达国家都出现了收入分配差距逐渐扩大问题,并引起了经济学家们的重视。通过研究发现和实践证明,收入分配差距过大会通过多种途径影响短期经济增长速度,阻碍长期经济稳定增长。为此,国外政府开始高度重视收入分配调节问题,并积极通过财政政策调节收入分配差距。

　　如英国是西方国家中收入差距问题最为严重的国家之一。其收入差距有两大特征:一是低收入者呈群体性。最低收入者主要为失业者、体力劳动者、妇女和儿童、老年人、病残人、单身者及家庭成员较多者等群体。1978 年英国非熟练体力劳动者的失业率是熟练体力劳动者的 2—3 倍,是专业人员和管理人员的 6 倍。二是地区收入差距非常突出。由于地区间工业化和经济发展水平不同,导致地区间收入水平存在较大差异。由于收入分配带来了严重的社会问题,阻碍了英国的经济增长,为此,英国政府采取了很多财政政策调节收入分配差距[97],也取得了很多成功的经验。

4.2.2.1　税收调节措施

　　税收调节措施是指税收在国民收入分配过程中,对个人收入的形成、分配、使用、财富积累与转让等实施全面调节的制度。税收调节有直接调节和间接调节之分,属于直接调节的税种有所得税与财产税,属于间接调节的税种有商品税。在所得税中,由于个人所得税从根本上体现了对高收入者多课税,对低收入者少课税或者不课税,因而能有效地缩小收入分配差距,达到调节收入分配差距的目的。社会保障税也可以对收入分配差距进行调控。在财产税中,房产税、车船税、遗产税(或继承税)和赠与税都具有重要的调节收入分配差距的功能,但遗产税(或继承税)和赠与税实行累进税率,规定了必要的扣除额,对获得遗产或赠与财产多者多征税,对获得遗产或赠与财产少者少征税或者不征税,因而对缩小收入分配差距无疑更具调控功能。在商品税中,增值税是相对中性的,通常不具有调控收入分配差距的功能;而对某些特殊消费品或消费行为课税,一般能起到调控收入分配差距的作用。英国于 1799 年开征所得税,是最早开征所得税的国家。开征该税的直接原因是英、法战争带来的巨大财政压力,因而也被称为战争税。在以后的几十年中,所得税多次随着战争结束而废止,又随着战争的爆发重新开征。1874 年,所得税终于成为英国一个稳定的税种,并进行了大幅度的减免,个人所得税的最高边际税率由过去的 83% 降为 40% 。在 1994—1995 年,英国对应税收入实行三级超额累进税率:1—3900 英镑征 20% 的税,3901—25500 英镑征 24% 的税,25501 英镑以上征 40% 的税。此外,英国早在 1694 年就开征了遗产税。英国通过个人所得税、遗产税、社会保障税等税收来调节收入分配差距,其调节效果比较明显。以个人所得税为例,1994—1995 年度,1% 的最低收入者税前收入在 3690 英镑以下,税后收入在 3640 英镑以下;10% 的低收入者税前收入在 5270 英镑以下，税后收入在 4980 英镑以下；10% 的高收入者税前收入在 26100 英镑以上，税后收入在 21100 英镑以上；1% 的最高收入者税前收入在 68400 英镑以上，税后收入在 48100 英镑以上。这说明收入越高，税前收入与税后收入的差额就越大，税收累进调节的力度也越大。

4.2.2.2　社会保障调节措施

英国是最早建立社会福利制度的国家，其一系列操作办法对西方福利国家相关政策的形成产生过重大影响。早在 1572 年，伊丽莎白女王决定在全国征收济贫税，1601 年颁布《济贫法》。1765 英国议会通过"斯品汉姆莱制度"，对低于最低工资限度的工人，由各教区予以津贴补助。1905 年，英国政府成立贫困调查委员会，并于 1908 年开始颁布实施了《老年赡养法》、《职业介绍所法》、《国民保险法》等一系列重要社会福利法案。1924 年，英国政府公布特惠特利住宅计划。1934 年，贝弗里奇出任英国社会保险和联合事业部主席，向英国政府提出了《社会保险及有关服务》的报告，建议实施社会保险、社会救济和自愿保险，主张建设"福利国家"。1944 年，英国政府采纳了贝弗里奇报告中所提出的绝大部分建议，并在此基础上于 1946 年推出了《国民保险法》和《国民健康服务法案》。这些法案、措施为调节个人收入分配差距起到了有力的作用。

4.2.2.3　义务教育调节措施

义务教育调节措施是国家通过设立义务教育制度，在全国范围内对全体学龄儿童实行一定年限的免费教育，通过教育机会的均等来提高人的劳动能力，从而达到缩小收入分配差距的目的。正如诺贝尔经济学奖获得者、美国经济学家萨缪尔森所说："在走向平等的道路上，没有比免费提供公共教育更为伟大的步骤了。这是一种古老的破坏特权的社会主义。"在英国，义务教育通常是地方行政当局的职责，但中央政府在义务教育总开支中占 50% 左右的份额，其余的由地方政府用税收来弥补，学费与捐赠仅占 8% 左右。这是 1902年教育法确立后英国教育行政管理的独特之处——中央和地方共同合作的"伙伴关系"。1965 年以后，中央政府的负担升至 60%，地方税收与捐赠所占的份额分别降至 36% 和 4%。因此通过政府财政措施的调节，低收入家庭的子女能够享有高收入家庭的子女所能享受的教育资源和教育机会。与美国中央政府主要以专项补助给予州和地方学区以资助不同，英国中央政府主要采取"税收资助拨款"的一揽子形式。它不指定资金的用途,但在资金的使用上仍然施以监控。各个地区因经济水平的不同,得到中央政府的拨款数量也不同。从比例上看,英国中央政府财政转移支付的力度大于美国联邦政府。

4.2.2.4　反贫困调节措施

反贫困调节措施就是政府为了消除贫困、体现社会公平、缓解社会矛盾、维护政局的稳定、实现经济的稳定与增长,运用财政工具对贫困人口或贫困地区进行救济、补贴或者扶贫开发,以消除绝对贫困或解决相对贫困问题的制度。英国确定扶持地区的标准是失业率,把失业率高于全国平均水平的地区确定为需要援助的地区,然后采取各种措施促进这些地区的开发和发展。英国政府解决收入的地区差别的办法是鼓励工人从失业多的地区转移到发达地区。1928年,英国政府为此专门成立了"工业迁移委员会",资助失业工人到其他地区工作。到1938年,20多万工人得到资助。但这并没有从根本上解决总数超过300万的失业人员的问题。为此,英国政府在1934年和1937年制定特别地区法(又称特区法案),开始按照"把工作带给工人"的原则解决区域问题,并将英格兰东北部、西坎特伯兰郡、威尔士南部和英格兰中西部定为特区,对这4个失业率高的特区进行财政援助,援助资金主要用于基础设施建设,鼓励厂商到特区投资,并通过建立商业区来援助企业。这是英国区域开发政策的起端。其政府倾向开始由对外迁移向加快高失业地区内部发展转变,即把失业者迁移到发达地区转变为在高失业率地区创造就业机会。此后,英国又通过多个法律来增加就业机会,扶持落后地区经济发展。1984年,英国政府把区域开发政策调整为:一是将援助分为两类,即发展补助和选择性援助;二是资金补贴,按就业成本和就业规模为企业提供补贴,鼓励劳动密集型企业的发展;三是迁入企业可得到资金补贴;四是给服务业以地区性补贴。

此外,德国的收入分配调节体系也是世界各国中较为完善的,基尼系数基本保持在0.3的合理水平左右。德国政府调节收入分配主要利用的就是财政政策手段:一是通过税收进行调节。税收收入是德国政府调节收入分配的主要工具,德国政府有一套完备的包括个人所得税、遗产税等在内的税收调控体系,税收收入占政府财政收入的比重基本都在75%以上。二是通过社会保障救济调节。德国政府社会福利保障制度的效率得到了国际社会的公认,其福利费用开支占国内生产总值中的比重超过30%,其主要内容包括医疗保险、养老保险、社会福利补偿、社会救济金等。三是通过募捐调节。德国政府通过减税等手段鼓励富人捐助公益事业,德国遗产税的税率高达50%[98]。

4.3 调整经济结构的财政政策

经济结构优化是促进经济可持续增长的重要因素。财政政策作为国家的经济管理手段,对经济结构的优化调整具有很强的启动、调整和刺激功能。财政政策调节经济结构主要体现在促进经济结构的优化或者推动经济结构升级。

美国等西方发达国家都充分利用了财政政策的结构性,推动了国家经济结构的调整。如20世纪80年代以来,一批高新技术产业在信息技术革命的带动下逐渐兴起、发展和壮大,并改变了传统的经济结构和增长方式。美国里根政府紧紧抓住了机会,开始实施以抑制通货膨胀为目标,以刺激供给增长和创新活动为核心,以促进高技术产业和出口成长为龙头的结构性财政政策和供给管理政策,主要措施包括:(1)实施大幅减税政策,刺激私人投资和消费大幅上升,激励供给和内需增长。(2)调整政府支出结构,大幅度削减社会福利开支,增加微电子、计算机及网络通讯等行业的研究与开发投入和其他公共工程投资,为高新技术产业发展提供创新基础和环境。(3)放松对自然垄断行业的价格和进入管制,让市场和竞争机制起主导作用。(4)确定以知识和技术领先产业为核心的竞争力提升战略,制定鼓励出口的措施和法规。克林顿政府时期,又继续采用几条主要措施,如对为创建企业而进行的风险投资实行税收减免,同时还增加对交通、通讯等基础设施的投资,加大对教育和科技的投入。1993年9月,美国最早提出"信息高速公路"计划,投资约4000亿美元,用20年时间建设一流的包括光缆电话网、无线电话网、有线电视网及各种计算中心数据网在内的信息高速公路。期间,美国政府还大幅增加了R&D经费投入,1990—1995年R&D经费增加近3倍,占GDP的比重为2.8%,居世界首位。这些政策推动了高新技术产业发展,提高了劳动生产率,造就了美国从1991年3月到2000年年底历时118个月战后最长的一次持续增长期。

日本政府也十分注重利用财政政策实施结构调整。在20世纪五六十年代,日本充分运用收支平衡的财政政策发展经济,并采取一系列政策和措施实行经济结构调整,通过集中发展煤炭和钢铁来推动整个工业的回升。随着经济的发展和国民收入的提高,社会各方面对社会福利和生活质量的要求进一步提高,政府又加大生活服务设施建设和社会保障投入。到了70年代中期,

日本经济进入到资本主义世界经济的"滞胀"阶段。面对这一严峻形势,从
1982 年开始,日本政府实施了以调整政府职能、实行国有企业民营化、调整产
业结构和扩大内需为主要内容的经济结构调整,主要有三个转变:从"能源消
耗多型产业结构"转向"能源消耗少型产业结构",从"贸易立国"转向"科技
立国",从"外需推动型经济"转向"内需推动型经济"。在政策上通过调整财
政收支结构,增加文教科技费用支出,加大对科研和技术改造的财政投入力
度,推行鼓励科学技术发展的各种财政、税收和贷款等优惠政策,这次结构调
整政策使日本经济重新恢复到增长局面。1990 年以来,日本政府过于重视以
短期政策刺激经济增长,忽视经济结构的调整优化,带来了很多问题,不但使
赤字逐年上升,而且经济缺乏持续增长能力。可以说,日本政府避重就轻,回
避体制改革和结构调整,试图仅以扩张性财政政策增加有效需求并没奏效,这
也算是一个在财政政策调控中不注重结构调整的反面例子。为吸取这些教
训,2002 年日本政府推出未来 3—5 年重点扶持信息技术、环境和生物工程等
4 个重点领域的行动计划,要求 2006 年前培养教育产业界所需的 240 万名信
息技术、环境、生物、超精密技术和材料等领域的高级人才,希望通过这一计划
的实施,实现促进经济稳定发展和提升国力的目标。

4.4　促进出口贸易与 FDI 的财政政策

在经济全球化日益深入的今天,通过国际市场销售本国产品,从国际市场
获取本国发展需要的各种资源,以及吸引外国投资,对于一个国家的经济增长
是非常重要的。

4.4.1　促进出口贸易的财政政策

运用财政政策促进出口贸易增长主要的手段是税收政策以及补贴政策。
一些出口导向型国家,如日本、韩国以及一些东南亚国家,对这些政策的使用
都是非常充分的。特别是日本,作为一个地域狭窄、资源匮乏的国家,从二战
后至今,日本政府均十分重视对外贸易,奉"贸易立国"为基本国策,为了振兴
出口,日本政府采取了一系列政策和措施,其中最重要就是财政方面的政策和
措施[99]。

4.4.1.1 出口所得扣除制度

1953 年，日本政府出台了"赋税特别措施"，其中就包括了"出口所得扣除"制度。该制度的目的在于按一定比率允许把来自出口的收入计入成本（不列为征税对象）来刺激出口。可以计入成本的比率为：商社出口收入的 1%、厂家出口收入的 3%、成套设备出口收入的 5% 或该项出口贸易纯盈利的 80%，两者当中数额低的一方可列入当年的成本之中。这一制度由于违背《关税及贸易总协定》关于禁止贸易补助金的国际宣言，被迫于 1964 年 3 月废除。但是，紧接着日本政府又创立了新的鼓励出口的减免税措施、海外交易等增额折旧制度。这一制度是日本在 1961 年模仿法国的做法而采取的，目的是促进出口企业的设备更新以提高出口竞争能力。该制度规定，凡满足一定条件的企业可以将折旧率提高 80%（由于折旧部分可以计入成本，所以允许提高折旧率就起到了减免税的作用）。当时日本政府提出的条件为：一是该结算期的出口交易收入总额超过基准年度的出口额；二是该结算期的出口比率超过基准年度的出口比率。

由于决定的鼓励标准不是出口的绝对金额，而是增加额和出口比率的提高，所以刺激效果更大。为了增加出口产业的内部留成、促进出口产业的现代化，根据通产省通商局和贸易振兴局的要求，1966 年进一步将"增额比率"由 80% 提高到 100%。1968 年在修改振兴出口税制时又将"出口增额折旧制度"改为"海外贸易等增额折旧制度"，即其对象由一般商品出口扩大到技术出口。

上述折旧制度先后实行了 10 年，许多出口企业都受益于这一制度，它对促进日本企业的设备现代化、增强日本出口竞争能力曾发挥了积极的作用。

4.4.1.2 技术等海外贸易所得特别扣除制度

该制度是日本在 1959 年为振兴技术出口而设立的，适用对象为对外转让或提供工业所有权以及其他技术权利的收入。该制度规定，企业出口上述技术时，其收入额的 50% 可以计入成本而免征所得税。1964 年 3 月，日本政府决定废除"出口所得扣除制度"之后，为了振兴技术出口，"技术等海外贸易所得特别扣除制度"不但继续予以保留，而且扩大了范围，即在技术出口收入以外追加了咨询和运输等业务收入。同时，又把技术出口收入的"扣除额"从 50% 提高到 70%（咨询和运输收入的扣除额分别为 20% 和 30%）。上述对象范围后来在 1965 年和 1968 年再次扩大到对外修理加工收入、建设承包收入以及农业技术指导收入等。1972 年日本政府根据国际收支和外汇储备状况的变化,决定缩小"特别扣除制度"的运用范围,但仍保留了对工业所有权、著作权和技术服务收入的"特别扣除"。

4.4.1.3　中小企业开拓海外市场准备金制度

该制度是在 1964 年废除"出口所得扣除制度"后采取的振兴出口的政策。目的在于减轻出口企业转换出口市场和开发新商品时的费用负担。该项政策规定,商社和厂家可以按一定的比率把海外贸易收入的一部分作为准备金积累起来,这种准备金可以计入成本而免征所得税。可以计入准备金的比率最初规定商社为 0.5%、厂家为 1.5%,1966 年分别提高至 1% 和 2%。1969年再次进行修改时,使这一制度更有利于中小企业,并且增加了优待"出口有功企业"的规定。1972 年以后,上述制度的适用范围开始缩小,但制度本身一直持续到现在。现行制度规定企业可以计入准备金的出口贸易额比率为:资本金在 1 亿日元以上、5 亿日元以下的商社为 1.76%;资本金在 1 亿日元以下的商社为 1.04%;资本金在 1 亿日元以上、5 亿日元以下的厂家为 2.44%;资本金在 1 亿日元以下的厂家为 14.1%。

4.4.1.4　直接与间接出口补贴

直接补贴主要为出口商品采取"双重价格"制度——外销价格低于国内价格,差价部分由政府提供一部分的补贴。这种补贴主要用于两种情况,一是为了某种商品开拓新市场。在开拓新市场之初,由于企业处于劣势,常常无利润可言,而且还会出现亏损,政府为了鼓励新产品开拓市场取得成功,便采取了这种措施;二是为某种商品克服因国内销售不振所造成的困难。

在提供间接补贴方面,最典型的例子是 20 世纪 50 年代初期日本政府向造船差价通过食糖配额进行的补贴。当时振兴船舶等成套设备出口对于日本扩大出口和促进商品结构升级具有重要意义,但是日本船舶产业的国际竞争力却相当弱。1954 年初,日本政府为了鼓励船舶出口决定向船舶差价提供进口古巴食糖的配额,借以弥补出口船舶所造成的亏损。当时古巴食糖的进口价格为每吨 86 美元,比国内批发价格低 30 美元。这种办法使造船厂家可以把出口船价格降低 20%—30%,从而促进了船舶的出口。据统计,当时造船厂家利用食糖进口配额共计出口船舶 42 艘(85.5 万吨),合同金额达 1 亿多美元。

4.4.1.5 重要机械特别折旧制度和出口特别折旧制度

这两个制度主要是以促进企业推进设备现代化为目的而于 1951 年制定的。"重要机械特别折旧制度"规定，为了促进企业出口和设备更新、提高国际竞争力，政府指定的机械设备可以实行"增额折旧"，即缩短折旧期，其中"合理化机械"在头一年度即可以折旧 50%，试验用机械设备可在第一年度折旧 50%、第二年度和第三年度分别折旧 20%。

"出口特别折旧制度"规定，对于增加出口的企业，可以根据出口比率增加的程度分配"特别折旧制度"。1964 年度的"特别折旧制度"为普通折旧额乘以出口比率的 80%，1966 年度则改为乘以出口比率的 100%。

上述财政的优惠措施的受益者主要是钢铁、汽车、造船、机械和电机等行业，这些行业都属于日本主要的出口行业（有的后来成为重要出口行业）。以汽车为例，1956 年三家主要四轮汽车厂家因属于"重要机械特别折旧制度"指定的行业，在其利用进口外汇配额进口的 19.54 亿日元机床中就有 15.83 亿日元是免税的，免税额达 2.38 亿日元。汽车行业又属于"企业合理化促进法"所规定的"指定行业"，为此在其 1952 年至 1956 年期间的 2.29 亿日元总投资额中，有 16.6%（3800 亿日元）被允许实行"特别折旧"。

4.4.2 吸引 FDI 投资的财政政策

FDI 投资对于弥补国家在经济发展中资本不足问题的作用很大，特别是对于经济处于起飞阶段国家的作用更大。而各国为了吸引 FDI 投资，都采取了很多政策手段，其中财政政策手段是最重要的手段之一。而在财政政策措施中主要又体现为税收优惠。在世界各国中，美国、英国、中国、墨西哥等国都是吸引 FDI 较多的国家，而其中印度作为发展中国家的代表，近年来，吸引 FDI 的速度增长很快，虽然总规模与中国还有很大差距，但发展势头却很强劲。据统计，1998—2005 年，印度利用外资的平均规模仅为 30 亿美元左右，大约只有中国的 1/18 左右。但是从 2003 年起却发展迅速，2003 年吸引外资 41.6 亿美元，2004 年，已经达到 53 亿美元，2005 年，印度实际利用外资达到了 65 亿美元，三年间年均增长 16.5%。2005 年，全球著名的管理咨询公司科尔尼最新公布的"外国投资信心指数"显示，印度外国直接投资信心指数排名为第二位，已经超过了美国，仅次于中国，由此，可以说明印度已经成为了国际投资的一块热土。

印度真正开始扩大利用外资是从 20 世纪 90 年代初期实施经济改革开始的，由于从独立开始到之前一段时间，与中国的以对外开放和吸引外资为重要标志的改革大不相同的是，吸引外资并不是印度改革主要方面，也就使得印度利用外资改革的力度和步伐，各项吸收外资政策的制定和实施都显得比较缓慢。

1991 年，印度遭遇了历史上最严重的国际收支危机，在世界银行和国际货币基金组织的帮助下，印度进行了根本性的经济改革，采取了很多吸引外国直接投资的措施。1996 年，印度政府加快了利用外资的步伐，改组了外国投资促进委员会，制定了一套进一步扩大吸收外国直接投资的新政策。1998—1999 年，印度出台了几项促进外国直接投资的新财政政策措施，将免征 5 年税收的优惠扩大到基础设施建设的直接投资；减少对外国公司的歧视性待遇（外国公司长期资本所得税税率降低到 20%；免征外国公司出口所得收入税）。2000 年，印度政府准许外国直接投资进入航空业和邮政业，除了公司所得税比印度本土公司稍高以外，给予进入邮政业的外资与国内邮政业相同的待遇。

概括起来，印度对外资的主要财税优惠政策体现在税收政策方面，并且很有特点：一是重视以我为主，注重外资质量，把外资投向重点导向制造业和高科技产业。二是对一些行业采取了一系列的倾斜性税收优惠政策，以促使外资投向一些政府希望发展的重点产业，如高新技术产业。印度法律规定，外资企业 10 年内免交公司利润 30% 的所得税；产品 100% 出口的企业、出口加工区和自由贸易区内开办的企业 5 年内免交所得税；在落后地区开办合资企业 10 年内减征所得税 25%；外资企业进口用于生产出口商品的机器设备零部件和原材料免征关税，出口软件的双重赋税，除全部进口关税，10 年内免征所得税，零部件产品用于出口的软件商可免征所得税[100]。

4.5　国外财政政策实践的借鉴与启示

以上分析主要是国际上许多国家通过不同途径促进经济增长的一些成功经验，这对于中国在建立和完善社会主义市场经济体制过程中逐步调整和完善财政政策自然有着重要的借鉴意义和价值。但是，国际上也不乏利用财政政策促进经济增长失败的案例,从某种意义上说,这些失败的案例和经验教训更应该引起我们的注意。

如东南亚金融危机就是一次比较典型的案例,虽然它已经过去了将近10年,但是仍然有很高的借鉴价值。东南亚金融危机从1997年2月份开始酝酿,5月中旬在泰国首先爆发,其典型特征是货币贬值,金融体系受到巨大冲击,部分国家金融体系甚至接近崩溃。1997年7月到8月29日,泰铢、印尼盾、菲律宾比索、马来西亚林吉特及新加坡元分别贬值38.5%、21.5%、14.9%、14.9%、5%,10月,危机波及到香港和台湾地区,新台币一天贬值3.46%,10月23—28日,香港恒生指数大跌2830点,跌破9000点大关。11月中旬,危机波及到韩国,17日,韩元对美元的汇率跌至创纪录的1008:1,从此,东南亚金融风暴演变为亚洲金融危机。1998年初,印尼金融风暴再起,2月16日,印尼盾对美元比价跌破10000:1。受其影响,新元、马币、泰铢、菲律宾比索等纷纷下跌,日元对美元汇率从1997年6月底的115:1美元跌至1998年4月初的133:1,5、6月间,一度接近150:1。1998年8月—1999年,国际投机资金开始冲击香港和俄罗斯市场,但是由于上述两地政府的努力,投机资金损失惨重,开始撤出投机,东南亚金融危机基本结束。

东南亚金融危机使各国付出了沉重代价,主要表现在:一是该地区各国经济增长普遍放缓。为应付这次危机,各国均采取经济紧缩政策,经济增长速度随之减缓。根据IMF统计,东南亚各国国内生产总值增长速度由1996年的平均7.4%下降到低于4%,其中1997年泰国的经济增长率为2.5%,菲律宾为5.3%,均比上年有较大幅度下降,而且通货膨胀和失业率大幅上升,1997年泰国的通胀率超过7%,失业率升至70%。同时外债大幅增加,泰国外债额超过900亿美元,印尼外债额超过1000亿美元,短期内,单偿还外债,东南亚国家都难以恢复元气。二是各国金融系统受到巨大冲击。泰国为稳定汇率在5个月内消耗了40亿美元外汇储备,马来西亚损失2000亿林吉特,相当于五年财政预算总和。更为严重的是危机打击了投资者对东南亚国家金融系统的信用,纷纷撤资,使外汇囤积及黑市交易出现。三是东南亚国家外向型经济面临新的挑战。这次危机使这些国家的外向型经济面临新的难题。虽然货币的大幅贬值有利于东南亚各国提高出口竞争力,但零部件大量依靠进口,又增加了生产成本,一定程度上抵消了货币贬值带来的有利于出口的因素。另一方面,这次危机使以币值不稳为标志的投资环境恶化。四是经济危机引起一些国家的政局动荡和社会矛盾激化。国内经济恶化和社会紧张加剧,造成国内政局不稳,泰国、印尼都爆发了严重的政治危机。从长期看,东南亚金融危机不仅阻碍了危机发生国经济发展,并对亚洲其他地区经济增长甚至全球经济增长都产生重要影响,亚洲各发展中国家经济增长速度将明显趋缓,拖累了世界经济复苏步伐。

引发东南亚金融危机的原因是很复杂的,从直接原因看,包括:(1)国际金融市场上游资的冲击。目前在全球范围内大约有7万亿美元的流动国际资本。国际炒家一旦发现在哪个国家或地区有利可图,马上会通过炒作冲击该国或地区的货币,以在短期内获取暴利。(2)亚洲一些国家的外汇政策不当。它们为了吸引外资,一方面保持固定汇率,一方面又扩大金融自由化,给国际炒家提供了可乘之机。如泰国就在本国金融体系没有理顺之前,于1992年取消了对资本市场的管制,使短期资金的流动畅通无阻,为外国炒家炒作泰铢提供了条件。(3)为了维持固定汇率制,这些国家长期动用外汇储备来弥补逆差,导致外债的增加。在中期、短期债务较多的情况下,一旦外资流出超过外资流入,而本国的外汇储备又不足以弥补其不足,货币贬值便不可避免。从深层原因看,与其经济发展存在的问题有直接关系:(1)外债比率过高。为了继续保持速度,东南亚国家转向靠借外债来维护经济增长。如泰国,从1994年以来,经常项目始终是赤字,并有逐年上升的趋势,其经常项目赤字占GDP的份额1995年为8.1%,1996年为7.8%,远远超过了国际公认的5%的警戒线。在这种情况下,为弥补赤字,只有通过举债,但由于经济发展的不顺利,到20世纪90年代中期,泰国已不具备还债能力。(2)市场体制发育不成熟。一是政府在资源配置上干预过度,如韩国政府一直采用的"大集团"发展战略,国家60%以上的经济命脉掌握在几十个大型企业集团的手中,虽然这对增强核心企业竞争力、降低成本起到了很好的作用,但是由于阻碍了竞争,长久必然出现经营问题,1997年初,韩国韩宝集团宣布出现经营危机,标志着韩国的"大企业集团"的发展战略出现危机。另一个是金融体制特别是监管体制不完善。如80年代以来,泰国为了促进金融体系的竞争,逐渐放松了管制,增批了许多非银行金融机构,由于泰国银行对于发行本票没有利率上限,财务公司可以较高的利率来筹资,同时在盯住汇率制度下,财务公司和证券公司的金融资产已占全部金融资产的19.8%,由于缺乏有效的控制,非金融机构将筹得的大量资金全部投入到房地产和股市中,其中,1996年中,外国投资者在曼谷交易所占交易额的比重为34%。同时,由于没有一套科学完善的金融监管和信息公布体系,从政府、金融机构到私人投资者对经济运行缺乏及时、正确的了解，使资本市场和房地产市场泡沫严重。早在1996年，IMF的专家就对泰国的经济现状发出警告，敦促其采取行动改革国家的经济结构。(3)经济结构不合理，对出口依赖过重，当经济发展到一定的阶段，生产成本提高，出口会受到抑制，引起这些国家国际收支的不平衡，同时，当这出口导向战略成为众多国家的发展战略时，会形成它们之间的相互挤压，仅靠资源的廉价优势是无法保持长久竞争力的，东南亚国家在实现了高速增长之后，并没有解决上述问题。

从财政角度看，财政宏观调控是导致东南亚危机的重要原因：一是没有很好控制政府赤字。由于经济发展速度放慢，东南亚各国财政收入增长速度也减缓，与此同时，刚性支出并没有减少，使得东南亚国家的财政赤字不断增加，政府信用下降，根本无力偿还外债。而且由于政府赤字，使支出相应减少，又降低了人们对经济增长的心理预期，进一步加剧了危机。二是没有充分发挥财政政策调控经济结构的作用。长期以来，东南亚国家基本都采取了出口导向型的发展战略，但是基本都是劳动密集型出口，随着竞争加剧，成本上升，出口急剧下降，外汇储备减少，从而导致了危机的发生。而在此过程中，财政政策并没有充分认识到调整出口战略的必要性，也没有充分发挥调节经济结构的作用。三是财政政策与货币政策的配合脱节。金融危机表面上看是金融体系危机，但其背后却是政府信用的危机，也就必然演变成为财政危机，而在金融危机初期，东南亚各国财政并没有对危机表现出很大关注，也没有与各国金融部门密切配合，共同干预危机。典型的是泰国在爆发危机的初期，出口下降，与此同时泰国财政并没有采取鼓励出口的措施，相反却宣布由于财政赤字持续增加，将削减财政支出，此举使国际国内都对泰国继续保持经济增长表示怀疑，结果加快了危机爆发。正是基于此，有一些专家也指出，"东南亚金融危机也可以认为是一场财政危机"。

从上述对部分国家成功与失败的财政政策实践经验，我们可以得到以下一些有价值的启示：

4.5.1　财政政策是促进经济又好又快发展的重要工具

从美国的反周期财政政策实践以及国际上众多国家为提升经济增长潜力、促进经济结构调整、促进外向型经济发展而采取的一系列财政政策实践可以看出，财政政策对经济总量增加的作用是直接的，这不但符合凯恩斯理论所描述的财政政策所起的作用,特别是经济衰退时期,通过政府大幅增加支出以及采取宽松的税收政策,可以对刺激企业生产、增加社会需求产生直接的刺激,从而促进经济快速发展,也符合内生经济增长理论中所隐含的财政政策可通过作用于经济增长的核心因素,即技术进步,来促进经济增长质量和效益提升。

需要进一步指出的是,在现代市场经济中,财政政策对经济增长所起的作用还在不断扩大,而且传统意义上认为"财政政策对经济增长主要是短期调控作用",这种观点正向"财政政策促进长期经济增长"延伸。还有一个重大变化是,传统上还认为财政政策在经济衰退时期起的作用大,而在经济繁荣时期作用不明显。但在现代财政政策调控实践中,财政政策在经济繁荣时期所起的作用也越来越大。主要表现在财政政策可以通过调节经济结构,促进产业升级;促进自主创新,依靠科技进步和提高劳动力素质发展;促进经济增长方式转变,实现经济的集约增长、清洁增长和长期持续增长,通过抑制投资,控制通货膨胀风险,等等。

4.5.2　财政政策选择必须融入全球化视野

20世纪80年代以来,特别是冷战结束以来,世界经济全球化的速度不断加快,经济一体化正在逐步成为世界经济运行的基本特征,具体表现为生产全球化、金融全球化、投资全球化、贸易全球化等,区域经济合作日趋紧密。经济全球化对广大发展中国家的经济发展带来了各种机遇,有利于促进资本、技术、知识等生产要素在全球范围内的优化配置,给发展中国家提供了新的发展机遇。如市场的扩大使比较优势拥有更多的实现机会,要素的流入使闲置资源得以利用,直接投资有利于加速发展中国家先进产业的形成,等等。中国改革开放20多年,取得了巨大的成就,在一定意义上是积极参与全球经济活动的结果。

但也要看到,经济全球化也是一把"双刃剑",由于当今的经济全球化总体上是由发达国家主导的,发展中国家在各个方面都处于不利的地位。特别是随着金融全球化的加快,由于历史和生产力发展水平的原因,发展中国家在国际竞争中处于较为弱势的地位,在国际经济风险面前更具有脆弱性,经济运行面临更加复杂的环境和更大的风险,给本国的宏观调控也带来了更大的挑战。从东南亚金融危机就可以看出,在巨额国际投机资本的冲击下,一旦宏观调控政策选择和应对不当就会使本国经济蒙受巨大损失。

为此,当前中国在选择财政政策时,必须更加充分考虑到经济全球化因素,积极参与,趋利避害,把调控重点放在提高国家综合竞争力上,在政策上要积极吸引国外投资,努力促进国际贸易,增加人力资本投入,增强科技核心竞争力,同时要考虑经济波动风险,密切关注金融风险,实施宏观调控,促进经济平稳增长。

4.5.3　财政政策必须坚持反周期与促进经济长期增长相结合

从世界各国较为成功的财政政策调控经验可以看出,各国都很重视政策短期与长期的结合。在短期内,财政政策选择总是基于当时的宏观经济形势,积极进行反周期调控,力图熨平当期经济波动,调节经济周期。在长期内,则努力实施有利于经济长期增长的政策措施,保持经济平稳增长。

对于中国而言,近二十年来的财政宏观调控实践也表明,注重反周期与促进长期增长相结合是成功的关键因素之一。当前,我国实施了稳健的财政政策也要注重将二者相结合。实施反周期要高度关注当前宏观经济由较快增长向过热转变的趋势,防止通货膨胀的苗头继续扩大。促进长期增长要注重结构调节,促进经济增长方式转变,将更多的资金投向整个社会协调发展、均衡发展的各个行业、各个产业以及三农、社会保障、医疗、教育等各个方面,优化产业结构,在保持宏观经济稳定的同时提升长期经济增长的潜力。

4.5.4　财政政策选择必须加强宏观经济预测

在经济运行的不同形态下,财政政策必须随着作用环境与对象的变化而适时适度地进行调整,一般要逆经济周期操作,财政调控时机要合理把握,调控力度要灵活掌握。与以往调控相比,适度从紧(紧缩)财政政策、积极(扩张)财政政策和稳健(中性)财政政策的实施及其相应转向,都是在准确分析宏观经济走势的基础上做出的政策调整,把握政策力度较为适中,所取得的效果也比较显著。

为此,必须加强经济预测分析工作,为适时实现财政调控政策的转向提供决策依据。科学合理、相机抉择的宏观调控是建立在及时准确的经济预测分析基础之上。经济预测分析工作是政府判断经济形势和做出宏观调控决策的重要依据。如果经济预测分析不准确、不及时,就可能使政府的宏观调控决策陷入情况不明、犹豫不决的境地,而政府宏观调控启动过早或延误时机,都可能对经济运行造成负面影响。

4.5.5　财政政策工具必须由单一向多样化转变

　　财政调控的政策工具主要有国债、支出、税收、转移支付、财政补贴等,但不同的政策组合具有不同的效果,不同的着力点具有不同的调控作用,不同的政策实现方式又具有不同的效应。财政调控的作用对象涉及企业、个人、项目及地区等多个层次和方面。因此,合理确定调控对象和范围,适时适度地协调整合各种政策工具,是有效实施财政调控的前提与保障。

4.5.5.1　预算政策

　　实践表明,国家通过财政预算的编制和执行,对于社会资金在各部门之间的配置、政府支出规模与结构、民间部门可支配收入规模等有着决定性作用,对于经济运行中的货币流通量、经济稳定发展和社会总需求与总供给有着很大影响。因此,实践中在运用财政预算这一重要工具时,必须把握好以下几点:第一,实行积极的财政综合平衡,建立稳固的财政基础。必须在充分就业的前提下,实现每一经济周期内财政预算动态综合平衡,以促进经济发展,创造更丰富的财政收入。第二,尽快建立统一的政府预算体系,进一步细化预算,增强预算的公开性和透明度。第三,严格预算执行。作为制定预算政策、组织预算收入、掌管资金分配权的部门、单位,不带头依法行政,模范执行国家各项财经法规,甚至执法犯法,必然导致腐败,败坏党和政府的形象,造成极坏的社会影响。因此,预算一经批准,必须严格执行。

4.5.5.2　税收政策

　　为了更好地运用税收工具促进建立稳定的财政增长机制,有效地调节社会总供需和收入分配关系,在市场经济条件下,进一步完善税收工具需要把握几个要点:一是注重宏观税负与经济增长的同步协调。即国家的总体税收负担要合理,使微观主体可以承受。二是注重边际税率与经济增长的协调。即边际税率的制定要可以起到调节的作用。三是注重税制结构与经济增长的同步协调。即税种间的搭配要随着经济增长的步伐适时进行调整。四是严格税收征管。其主要意义在于促使税收政策的效应得到充分发挥。

4.5.5.3 国债政策

公债是公共的即国家的债务,是一种公共信用制度。"公共信用制度"即国债制度。实践表明,公债的发行,一是可以弥补财政赤字。二是可以促进经济发展。因为公债发行不仅增加了政府即期可支配收入,能够扩大支出规模,而且能够将一部分社会闲散资金集中起来,用于国家重点建设,使一部分消费基金转化为积累基金。三是可以调节经济结构和资源配置。一部分消费基金转化为积累基金后,必然使积累与消费的比例关系随之发生改变,也就能在一定程度上改变国民经济的结构和资源的配置。四是可以强化居民的金融意识,促进市场体系的建立与完善。运用公债这一政策工具时,应当高度重视下列问题:第一,必须把握适度的债务规模。第二,必须优化债务结构。第三,必须改善债务资金投向。第四,必须加强债务管理,提高偿债能力,防范债务风险。

4.5.5.4 财政支出政策

支出政策是各国在财政政策中使用最为普遍,也是最为重要的政策之一。根据内生经济增长理论,支出政策最重要的是增加供给。从实践中看,政府支出的作用远远超过于此。它是政权维持运转的经济基础,是促进科技进步的重要手段。在运用支出政策时也要注意几个问题:一是支出规模的选择,实践证明,并不是最大的政府支出规模就是最好的。二是支出结构的选择。即支出的重点要根据经济增长的需要而定。三是支出的管理。即要重视提高支出的效益,确保支出效应能得到最大的发挥。

同时,要重视运用财政政策的"自动稳定器"功能。虽然"自动稳定器"功能的调节能力小,但是它简单实用,具有成本低以及自动运转等好处,已经为很多国家所重视。如在税收政策方面,美国政府建立了以所得税为主的国家税收体系,企业所得税和个人所得税的调节功能比一般国家强;在社会保障制度方面,美国逐步建立了完善的社会保障体系,这些都为发挥财政政策的"自动稳定器"功能提高了良好的基础条件。

第5章　新时期中国财政政策取向: "又好又快"发展

进入 21 世纪,中国发展站在了新历史起点上,面临着全面参与经济全球化的新机遇新挑战,面临着工业化、城镇化、市场化、国际化深入发展形势下各种新课题新矛盾。随着科学发展、和谐社会、可持续发展等一系列基本国策的提出,财政政策实施的内外部环境发生了深刻变化,财政政策的目标任务、取向和路径也将进行调整和完善,即充分发挥财政政策功能,促进经济的又好又快发展。

5.1　新时期中国经济增长的趋势解读

从总体来看,"十一五"期间,中国经济仍然位于高位运行态势,经济持续增长的基础坚实、动力强劲,但在新时期,世界和平与发展、经济全球化和贸易自由化以及资源、市场、技术、人才的竞争问题交织在一起,将使世界经济环境变得错综复杂,对我国经济社会安全提出了新的挑战。与此同时,我国的经济运行环境及经济形势也发生了重大变化,不少深层次结构性矛盾日趋显现,粗放型增长方式的问题日益突出,制约了经济的持续健康增长。这些影响经济持续增长的关键因素、潜在问题都应进入我们的研究视野。

5.1.1　新时期中国经济增长的基本判断

改革开放以来,中国经济建设取得了巨大成就,国民经济基本保持了平稳较快增长。近 30 年来,中国经济经历了年均增长速度达 9.4% 的高速增长期,GDP 总量从 1978 年的 3624 亿元增长到 2006 年的 209407 亿元,增长了 57.8 倍,人均 GDP 从 378 元增长到 15760 元,增长了 41.6 倍。

表5.1　中国近五个五年计划时期年均经济增长率①

六五	七五	八五	九五	十五	1978—2006年均经济增长率
10.78%	7.92%	12%	8.26%	8.8%	9.7%

而且从各个方面看,虽然20世纪90年代后期,中国GDP增长速度有所减缓,但并未改变中国经济持续快速增长的历史趋势,特别是近几年中国经济继续保持了高经济增长与低通货膨胀的良好格局,在将GPI指数上涨率控制在3%以下的同时实现了9%以上的实际GDP增长速度,这表明中国经济已经进入了新一轮的增长通道。可见,在本轮经济周期的扩张惯性下,中国经济在"十一五"时期延续高位运行态势是值得期待的。这种形势判断还基于推动中国经济增长的有利条件:目前,中国经济发展处于从重工业化阶段向高加工度化阶段过渡的工业化中后时期,仍然具有持续快速增长的潜在能力,可望在2006—2010年保持接近9%的潜在GDP年均增长速度②。中国经济经过近20年体制改革、对外开放与经济增长三重转型方面的长足发展,已经奠定其持续快速增长的制度、市场和资源基础。

(1)制度结构。我国社会主义市场经济体制基本形成,市场经济的基础框架已初步确立,市场配置资源的功能和基础性作用日益增强;同时,政府对经济的控制从微观到宏观、从直接到间接,干预的总量、频率和幅度越来越小,干预的方式越来越优化,调控水平和效率越来越高。目前,我国经济的市场化程度超过60%,经济运行的微观基础发生了根本性变化,在公有制经济主体地位保持不变、其控制力和影响力不断增强的同时,非国有经济和民间投资也迅速壮大,以年均20%左右的速度高速增长[101]。据统计,2003年非国有企业在工业增加值、出口和固定资产投资中的相应占比分别达55.1%、68.5%和63%,2004年分别为57.6%、74.1%和60.9%[102],说明市场机制的调节作

---

① 以上数据来源于国家统计局公布数据,部分为计算而得,本章中其他数据如无特殊注明,数据来源渠道均为国家统计局。需要说明的是,2006年1月国家统计局对1993年以来的GDP增长速度进行了修订,从修订结果看,基本大于原有数据,故对本章的数据分析没有实质性的影响,因此,为使数据具有可比性以及减轻数据统计难度,本章选用的数据均为修订前的数据。

② 中央"十一五"规划中提出了2010年国内生产总值比2000年翻一番的目标,据此测算,"十一五"期间中国经济增长年均增长率将达到8%。但很多专家也指出这一增长速度实际是一个比较保守的增长速度,实际速度将达到8.8%左右,甚至超过9%。

用明显增强。随着在资源配置中市场机制主体地位的确立,微观经济层次的效率导向必然演化出宏观经济层次的增长目标。

(2)市场容量。工业化、城市化和外向化成为推动我国经济高增长的主导力量:重化工业与城市化过程已经并将继续产生巨额投资需求与消费需求,而外向型经济的长足发展也成为我国经济强势增长的主要动力之一。

从工业化进程看,按照钱纳里模型,我国正处在重工业加速发展的工业化中期阶段,将同时呈现在总量上规模扩张和份额提高,在结构上重工业部门比重和加工度提高,在路径上传统工业和新型工业化交织等特征。20世纪90年代以来,我国重工业增长速度明显加快,到本世纪初更为明显。"十五"时期,我国第二产业增加值占国内生产总值比重由2000年的50.2%,提高到2004年的52.9%,提高2.7个百分点,2005年重工业占工业增加值比重已高达60.2%。重工业的加速发展,使钢铁、机械、汽车、煤炭、房地产等几大行业呈现高增长的态势。2003年在GDP增幅的9.1个百分点中,工业占6.5个百分点,工业增长对GDP增长的贡献为71.6%。在新时期,我国新一轮工业化将以居民消费结构升级形成的市场需求为基本动力加快发展,其深度和广度远远超过20世纪50年代"优先发展重工业"和90年代初中期加强基础工业和基础设施建设先导的重工业发展两个时期,并且新一轮工业化是在开放环境下推进的,可以更好地发挥我国比较优势与利用国际资源和技术有效结合起来,发展的条件和空间都要好于以往[103]。

从城市化进程来看,近几年城市化进程明显提速。1987—1998年,我国城市化率年均提高0.77个百分点,1988—2002年,城市化率年均提高1.43个百分点,"十五"时期五年累计提高约7个百分点,平均每年提高1.4个百分点,2005年城市化率达43%左右。这充分表明我国正处于城市化加快发展的重要时期,而城市化水平每提高1个百分点,新增加城市人口大约1500万,相应又需要1200多亿元城市基础配套设施投入,并可拉动最终消费增长1.6个百分点,对需求的拉动直接而又明显,可带动经济增长1.9%。可以说,城市化引致的基础设施投资和消费结构的升级是带动经济强劲增长的主要力量。在未来,农村劳动力将继续大规模向城市转移,并将形成巨大的城市基础设施建设投资需求,以及城市人口增加带来的消费市场需求,从而推动城市化继续快速发展[104]。

从经济外向化来看,随着我国加入WTO,对外贸易一直保持持续快速增长的态势,"十五"期间,我国出口年均增长30.1%,进口年均增长28.3%,分别比"九五"时期高出 19.2 个和 17.6 个百分点，是历史上我国对外贸易快速发展时期。2006 年我国出口 9691 亿美元，增长 27.2%，进口 7916 亿美元，增长 20.0%，保持了良好的发展势头。外贸依存度加速上升，由 2001 年以前的 30%—45% 提高到 2002 年的约 50%，2003 年达 60%，2005 和 2006 年已接近 70%。2003 年我国跃升为世界第三大贸易国。在吸收外商直接投资的同时，我国对外直接投资也开始较快增长，到 2005 年达到 69 亿美元，约为吸引投资额的 10%，2006 年我国对外直接投资额比上年增长 31.6%。这都说明开放因素已成为经济发展的重要推动力[105]。

（3）资源供应。在资本市场日益繁荣、融资环境较为宽松的条件下，较为丰富的自然资源和劳动力资源以及高储蓄率带来的高积累、高投资成为我国经济增长的重要源泉，为中国经济的增长做出了重要贡献。1979—2005 年我国经济年均增长约 9.4%，要素投入增加对其贡献了 48.3%，拉动经济增长 2.63 个百分点，其中资本投入增加贡献 27.9%，拉动经济增长 2.63 个百分点；劳动力投入贡献 20.4%，拉动经济增长 1.92 个百分点。中国五大资本（指物质资本、人力资本、自然资本、知识资本、国际资本）加总形成的总资本占 GDP 的比重，1980 年为 23%，1990 年为 43%，2000 年提高到 67%，到 2003 年进一步提高到 81%，增长速度远高于同期 GDP 增长速度。总资本代表一国的广义储蓄水平，其持续大幅度提升，说明中国经济增长的内在驱动力不断增强，同时昭示支持经济增长的长期潜力也在持续提高。此外，低利率时代的国际资本市场也为我国经济增长保证了充裕的资本供应。这种要素高投入，结合高储蓄率产生资本劳务增加，所带来的高增长，在我国漫长的有较强投资需求的初步工业化过程中有着极其重要的意义[106]。

从上述分析可知，中国经济规模不断扩大，经济增长的"基数"不断提高，经济景气循环处于新一轮周期上升阶段特征较为明朗，"十一五"我国经济可望继续平稳较快增长[107]。据专家研究，我国经济从 2010 年前后，将进入新一轮增长周期。同上个 20 年相比，新一轮增长周期的驱动力量——消费结构升级、城市化加快、全球产业转移和投资加速，其发展态势都具有很好的市场化特征，也具有很强的持续性特点，尽管可能会受到中短期需求波动导致的经济周期（贸易周期、投资周期）影响，以及宏观政策和短期冲击性因素导致的经济波动，但我国中长期经济发展驱动力量依然强劲[108]。正是基于此种判断，在党中央提出的第十一个五年计划中提出了"2010 年人均国内生产总值比 2000 年翻一番"的宏伟目标。"十一五"时期中国经济将以动态均衡、总体和谐、可持续性为特征平稳较快增长。新一轮的经济快速增长将具有较强的可持续性,各年经济增长速度可能会有短期的起伏波动,但不存在大起大落的强周期波动,也不存在某一时点对另一时点的"增长透支",总体将在适度增长区间内平稳较快运行,并且城乡之间、区域之间、产业之间以及各经济主体之间的发展比较协调、和谐,互相之间差异仍会保持在可接受的范围内。

5.1.2 新时期中国经济增长的制约因素与经济增长方式转变

5.1.2.1 经济增长与结构性过剩并存

当前,我国经济发展进入一个新的"增长困境",这就是在高增长低通胀的基础上,出现既绝对增长又相对过剩的局面。表现在,一方面为了实现全面建设小康社会的目标,加快我国现代化的进程,必须保持经济以较快的速度增长,这是现阶段解决中国所有问题的关键。但另一方面,经济增长又面临有效需求制约下的相对过剩的风险,表现在城乡居民消费增长速度长期落后于GDP增速。按当年价格计算,1990—2003 年我国 GDP 年均增长 15.3%,同期全社会居民消费总量年均增长 13.8%,低于 GDP 增长 1.5 个百分点;在最终消费构成中,居民消费明显偏低。20 世纪 90 年代以来,世界平均消费率(政府和家庭消费)在 78% 左右,而我国的最终消费率仅在 60% 左右(2002 年为58.4%)。国际经验表明,在人均 GDP 达 1000 美元左右时,其居民消费率一般在 60% 左右。但 2003 年我国居民消费率仅为 43.4%;消费对经济增长贡献份额持续大幅度下降,从 2000 年的 73% 下降到 2001 年的 48%、2002 年的40%、2003 年的 38%[109],2005 年中国最终消费占 GDP 的比重仅为 52.1%,居民消费率也下降到 38.2%。这种"增长困境",使得经济越是快速增长,总供给能力越增强,总量过剩趋势越明显,由总量过剩累积的问题越突出。特别是随着我国与世界经济的联系程度加深,国际市场需求变化和价格波动,对我国产业发展的影响越来越大,经济大幅波动的威胁依然存在。

5.1.2.2 "高增长"与"高成本"并存

我国经济增长方式没有实现根本转变,以"高投入、高消耗、高污染和低效率"为特征的粗放型经济增长格局还在继续,经济整体素质不高。我国用近 50 亿吨的自然资源创造了 1.6 万亿美元的 GDP,而日本用 20 亿吨的自然资源创造出近 5 万亿美元的 GDP。这使我国经济发展同时进入"高增长期"

和"高成本期"。一方面我国经济仍处在经济增长周期的上升阶段,经济仍会以较快的速度增长;另一方面经济增长的可持续性递减,经济增长的约束条件增加,发展的总成本进一步提升,甚至超过了国内资源和环境的承载能力[110]。近年来能源、资源消耗迅猛增长,资源和环境压力加大,供需缺口越来越大,对国外的依存度不断攀高。在全球能源、资源供给偏紧和价格趋升的情况下,如果我国继续保持低效益、粗放型的经济增长方式,资源约束和生态环境质量将成为未来发展的严重障碍。

5.1.2.3 经济增长的非均衡趋势明显

改革开放以来,由于我们在经济发展中采取的是非均衡性政策,使得一部分地区率先发展,形成了较为明显的经济发展水平差距。一部分地区、企业和群体处在发展的优势地位,而使另一部分地区、企业和群体处在明显的弱势地位。经济发展的成果不能惠及到社会各个方面,不同的地区、产业、群体在经济增长中所获得的收益明显不同,往往是条件越优越获益就越大,从而进一步拉开了已有的差距。国家统计局公布的数据,2003 年城镇居民占总体 20% 的最高收入组与占总体 20% 最低组的收入之比由 2002 年的 5.1:1 扩大到 5.3:1。根据联合国开发计划署统计数字,占总人口 20% 的贫困人口占收入或消费的份额只有 4.7%,而占总人口 20% 的富裕人口占收入或消费的份额高达50%。用衡量贫富差距的"基尼系数"来看,中国目前"基尼系数"已经超过0.45,达到收入分配差距可以容忍的上限。而从地区发展差距来看,2001—2003 年,中部地区 GDP 年均增长率低于东部 1.8 个百分点,低于西部 0.4 个百分点。在 2003 年全国经济增长前 10 个省份中,东部 5 个,西部 3 个,中部仅 2 个。中部六省 GDP 占全国的份额由 20.2% 下降到 19.5%,下降 0.7 个百分点,东、西部则分别上升 2.5 和 3.8 个百分点。反映在人均 GDP 水平上,1998 年中部地区人均 GDP 相当于全国平均数的 88%,1990 年下降到 83%,而到了 2003 年,中部地区只相当于全国水平的 75%,中部地区与东部地区的GDP 差额比扩大了六倍[111]。

5.1.2.4 经济增长的自主驱动力不足

改革开放以来,我国科技发展水平和产业结构的技术构成发生了重大变化,劳动力素质也有了明显提高,但总的来看,面对日新月异的科学技术变革,面对日益强化的资源环境约束,面对以创新和技术升级为主要特征的激烈国际竞争,我国自主创新能力薄弱的问题已经日益成为经济增长的严重制约瓶颈。一是随着国际分工地位的变化,越来越难以继续依靠引进技术来支撑新兴产业的发展,国内自主技术储备不足和自主创新能力不足的矛盾趋于突出,面临技术供给的"瓶颈"制约。二是随着收入水平提高和生产要素成本的上升,劳动力、资源和土地等自然要素对经济增长的边际贡献率出现递减,而包括技术、人力资本等非自然要素的边际贡献率明显上升。如果我们仍然停留在单纯依靠传统比较优势,就难以改变依靠低成本劳动力换取微薄利润,依靠大量消耗不可再生资源和数量扩张来维系高增长的局面将越来越难以为继,经济较快增长也将缺乏持续动力。我国科技进步对经济增长的贡献度不足30%,明显低于发达国家60%—70%的水平;在全世界近50个主要国家中,我国科技创新能力仅居第24位,排在印度和巴西之后;我国对外技术依赖度高于50%,而美国、日本都在5%以下,关键技术和核心技术受制于人的现象非常明显,这种状况必须尽快扭转[112]。

5.1.2.5　经济增长受到改革开放带来诸多不利因素的制约

经过20多年的努力,我国的社会主义市场经济体制初步建立,公有制为主体、多种经济成分并存的基本经济制度已经确定,市场机制已经对资源配置发挥基础性作用,全方位、多层次、宽领域的对外开放格局已经形成。但必须看到,改革任务尚没有完成,社会主义市场经济体制尚不完善,支撑这一新体制的一些重要支柱,包括现代产权制度、信用制度和社会保障制度还比较薄弱;有些深层次问题,如国有经济布局战略性调整和国有企业战略性改组的任务尚未完成,要素配置还存在比较明显的双轨制特征,政府在市场经济中的定位和职能转变问题还没有取得突破性进展。经济社会发展中很多尖锐的矛盾和问题,根源就在于改革不到位和体制不完善。同时也应认识到对外开放中的不和谐因素,给经济增长带来不利影响:一是经济的外资化倾向加剧。2002年我国外资流入1283亿美元,而2003—2005年,我国资本流入分别为2196亿美元、3433亿美元、4148亿美元。目前我国利用外资占GDP的比重已超过40%,大大高于其他亚洲国家,在一些领域外资已形成优势,这将使经济增长的承受能力、市场矛盾和资源矛盾、资金矛盾与以往大为不同,对于加强国民经济的控制力也将带来不利影响。二是经济的外贸依存度提高。有专家预测,在今后5到15年,我国的外贸依存度仍会在现有水平上有所提高,这意味着我国对国际市场的依赖程度加强,贸易摩擦和潜在的市场风险也可能加大;

特别是随着金融、证券等服务业领域的开放，资本流动性和市场投机因素也会增加。外部环境的不确定性对我们的制约也可能加大。三是价值的逆向转移明显。我国外贸持续高速增长，但出口增长主要以量为主，加工贸易比重高，拥有自主知识产权、自主品牌、高附加值的产品比重低，国际竞争力不强；利用外资与国内产业结构调整和增强自主创新能力相互脱节。有资料表明，2004年中国本土制造业在工业增加值中的比重大幅度下降，从 42.1% 跌落到26.5%。我国出口 177 亿件服装，平均每件服装的价格仅为 3.51 美元；出口60 亿双鞋，平均每双鞋的价格不到 2.5 美元。这种低价值出口使我们在付出了大量能源和资源成本的同时，却使价值大量转移[113]。

5.1.2.6　经济增长受到社会发展矛盾的约束

随着经济总量的迅速扩大、城市人口持续增加、居民消费升级，我们不仅要面对上述问题带来的成本增加和未来风险，还要重视社会发展矛盾对经济增长的潜在约束。体现在：财政对教育整体投入严重不足，城乡居民家庭负担偏重，财政教育投入占 GDP 比重不断下降，2003 年下降到了 2.5%，教育支出占财政总支出在 2002 年下降为 11.99%；失业率上升较快，失业人口每年保持近百万的增速，至 2004 年年底，城镇登记失业人数达 827 万人，登记失业率达 4.2%；养老金个人账户"空账"运行问题始终未能得到解决，经济社会发展潜伏隐性风险；卫生预防保健资源向社会倾斜，公共财政在其中严重缺位等等。这些民生问题不同程度影响到和谐社会构建，而解决这些矛盾不仅需要自上而下地有力推动，还需要社会主体广泛参与，形成一个社会成员公平参与和共享改革成果的环境，避免和化解利益调整过程中的各种社会矛盾的积聚和激化。此外，社会利益主体多元化，在利益调整上达成共识的难度将加大。在物质生活改善后，人民对民主权利、保护自身利益和参政议政的要求更高。这些问题处理不当不但会约束经济增长潜力的释放，还会使潜在的矛盾显性化，容易引发社会动荡和系统性风险。

这些制约因素在 2006 年的经济态势中依然存在。2006 年国内生产总值209407 亿元，比上年增长 10.7%，维持了较高的经济增长率，而这种高增长的背后是种种难以解释和解开的难题：一是投资拉动型的粗放经济增长模式难以持久。2005 年以来，中央采取多项宏观调控措施以抑制投资过快增长，然而效果却不明显，2006 年全社会固定资产投资 109870 亿元，比上年增长24%，本已在宏观调控下回落的钢铁、水泥、有色金属、房地产等行业，投资全面反弹,这增加了经济运行的风险。二是受资源约束的影响越来越大。近年来,受各方面因素影响,国际能源、有色金属、铁矿石等重要战略资源价格猛涨,其中,国际油价已经长期在 70 美元左右高位运行。而根据 2005 年统计,中国对石油进口的依存度已经超过了 60%[114]。与此同时,根据国家统计局公报,2006 年中国单位国内生产总值能耗同比下降了 1.23%,远未达到下降4% 左右的年初预定目标。三是经济增长并未带来就业压力的缓解。目前,中国经济出现了高增长、高失业、低物价的怪圈,这不但是传统凯恩斯理论无法解释的,也不同于西方国家在 20 世纪 70 年代出现的滞胀。2006 年,根据城镇登记失业率 4.1% 计算,失业人口达到 1139 万,加上农村需要转移就业人员以及很大部分未登记失业人员,其规模会更加庞大,更让人担忧的是,出现了很大一部分高学历毕业生一毕业就失业的现象。四是产能过剩与内需不足并存的矛盾。长期以来,我国经济投资与外需驱动的特点十分明显,并且投资也主要侧重于对公共基础设施建设投资和工业的投资。而公共基础设施建设对钢材、水泥、设备等重工业产品需求强度较大,工业投资通过土建和设备安装直接形成了产出能力,大大促进了相关产业的超常规发展。与这些重工业产品供给大幅度增长相对应的是,城市基础设施建设对钢材、水泥、设备等工业产品需求强度已经逐渐减弱,产能增长与市场需求的矛盾不断凸显。如目前我国钢铁行业 2005 年末产能 4.7 亿吨,2006 年又形成新的产能 7000 万吨,而国内需求只有 3 亿多吨;全国水泥行业产能近 13 亿吨,需求约 10 亿吨,而且过剩的产能还在不断累积。在国内产能不断过剩的同时,居民储蓄偏高、消费率偏低问题始终没有明显改善,市场消费增长乏力。1999—2005 年,我国每年居民的储蓄增加额都显著大于消费增加额,城乡居民储蓄总额越来越大,如 2000 年,城乡居民储蓄增加额是当年社会消费增加额的 1.36 倍,而 2005年同类指标已高达 2.8 倍。到 2006 年末,城乡居民储蓄总额已经达到 16.66万亿元,全国各项储蓄存款更高达 34.81 万亿元。五是贸易和资本项目"双顺差"继续扩大,对外贸易不平衡压力加大。2006 年我国外贸出口增速为27.2%,仍高于进口增速 7.2 个百分点,顺差达 1775 亿美元,比上年增加 755亿美元,贸易顺差大幅度增长,加剧了对外贸易不平衡。并且,我国长期以来保持资本项目的顺差主要是外商直接投资,2006 年上半年,我国资本和金融项目顺差为 389 亿美元,外汇储备余额增加 1222 亿美元,达到 9411 亿美元,全年国际收支经常项目、资本和金融项目仍保持双顺差,国家外汇储备保持增长。目前我国已基本形成一种以外资为主导、出口加工贸易占支配地位的国际贸易格局。这种格局将造成贸易摩擦大量增加，人民币升值压力加大，另外，经济对外依存度偏大，在一定程度上影响了我国发展的外部环境，为我国宏观调控增加了难度。2007 年以来，经济增长由偏快转为过热的趋势越来越明显，贸易顺差过大、信贷投放过多、投资增长过快"三过"问题仍然突出；高耗能产业增长偏快，节能减排形势依然严峻，物价上涨压力持续加大，CPI 升幅过大，通货膨胀可能成为新的经济不稳定因素。

可以说，当前经济运行中的矛盾和问题，究其根源在于粗放型增长方式尚未得到根本转变。"快"成为中国经济增长的显著特征，速度已不是经济增长的主要矛盾。但中国也为多年来的"粗放型"快速增长方式付出了代价。这种"高投入、高消耗、高排放、高污染、低效率、低产出、经营粗放、管理粗放、结构失衡"的经济增长方式，直接造成了供求矛盾突出、资源浪费严重、环境压力日益增大、经济结构失衡、比例失调、民生问题突出等，严重制约了经济增长潜力的发挥以及整体素质和效益的提高，需要从根本上转变经济增长方式。

5.1.3 新时期促进我国经济增长的主要任务：又好又快发展

影响新时期中国经济持续增长的主要矛盾根源于增长方式问题、结构问题、制度问题。现实要求我们防止片面追求和盲目攀比经济增长速度，切实转变增长方式，从主要依靠增加投入、追求数量，转到主要依靠科技进步和提高劳动者素质上来，转到注重质量和以提高经济效益为中心的轨道上来，既要有经济增长的"量"，又注重经济增长的"质"，即实现经济又好又快发展。而要实现这一任务，需做到：一个发展重心、三种关系协调。即以推进产业健康发展与技术自主创新、提升综合实力和核心竞争力为重心，促进速度、质量、效益相协调，消费、投资、出口相协调，人口、资源、环境相协调，

5.1.3.1 推进产业健康发展与技术创新

要加快产业结构升级，在稳定农业增长的基础上，以加快钢铁等产能过剩行业结构调整为突破口，提升工业发展规模水平和质量水平，特别是要加快拥有自主知识产权的制造业的发展，提高国家工业的综合竞争能力；要促进服务业快速健康发展，尤其要在充实、加强传统服务业基础上，拓宽服务领域，提高服务层次，加快发展包括科技信息、文化教育、医疗保健、金融保险、社会中介等在内的现代服务业的发展水平和综合竞争能力，逐步形成结构合理、功能完

善、生产主导的服务体系;要以产业集群为重点,形成一批集中度大、关联性强、集约化水平高、专业化协作能力优的产业集群;以产业技术创新和推广应用为重点,大力发展能够提高产业竞争力、促进新型工业化、实现可持续发展的应用技术、共性技术和关键技术,促进国家技术创新能力的提升,加大技术进步对经济社会协调发展的贡献程度。

5.1.3.2 实施新型工业化战略

要走新型工业化道路,强化分工和专业化,实现工业精细化、品牌化发展,改变低水平重复建设的工业发展模式,延长产业链,强化深加工,提高工业附加值形成能力和质量水平;加快信息化带动工业化,用信息技术改造传统产业,发展高新技术产业,促进制造业升级;加快研发、设计、工艺和网络化发展,大力开发出科技含量高、能源资源消耗少、环境成本低的新技术、新能源、新材料、新产品,建立以质量促发展的工业增长机制。

5.1.3.3 加快人力资本开发、积累和利用

大力实施人力资源优先开发、管理和利用,加快人力资本积累,不断提高人力资本对国民经济增长的贡献。要加大知识产权保护和对技术创新的支持力度,特别是加强对自主创新能力的培育,大力推进原始创新、集成创新和消化吸收再创新,显著提高人力资本对经济增长和社会发展的贡献程度,使人力资源开发更加符合走新型工业化道路和全面建设小康社会的要求;建立一个自由选择、竞争和多元化的人力资本形成机制,鼓励各类人才的自主技术开发和自由的创业、创新活动,努力使人力资本的培育、积累与合理利用形成良性循环;加强和改善人口、扶贫、教育工作,大力发展义务教育、职业教育,公平配置公共教育资源,在贯彻国家人口发展战略过程中形成合力。

5.1.3.4 发展循环、节约型经济

要发展循环、节约型经济,降低经济增长的成本,推进资源节约和综合利用,加大生态建设和环境保护力度,缓解能源、资源瓶颈矛盾,建立高效节约型的社会。要大力发展清洁生产,促进废弃物循环使用,在生产和消费中实现资源的减量化、再循环、再利用,还要着力推进可再生能源、新能源的开发和利用;要改进资源型产品的设计、制造工艺和流通方式,提高资源的综合开发利用水平;要继续实施重点节能工程,在重点工业、领域、产业园区和城市积极开

展循环经济试点,鼓励企业循环式生产,推动产业循环式组合,支持冶金、化工等行业的工业废物综合利用和再生资源回收利用;在新上项目和工业园区建设中,要充分考虑资源的循环利用,建设生态型工业园区;国家要制定相应的法律法规、优惠政策,促进循环经济的推广和升级。

5.1.3.5 提升对外开放的层次、质量和水平

进一步发展开放型经济,以扩大开放促进国内经济增长。积极转变外贸增长方式,优化进出口结构,鼓励高技术和高附加值产品的出口,控制能源消耗大、环境成本高的产品出口,同时适当扩大进口,更多地引进先进技术和关键设备,增加重要资源性产品进口,合理缩小贸易顺差,促进国际收支基本平衡。积极开展多种形式的国际区域经济合作,继续实施市场多元化和以质取胜战略,增强开拓国际市场和运用国际资源的能力;充分运用国际惯例,通过发展对外贸易促进国内经济结构调整,提高引进外资质量并与发挥我国比较优势和增强自主创新能力结合起来,在更多的产业领导培育竞争优势,促进国内企业和产业增强核心竞争力;通过实施"走出去"战略,深化区域经济合作,改善贸易环境,防范国际经济风险。

5.1.3.6 以扩大内需为主导,促进投资和消费的协调

坚持以内需为主导,充分有效利用内部发展要素,在保持合理的、相对稳定的投资水平的前提下,更加重视扩大消费的作用,提高消费对经济增长的贡献率,促进经济增长模式由投资主导型向消费主导型转变。要遵循工业化和产业结构升级的客观规律,着力健全经济运行机制,促使投资和消费协调互动;要用政策工具减小收入分配差距,扩大消费者收入来源,特别是农民和低收入者的收入来源,以提高其购买能力,扩大农村市场,加强农村基础设施建设,扩大农村的投资与消费模式;要稳定消费预期,如建立包括医疗、养老、失业和救济的惠及大众的社会保障制度,给中低层收入消费者以良好的消费预期和保障;要优化消费环境,提高消费领域的服务质量和服务水平,挖掘居民消费潜力等。

5.1.3.7 加强公共服务,兼顾各方利益

统筹兼顾各方利益关系,扩大社会就业,发展社会事业,调整收入分配关系。要为社会各阶层包括弱势群体提供一个公平参与和共享成果的制度环

境。要强化政府的公共服务和社会管理职能,推进由经济建设型政府向公共
服务型政府转变,加大对公益性社会事业的投入力度,切实解决失业、贫困、社
会保障、教育、公共医疗和社会分配等方面的问题,使政府掌握的资源更多地
投向公共产品和服务领域,并积极鼓励和引导其他社会力量参与社会管理和
社会服务;加大对服务业、非公有制企业、中小企业、劳动密集型企业等就业增
长点的扶持力度,发展和开发公益性就业岗位,鼓励独立创业;完善按劳动和
其他生产要素进行分配的激励机制,同时努力将收入差距保持在适当范围内,
维护社会公正,整顿分配秩序。

5.2　新时期财政政策促进经济又好又快发展的总体思路

"好"即质量和效益,与"快"即数量和速度,是社会经济发展的两个基本
面。社会总产出增加、结构调整优化、增长方式转变、管理模式进步、社会福利
水平增进无不围绕着两个基本面进行。而"科学发展观"、"构建和谐社会"、
"可持续发展"理念体现了当前经济增长、社会发展和价值体系的高度统一,
短期利益和长远福利的高度协调,凸显了现任政府执政的新理念、新导向、新
境界,更是实现经济社会又好又快发展的内在需要。我们应以科学发展观为
指南,以可持续发展为目标,以和谐社会为归宿,进一步推进各项改革和制度
创新,充分发挥财政政策的功能作用,坚持科学发展和社会和谐的有机统一,
努力实现发展速度和质量效益同步提升。

5.2.1　以科学发展观为指南

科学发展观是我们党从新世纪新阶段党和国家事业发展全局出发提出的
重大战略思想,是我们推动经济社会发展、加快推进社会主义现代化必须长期
坚持的重要指导思想。

科学发展观强调以人为本,注重统筹兼顾,注重经济社会全面、协调、可持
续发展,促进经济社会和人的全面发展。反映在经济增长上,既需要加快经济
发展,又不能单纯追求 GDP 增长;要以科学的精神和态度看待国内生产总值,
防止片面性和绝对化;要把加快经济发展,建立在优化结构、提高质量和效益
的基础上;要真正认识到忽视增长的质量和效益,不惜浪费资源和破坏环境,
片面追求一时的高速度,势必会造成大的起落,不能实现真正的发展,只有有

质量、有效益的发展,才是科学的发展,才真正体现了发展的硬道理。

财政政策是宏观调控的重要手段,也是履行政府职能的基本工具。在新的时期,科学发展观是实施政府职能的重要指导思想。自然地,科学发展观也应该成为贯彻财政政策和推动财政体制改革的指导思想[115]。

财政政策促进经济持续增长,必须以科学发展观为指导思想,把促进科学发展作为财政工作的出发点和落脚点,树立全面、安全、协调的科学理财观,统筹生财、聚财、分财、管财、用财等各个环节,实现效率和公平目标在更高层次上的结合。首先,公共财政应考虑如何更好地让市场机制发挥作用,促进市场体系的完善。“十一五”及今后一个时期,财政政策应按照科学发展观的要求,遵循市场经济规律,综合运用国债、税收、财政贴息等多种财政政策手段并协调货币政策,来管理和调控市场经济活动,不断增强市场经济自主发展的动力,实现生产过程中各要素的协调、科学技术的更新和社会条件的综合运用。其次,公共财政应加强公共设施建设和公共产品供给,致力于实现由经济建设型政府向公共服务型政府的转变;实现由经济建设性主体向经济性公共服务主体的转变;实现由以 GDP 为中心向以人为本的转变;实现由单纯支持经济增长到与社会发展保持和谐的转变。再次,公共财政的发展应与经济增长相适应,政府应通过财政政策对经济加强宏观调控,对新出现的问题,如环境保护、生态平衡、社会保障等加强管理,不断消除经济社会发展中产生的不和谐因素,保障市场经济和社会运行的稳定,推动经济均衡发展和可持续增长[116]。

5.2.2 以可持续发展为目标

实现可持续发展,是贯彻和落实科学发展观的切入点和现实途径,就经济增长而言,其核心思想是,既要考虑当前发展的需要,又要考虑未来发展的需要;既要考虑经济规律,又要遵循自然规律;既要讲求经济社会效益,又要讲求生态环境效益。

以过度消耗资源和严重损害环境为代价的粗放式增长方式,不可避免地引起经济发展与人口、资源、环境越来越尖锐的矛盾和冲突,最终会导致经济增长的结构失衡,各种比例关系失调和体制性的通货膨胀。而经济一体化和新技术革命进程加快、国际经济环境不稳定、国际间经济和科技的竞争加剧等因素都给我国经济增长带来了外部压力和挑战。来自国内的增长约束和国际环境的冲击,都表明应将以数量扩展和价格竞争为主、通过增加要素投入实现的经济增长转变为以技术进步和要素效率的提高为主导来实现经济的持续增长。

在我国建立起以质量和效益为重,依靠产业结构升级和技术含量加强[117],不断增强长远竞争力和减轻资源环境压力的模式,实现具有可持续意义的经济增长,要求公共财政的配置职能要侧重于结构调整,财政政策也要发挥结构调整的导向、驱动和调节作用。通过财政收支规模、结构和方向等变动引导市场经济主体行为,对增量资金合理配置,带动存量资本的调整,纠正产业结构以及投资与消费关系的失衡,为数量和速度扩张的经济增长注入提高质量、效益和优化结构等方面的内容。具体来说,财政政策促进经济增长向高效、优化和可持续转变应采取以下措施:明确财政支持经济增长的重点领域,增加基础设施、主导产业、高新技术产业和环境保护方面的投资;使用企业所得税、税收优惠等间接干预政策来扶持优势项目和重点项目,在此基础上以财政资金作引导,带动社会资金投入,以促进资源流向生产率较高的产业,加快产业结构调整与升级;通过财政补贴、政府采购等政策手段,激励技术进步、技术创新,推进创新成果的吸收和扩散,提高产业的技术含量及附加值,从供求两方影响产业的投入产出状况以及生产要素的配置和转换效率;从改善生态资源与环境生产要素高度短缺状况的角度出发,实施促进资源循环利用的激励性或惩罚性的财税政策等等[118]。

5.2.3　以和谐社会构建为归宿

构建社会主义和谐社会,体现了经济增长、社会发展和价值体系的统一。和谐社会的提出是由我国现阶段的经济增长水平决定的,当前和今后 20 年既是我国经济的"战略机遇期"和"黄金发展期",也是社会经济的"矛盾凸显期"。只有将构建和谐社会放到重要的战略高度,处理好各种社会矛盾,才能从根本上解决经济社会不协调的问题,实现我国经济的可持续增长。

财政是政府实施宏观调控的重要手段,和谐社会的本质特征和公共财政的基本职能决定了公共财政政策在和谐社会构建中可以发挥重要作用。首先,构建和谐社会是公共财政的基本目标。构建和谐社会与公共财政总体一致性的载体是社会公共需要。社会公共需要已融合到和谐社会的内涵和特征当中，和谐社会已经成为社会公共需要的综合体，构建社会主义和谐社会体现了现阶段中国最广泛的公共需要。而公共财政活动的目标是满足社会公共需要，因此，通过公共需要这一载体，实现了和谐社会与公共财政最基本的联系，今后的公共财政活动应力求实现其目标：满足最广泛的公共需要——构建社会主义和谐社会。其次，财政政策在构建和谐社会中具有不可替代的特殊作用。财政的一个重要职能就是调节收入分配，进而对社会不同阶层、不同群体的利益关系起到一定平衡作用，以促进社会的公平和正义。财政政策通过配合国家构建和谐社会的总体政策和相应的部门、行业政策，从以人为本的原则出发，科学调配财政资源，统筹兼顾各阶层利益，建立合理的利益均衡机制来引导各经济主体的行为方向与方式，对社会经济发展过程中的某些失衡状态进行制约，对地区、行业、部门、阶层之间的利益关系加以协调，最终形成全体人民各尽其能、各得其所而又和谐相处的社会。

为了实现和谐社会的宏伟目标，财政方面需要从转变和强化财政职能出发，准确把握构建和谐社会的过程中所面临的主要矛盾和突出问题，建立与和谐社会相适应的公共财政基本框架和运行体系，发挥公共财政在构建和谐社会方面的积极作用。在配置社会资源时，更加突出公共服务，在调节国民收入分配时，更加突出公平公正，在促进经济社会发展中，更加突出持续协调。在财力安排上，要分清轻重缓急，努力找准和谐社会的重点、领域和关键环节。积极调整支出结构，突出投入重点，重点向"三农"倾斜，向社会事业发展的薄弱环节倾斜，向基层和困难地区倾斜，向困难群体倾斜，不断满足社会公共需要，努力缩小收入差距，保障市场经济和社会运行的稳定，推动经济社会均衡发展和可持续发展。

5.3　新时期财政政策促进经济又好又快发展的五个坚持

"十一五"是承前启后的重要时期，也是我国现代化发展和构建全面小康社会战略机遇期中的一个关键阶段，必须保持经济平稳较快发展，正确把握经济发展趋势的变化，保持社会供求总量基本平衡，避免经济大起大落，实现又好又快发展。根据我国目前的经济环境及经济形势变化，"十一五"时期财政政策的实施应注意突出"五个坚持"。

5.3.1　坚持"稳定政策、灵活调控"

继续实行"双稳健"的财政政策与货币政策,保持宏观经济政策的稳定性和连续性,同时注重加强"预调"和"微调",增强政策执行的灵活性和主动性,以增强财政金融这两个重要政策工具的协调,达到总量调控和提高宏观调控效果的目的,使经济增长转入较为平衡、稳健的轨道。

5.3.2　坚持"善抓机遇、积极施为"

作为宏观调控重要手段的财政,必须正确把握经济发展趋势的变化,顺势而为,主动发力,妥善解决可能妨碍经济平稳较快发展的各种问题,破解改革发展中的障碍,要抓住主要矛盾,抓准关键领域,按照"五个统筹"要求,切实加强薄弱环节,把维护和发展人民群众的根本利益作为财政工作的出发点和落脚点,达到均衡、协调发展的目标。

5.3.3　坚持"标本兼治、稳中求进"

坚持经济发展以提高质量效益为中心,实行有利于经济增长方式转变、科技进步和节约能源的财税制度,实现总供给与总需求动态平衡的同时达到促进经济结构优化,最终在发展中化解沉重的资源、能源和环境压力,实现经济整体从"进中求稳"走向"稳中求进",坚持发展速度和质量效益的有机统一,努力实现速度和效益同步增长;既避免经济增长缓慢或停滞的情况,又防止经济增长由偏快转向过热。

5.3.4　坚持"多轮驱动、多管齐下"

打好组合拳,既要不断拓宽消费领域和改善消费环境,继续优化投资结构和调控投资增速,切实转变贸易增长方式和提高对外开放水平,改变由投资单轮驱动的现状,又要用好税收、国债、利率等经济杠杆,加强财政政策与货币政策、产业政策等的协调配合,从原来的直接刺激或者抑制经济增长功能转向运用适当的政策工具维持经济增长的稳定性、健康性的"内生"要求。

5.3.5　坚持"因势利导、趋利避害"

改革不合理的制度是克服经济运行各种痼疾的核心，要积极消除可能导致经济大起大落的体制性、机制性障碍，着力深化财政改革，完善体制机制，增强驾驭经济社会发展的本领，保持经济发展的良好势头和强劲动力，抑制经济运行中不稳定不健康的因素。同时逐渐调减财政赤字和化解政府债务，合理规避财政金融风险，增强经济安全度。

5.4　新时期财政政策促进经济又好又快发展应坚持的基本取向

从财政政策对经济增长的作用机制及路径来看，我国要保持持续快速协调健康的经济增长，形成驱动经济增长的新的动力源泉，提高经济潜在增长能力和水平，实现经济又好又快发展，财政政策的基本取向应实现"四个结合"。

5.4.1　实现短期平稳与促进长期增长相结合

凯恩斯经济理论表明，利用财政政策实施反周期调控，对确保经济平稳增长的作用很大；而内生经济增长理论则表明，通过财政政策可以促进经济长期增长。当前，我国正处在工业化和城镇化进程不断加速的时期，如果没有经济的持续快速增长，社会的发展和进步也就失去了根基。但同时这一时期也是经济剧烈波动的时期，影响经济稳定的扰动性因素很多，如何既保持经济持续高位增长，又避免强幅波动，这对包括财政政策在内的增长政策安排是一种新的挑战。与凯恩斯临时性的反周期措施不同，内生增长理论更多关注的是经济的长期增长，认为长期经济增长是没有极限的，也并非是由外生因素决定的，并强调财政政策应通过促进公共资本、人力资本的积累和技术进步来影响经济增长的内生机制，以对经济增长形成广泛和持久的推动力。因此，在制定与运用财政政策时，应把促进短期稳定与长期增长结合起来，把对经济周期的适时调节与对知识积累、技术创新的长期促进结合起来，实现经济在一定的、适当的幅度内持续较快地增长。

5.4.2　重视需求管理与注重供给管理相结合

对需求约束型经济的理论分析表明,财政政策对调节社会需求的作用更大。但是,从国外的实践经验和我国的调控经验看,财政政策的作用已经不局限于需求调控,在调节经济结构中的作用也很大。鉴于我国宏观经济形势较为复杂,虽然在总体上保持了健康协调的发展,但一些结构上的深层次矛盾依然存在,表现在经济结构调整迟缓,对于财政政策的操作具有结构性要求。未来的财政政策不仅要注重需求管理,还要重视供给管理。一方面,利用财政政策的需求管理功能来干预经济发展的偏好,通过降低政府对投资的不合理激励,约束低效率的投资行为,又制定相应政策,提高边际消费倾向和平均消费倾向,把增加居民消费特别是农民消费作为扩大消费需求的重点,使过度的投资需求向消费需求转型;另一方面,充分发挥财政政策的供应管理功能,通过财政的干预和扶持来实现供给稳定和结构优化,大力促进以增强自主创新能力为中心环节的产业和产品结构调整,切实把经济社会发展转入全面协调可持续发展的轨道。

5.4.3　促进技术进步与优化要素投入相结合

对经济增长因素的分析表明,劳动力、资本、技术都是促进经济增长的重要要素。改革开放以来,要素投入包括资本积累和劳动投入,一直是推动中国近 30 年来经济增长的核心,并在较长时间内仍是经济增长的最主要源泉。但我们应认识到这种主要由要素投入推动的经济增长会由于要素的边际产出递减将变得不可持续,而提高要素投入对经济增长的贡献率,将缩小经济增长对要素边际产出递减的受限区间。并且,从长期来看,随着我国经济的进一步发展和知识经济的兴起,经济增长格局也将由要素投入主导逐步演变为由技术进步主导,需要形成有利于促进技术进步与人力资本、R&D 投资的激励机制。因此,在短期内应将促进技术进步与优化要素投入的财政政策结合起来,即在利用财政政策转变经济增长模式,优化要素投入,提高物质资本积累带来的经济增长绩效的同时;还应制定相应政策,增加人力资本投资、促进技术进步、保护和激励创新。实现由主要依靠资金和自然资源支撑经济增长,向主要依靠人力资本投入、劳动力素质提高和技术进步支撑经济增长方式改变[119]。

5.4.4　实现增长速度可控和方式转变相结合

中国经济增长实践表明,既要追求经济增长的"快",即经济增长的速度,又要注重经济增长的"好",即经济增长的质量和效益。无论是增强综合国力,提高人民生活水平,还是促进社会进步,建设全面小康社会,都需要保持一个较快的经济增长速度。同时也要认识到这个速度应当是经济效益比较好、人民群众得到实惠的速度,是资源消耗比较少、环境得到保护的速度,是经济波动比较小、增长得到持续的速度。这要求我们,一方面在经济高位运行的同时,将增长速度稳定在一个可控区间内,即根据宏观经济发展的形势和需要,有效调控社会总供给和总需求,使经济增长率的"峰位"处于适度增长区间的可控范围内,防止"大起"和"大落",不致因经济增长过热而损害资源和环境,损害经济的全面、协调、可持续发展,也要避免经济增长停滞不前,造成国民福利下降的局面;另一方面,要切实转变经济增长方式,有效提高经济增长的质量和效益,即通过市场机制优化资源配置,在保证市场竞争的规范和有序的前提下,引导社会资源配置的方向及效率结构,推动经济增长方式转变,解决增长中的效益问题;重视技术进步和高新技术产业发展,为经济增长方式转变提供智力支持,这是经济增长方式转变的核心和根本推动力,也是经济增长方式转变的决定性因素;充分发挥政府在经济增长方式转变中的作用,政府在公共福利、社会分配等方面,通过实施财政调控等手段,实现对经济活动有效、适度的干预[120]。

5.5　新时期财政政策促进经济又好又快发展的目标要求

改革开放以来,我国主要倚重的"反周期"财政政策,对抑制经济波动、保持经济平稳均衡增长起到了积极作用。但随着宏观经济形势的变化,原有政策惯性对历史路径的依赖开始受到冲击,政策所产生的沉淀成本对经济增长的负面影响也日趋明显。新时期,财政政策应有新目标、新要求。因此,必须抓住"十一五"时期经济增长的重要转机,进行财政政策目标层次、选择视野、运用艺术的积极调整和完善,以实现未来中国经济真正意义上的又好又快发展。

5.5.1　提升财政政策目标层次,增强经济增长的持续潜力

中国经过二十多年宏观调控实践历程,无论是学界还是官方,对利用财政政策实施紧缩或扩张的反周期操作,已经了然于心,但是也遭遇到了前述"逆向调节"的问题。尤其在目前,中国经济正处于转轨以来前景最为复杂、决策最为艰难的一个时期,经济运行中各项主要经济指标的背离程度不断拉大,主要表现在:投资增长大大快于消费增长,经济增长回升与失业率同时上升,通胀现象与通缩现象并存等等。这使得对经济走势的判断出现严重分歧,政策取向再次受到严峻考验,使得中国的宏观经济政策在总量调控面临两难抉择。突破财政政策的现有目标层面并使之同整个宏观经济的发展趋势相一致,成为抉择财政政策取向的关键所在。因此,从长远发展来看,财政政策的目标不能拘泥于平抑经济波动的短期效应层面,应提升到一个新的高度,即关注于长期增长潜力的可持续性,在保持稳健的前提下积极转型,大力支持研究与开发、促进人力资本开发和积累、增进公共基础投资、增强适应开放经济的主动性,既改变经济的均衡水平,又改进经济增长的速率和效率,转变经济增长方式,实现经济又好又快增长。相应的财政政策措施是长期的、持续的,而不仅仅是相机抉择的。

5.5.2　拓展财政政策选择视野,突破经济增长的"路径依赖"

在当前财政政策实践中,或多或少地存在政策措施的选择不当的问题,主要表现为"三多三少":临时应急措施多,长期制度建设少;单一、僵化的措施使用多,多元、高效的工具集合少;原则与抽象概念多,可操作、有实效的内容少。而且对经济增长负面影响较大的政府主导型投资拉动在多次宏观调控中都得到了实际运用,容易破坏稳定的市场预期,导致经济总量的大起大落。这很大程度是由于有关财政政策的选择多从计划经济体制中延续下来,受到"路径依赖"效应的影响,又往往习惯于运用直接的行政性投资扩张来刺激经济增长,或者对有关市场工具进行行政化的运用[121]。因此,财政政策在市场环境和适用工具方面都受到较大的局限,需要拓展财政政策选择视野,在改革中逐步丰富和发展财政政策手段,不断完善和创新其实现方式,政策制定和操作上降低"随机性"而增强规则性、强调"协同性"而淡化"依赖性"、注重"丰

富性"而避免"单调性"。

5.5.3 锤炼财政政策运用艺术,强化对经济增长的促进效应

目前我国财政政策体系在一定程度上存在着机制僵滞、运转不灵的问题,在政策措施的自觉选择和综合运用,以及时机选择、力度把握等方面,直接影响到"十一五"时期中国社会经济发展,因此有必要对财政政策运用艺术进一步锤炼。如长期建设国债政策是扩大内需、遏制通货紧缩的阶段性政策,应随着经济情况的变化,特别是在当前投资增长较快、通货膨胀压力较大的情况下适时适度做出调整,但这项政策一直等到负面效应显现才淡出。随着经济转型的持续推进和市场化程度的不断提高,必须建立灵活有效的财政政策运行机制,缩短决策时滞,改善并提高财政政策的效率和实施效果。根据经济增长中出现的新情况、新问题,准确把握财政政策的时机、力度、导向,有针对性地采取调整次数多、幅度小、时滞短、过程稳的点刹车模式,适时适度进行微调,不断强化财政政策对经济增长"四两拨千斤"的促进效应,保持经济稳定协调增长[122]。

5.5.4 加强政策的协调配合,提高宏观调控政策的合力

财政政策作为国家宏观调控政策的重要组成部分,调控意图的实现要通过多种机构、多个层次、各种手段的互动和配合来实现。当前,我国正处在经济体制转换时期,新旧体制的摩擦及不同部门、不同地区、不同阶层之间的利益冲突不可避免,面对日益复杂的经济关系,财政政策调控必须考虑各方面要求,综合运用多种政策,协调利益关系,促进目标的实现。其中,最重要的是要做好三方面的协调:一是政策制定与执行的协调配合。要使政府调控的意图及时传达到微观主体,通过各种传导机制使政策得到贯彻和执行,要使中央与地方的调控政策达到一致,使地方能贯彻中央的调控目标,形成全国统一的调控格局,提高调控的效果。二是宏观调控与微观主体的协调配合。最重要的是要建立利益传导机制,并提高和加快传导机制的效应,使各种微观主体,包括企业和居民个人等,能及时调整行为,达到调控目的。三是财政政策与货币政策的协调配合。财政政策与货币政策作为政府实施宏观调控的两大工具,存在着很多的差异,只有将两者有效地结合起来,才能更好地发挥其对

宏观经济的调控作用, 其配合主要表现在四点: 政策工具的协调配合; 政策时效的协调配合; 政策功能的协调配合; 调控主体、层次、方式的协调配合。

5.6　新时期财政政策促进经济又好又快发展的着力点

"十一五"时期,影响经济增长的各种有利和不利的因素将会不断发生变化,并且这些因素之间存在着一定的相互联系和相互制约的关系,在其中也存在着一个或少数几个"牵一发而动全身"、对社会经济发展影响程度最大的因子。因此新时期财政政策促进经济又好又快发展,应借鉴国外实践的相关经验,选择最为关键的七个"突破口"、着力点,以形成经济增长效应与财政政策效应的相互强化和良性循环,把经济社会发展切实转入科学发展的轨道。

5.6.1　实现稳健型财政政策转向,保持社会供求总量基本平衡

无论是凯恩斯的需求学派,还是萨伊的供给学派,研究的重点都在于探究经济周期性波动的原因与内在机制,以及如何通过经济政策工具如财政政策来熨平经济波动或减小波动幅度。可见,借助财政政策熨平经济波动、调节总需求,推动经济增长向潜在增长率接近具有非常重要的作用。随着我国宏观经济环境由冷趋热的变化,财政政策由"积极"转向"稳健",以保持社会供求总量基本平衡,避免经济大起大落,实现又好又快的发展势在必行。但由于一系列体制性缺陷的约束,财政政策的转向操作将异常艰难。实行稳健财政政策不会一蹴而就,而须经历一个渐进的过程。当前,可进入稳健财政政策视野,为经济增长铺筑平稳的轨道的若干举措有:

5.6.1.1　适当降低财政赤字和国债投资规模,防止经济增长由偏快转为过热

包括降低财政赤字占财政收入的比重和占 GDP 的比重;适当减少长期建设国债发行规模,降低财政预算的债务依存度,同时适当增加中央财政预算中经常性建设投资数量,以保证必要的政府投资项目的需要;国债投资必须退出

一般竞争性的项目和营利性领域,严格控制除中、西部开发项目外的新开工的
国债建设项目,同时也要优先保证在建项目的收尾问题。

5.6.1.2　国债投资方向的调整:从主要进行建设投资转为面向社会发展

应该减少政府在投资方面的直接支出,合理限定财政政策目标,将以往国
债资金投向从主要投资重点建设项目,按照科学发展观和构建和谐社会的要
求,向公共服务领域方面转移,更多地将政策资金用在缓解社会矛盾、保障社
会公平和建立社会保障制度方面,着力解决经济社会协调发展、城乡协调发
展、区域经济协调发展的问题。

5.6.1.3　国债投资结构的调整:从主要拉动经济增长转向兼顾调整经济结构

国债政策应该逐步从应急性的、以解决短期问题为主要目的的、较为单一
的目标选择如拉动经济增长、增加需求中退出,逐步转向以健全经济内生增长
的长效机制为主、兼顾解决短期和中长期发展的政策方面。政策的着力点应
聚焦在符合发展规划确立的战略目标、促进结构调整、确保经济的可持续发展
上。把国债资金集中用于加强结构调整和增加对社会发展薄弱环节的投入与
支持力度,以便配合中国自主经济增长能力的增强,逐步进入以消费需求为主
推动经济增长的新时期。

5.6.2　运用财税政策,推动产业结构调整和优化

一般而言,产业结构调整与优化主要从三个方面促进经济增长:一是结构
调整有利于淘汰无效需求产品,增加有效需求;二是以创新为基础的结构调整
可以通过改善供给结构促进经济增长;三是结构转换产生出新的主导产业,为
经济增长带来新的驱动力。因此,财政需要根据资源配置方式、经济发展阶段
和国家财力规模,形成稳定的财政投资均衡投入机制,着力强化财政对社会基
础设施和国民经济重要产业发展的支持。新时期,在资源、市场等多种压力
下,我国正在推进以产业升级和提高产业整体素质为主要目标的结构调整,应
充分发挥财税政策对产业结构调整和优化起到的独到作用,通过财政投资,不
仅直接集中社会资金进行重点项目建设,而且间接起到示范效应,引导社会资
源的合理流向。

5.6.2.1　调整财政支出结构，进而优化产业结构

根据国家产业政策的发展要求，进行倾斜性投资，增加对农业、能源、交通、重要原材料和水利等基础产业和基础设施投资，支持投资多、周期长、风险大的高新技术产业和新型支柱型产业，支持国有企业的改组改造；优先增加基础教育、基础科研、公共卫生、公益文化等方面的公共支出，改善投资和居民生活的环境，解决经济增长的瓶颈问题；增强对衰退产业退出的支持，对那些处于衰退中的产业提供财政政策激励，为其工作人员的转岗轮换提供培训、信息服务等。

5.6.2.2　强化财政投资导向，放大市场主体在产业结构调整中的效应

在投资主体多元化和国家财力有限的情况下，财政资金主要表现为一种引导资金，财政通过贴息、加速折旧等方式，调整引导市场经济主体的行为，牵引社会资本的合理投向，扶持在行业和地区处于领先地位的重点骨干企业和重点项目，促进企业的技术进步和增长方式的转变，支持形成有利于节约资源，降低消耗，提高经济效益的机制，鼓励中小型企业的发展，正确处理有效竞争与规模经济的矛盾，并通过财政政策的适时调整，对社会资源在三大产业的合理配置中发挥重要导向性作用。

5.6.2.3　实现税收优惠由区域倾斜向产业倾斜转变，充分贯彻国家产业政策

在流转税方面，要逐步扩大增值税转型实施的范围，尽快实现增值税由生产型向消费型转变，以解决基础产业、高新技术产业可抵扣进项税额较少、税负偏重的问题；在所得税方面，改变企业所得税按行政隶属关系征收的办法，实行统一征收，按比例分成，这样有利于企业跨行业、跨地区重组，优化企业组织结构；在运用减免税、低税率和零税率等直接税收优惠的同时，也要注意运用加速折旧、纳税扣除、税收信贷等间接优惠方式，实现产业的税收优惠调节多元化。最后，在实施产业税收优惠的同时，也应对需要限制和压缩的产业增加税收抑制力度，通过加成征收、税收附加、征收消费税、投资方向调节税等方式，促使其转产或减产[123]。

5.6.3 整合财政政策资源,打造自主创新链条

创新是一个民族进步的灵魂,是一个国家兴旺发达的不竭动力。内生经济增长理论表明,财政政策可以通过有效影响经济主体,积极地进行人力资本积累、研究开发、生产等活动,促进长期的经济增长。面对日趋激烈的国际竞争,我们必须把科学技术真正置于优先发展的战略位置,加快自主创新步伐,增强国家核心竞争力,带动我国社会生产力实质性的飞跃。而根据知识积累和技术研究的阶段不同,财政政策的支持对象、支持强度、资助排序、支持方式、途径工具都有差异,应根据各个阶段的特点,系统设计多层次、立体式、差异化的财政支持政策体系,以最终合成演化为完整、开放、互动的研究创新链条,实现自主创新活动的持续和规模化开展。

5.6.3.1 对有利于增加社会人力资本存量的公共教育活动给予重点支持和保障

一是完善我国教育财政支持政策,逐步提高国家财政性教育经费占 GDP 比重,促进教育的优先与协调发展。二是科学划分各级政府在教育投入方面的事权职责,大力强化中央政府教育财政的整体协调功能,充分挖掘各级财政增加教育投入的潜力,并尽快建立一个以客观变量为基础的、纵横交错的教育财政转移支付框架。三是应利用税收优惠、转移支付、财政补贴等财政机制引导民间投资流向教育部门,促进教育产业的快速发展。四是利用有关财税政策诱导企业采用更有利于增加人力资本存量的投资方案[124]。

5.6.3.2 实施有利于拓展技术自主创新空间的财政科技投入政策

通过增加财政对科研的直接投入,逐步扩大研发经费占财政支出的比例,使科技投入的增长与财政支出的增长速度同步;调整科技三项费用支出结构,支持科研院所启动重大科研计划,强化关键技术和核心技术的攻关,鼓励瓶颈、短板类技术的突破,努力培养前沿优势技术的原始创新和集成创新;专门配备财力,专项支持建立共性技术联盟,加强综合性、集成性、前瞻性共性技术的合作研究,通过共性技术投入的杠杆效应诱导多产业、多部门、多企业的后续 R&D 投资;通过设立各类科研基金和落实专项经费,支持企业和高校合作建立"产学研"体系,支持高新技术园区与科研院所的融合共建,支持科研咨

询、信息服务网络建设,支持行业技术中心、中介组织等技术创新基础平台建设,组织或协助企业建立以技术产权入股、参股等多种形式的 R&D 联盟。

5.6.3.3　运用各种财政机制促进技术成果外溢,实现创新技术的聚集和扩散

通过各种政策导引和扶持,积极营造有利于科技成果产业化、应用化的外部环境,利用税收豁免、优惠税率、加速折旧、财政补贴等,鼓励企业建立科技创业、科技应用、科技产业化体系,壮大自有知识产权的储备,开发有较高技术关联度和贡献率的战略产品;建立中小企业信用担保体系和风险补偿机制,降低科技投入风险,减少企业自主创新中的"试错"成本;创造多元化的投融资体系,通过财政参股、贴息、奖励等方式导引,充分积聚和优化整合民间资金,扶持一批创新型企业和科技企业孵化器及在孵企业,培育一批具有战略意义的项目载体,支持科技成果产业化。

5.6.3.4　制定相应政府采购政策,放大科技自主创新的市场效应,保证研究创新链条的延续

正是由于高科技产品生命周期短、最佳盈利期短的基本特征和最大限度解放科技生产力的需要,通过政府采购发展高科技产品,用经济手段对落后技术、落后产品、落后企业进行强制性和快速淘汰,让高科技产品在最短的时间里提高市场占有率,从根本上建立起创新带动型发展模式,已成为国际惯例。因此,我国对企业自主研发、科技含量高、附加值高的产品,制定和实施优先购买的政府采购政策,利用采购规模优势和政策功能导向的作用,提高投资研发活动回报率,提升企业自身研发的成本补偿能力和再投资能力,创造企业持续的竞争优势[125]。

5.6.4　大力支持发展循环经济,努力构建环境友好型社会

改革开放以来,我国经济增长取得了举世瞩目的成就,但增长依然是建立在高投入、高消耗、高污染基础上的粗放式增长,长此下去,必然出现资源约束加剧、生态环境破坏、经济发展失衡等问题,将严重威胁我国经济的可持续发展,建立资源节约型、环境友好型社会,加快循环经济发展迫在眉睫。财政政策支持循环经济发展关键是要立足于资源各个环节的"开源""节流"和"保

护",促进形成节约资源的氛围。

5.6.4.1 改革资源类产品的价格形成机制

将目前矿业企业无偿和有偿取得的双轨制统一改为有偿,建立矿业企业矿区环境治理和生态恢复的责任机制,强制规定企业销售收入中提取一部分资金用于矿山的环境恢复、生态补偿以及资源枯竭后的转产,这是其他市场经济国家矿产使用的一般做法,也是建立资源节约型和环境友好型社会的要求。同时,应将目前的矿产资源生产和销售过程中过低的税费标准调整为合理的税费标准,从而保证在资源开发中国家能够提取到足够的公益性资源勘探资金,形成合理的符合长期可持续发展要求的矿产品成本价格。

5.6.4.2 建立责权利明晰的污染治理机制

明确中央政府和地方政府环境保护的责任,明确企业的环境保护和污染治理的责任。按照污染者付费的原则研究提高排污费的征收标准,从经济利益上约束排污者的行为、减少污染物的排放,使企业从生产理念、工艺设计、产品设计上走循环之路。

5.6.4.3 完善税收政策,支持资源节约和环境保护

制定一系列有利于资源节约和环境保护的政策,包括企业利用"三废"等取得的收入给予适当的减免税优惠;对企业用于环境保护、节约能源和安全生产等专用设备投资给予投资抵免税的优惠政策;控制资源产品的出口,降低乃至取消部分资源性产品的退税率;积极研究修改涉及土地矿产资源等方面的税法和税收政策,等等。

5.6.4.4 进一步调整支出结构,加大对循环经济的资金支持力度

根据《清洁生产促进法》的规定,设立清洁生产的专项资金,重点支持清洁生产的规划、培训、技术标准的制定以及冶金、轻工、纺织、建材等污染相对严重行业中的中小企业清洁生产示范项目的建设。同时根据《可再生能源法》,建立可再生能源发展专项资金,重点支持可再生能源开发利用的科学技术研究、标准制定、资源勘察和示范工程等。

5.6.5　发挥财政政策功能,实现区域经济的统筹协调

区域经济非均衡发展,主要是因为区域间资源禀赋、要素结构和区位条件存在客观差异,并且不同地区的活动主体在经济增长的决策、组织、管理等方面的能力和应用水平也各有不同。为促进区域经济均衡发展,政府应在符合市场选择的基础上,根据区域经济发展差距,建立极化效应与相对均衡发展相结合的区域经济增长机制。财政政策作为政府宏观调控的重要手段,要纠正市场机制造成的经济空间结构的某些缺陷,又要在资源配置优化、产业空间布局的实施、区域经济格局的形成、公共服务水平均等化、落后地区的综合人力资本存量积累和劳动的产出效率的提高等多方面发挥作用,以达到经济增长和区域经济均衡发展两个相互关联的总目标。地区经济不协调、区域经济差距扩大是我国近几年经济运行所面临的主要问题之一。我国发挥财政功能实现区域经济的发展目标是:缩小公共服务水平差距,培植各地经济增长点,以及对相关产业进行政策扶持。因此,在财政宏观调控手段的选择上,要充分发挥财政创造经济发展环境、提供区域公共产品、开发人力资源、促进经济稳定增长和区域经济协调运行等方面的职能,在短期内减小区域发展差距,中期逐步形成经济增长极,后期实现东、中、西部经济互联互动、优势互补、协调发展的新格局,最终形成中国经济区域总体布局的均衡态势和完整结构[126]。

5.6.5.1　加大财政投入力度,加强欠发达地区的公共产品供给与服务

加大对中西部欠发达地区的财政扶持力度,如增加扶助贫困人口、农民工转移培训、九年义务教育补助、社会保障费补助等方面的投入,并从项目立项、政策优惠、资金扶持上给予重点倾斜,改善其基础设施条件和公共服务环境,逐步提高当地人民群众的福利水平,增强其自我保障能力,其中最主要的手段是加大转移支付力度,弥补落后地区财政缺口,缓解落后地区财政困难,促进地区间均衡发展。

5.6.5.2　调整财政投资重点,扶持中西部地区发展

政府投资是国家直接干预经济,进行宏观调控的主要方式之一。为解决制约中西部地区经济发展所面临的能源、交通、农业等方面的瓶颈问题[127],引导重大生产力布局和区域生产要素在空间上的聚集,增强中西部地区自我

发展能力,财政投融资应侧重于投向交通、通信、能源等生产性基础设施,以改善中西部地区的投资环境;投向教育、卫生、文化等社会基础设施,以积累中西部地区竞争力;投向具有发展基础、发展潜力的产业和产业链培育,技术创新和服务等等,以培养中西部地区的综合竞争力,加速增长极形成;投向建立资源开发补偿机制和衰退产业援助机制,支持经济转型,支持生态建设和环境保护,以增强东北地区和中西部地区的持续发展能力[128]。

5.6.5.3　调整区域税收政策,减弱经济非均衡发展的趋势

为使转移支付更加科学,有必要对现有的转移支付政策进行调整:一是逐步弱化以区域优惠为主的税收政策。逐步清理直至取消对东部各类经济区域名目繁多的税收优惠政策,统一内外企业所得税,尽量避免区域经济发展差距的进一步强化。二是实施熨平经济发展梯度的税收优惠政策。制定更加优惠的税收政策,配合以财政贴息、注入资本金、风险投资、贷款担保等多种方式,对中西部地区优势产业发展、技术创新、经济扩张给予更多扶持,形成多个增长极,实现高梯度向低梯度的转移或反梯度推移,驱动整个区域经济的快速发展。三是营造合理公平的税费环境和创业环境,避免区域间的市场封锁和资源竞争等区域贸易摩擦现象,鼓励区域间横向经济联合广泛发展,以获取分工效益和协作效益。

5.6.5.4　调整转移支付政策,缩小区域经济发展差距

一是合并简化现行的多种转移支付形式,实行以纵向转移支付为主,横向转移支付为辅,以"因素法"为依据的科学合理的均等化转移支付制度。二是加大对中西部地区一般性转移支付的力度,实行中央专项资金补助向中西部倾斜的政策,保证中西部地区享有均衡的公共服务能力。三是针对中西部各省都存在教育、文化、社会保障、环境保护等的溢出效应,研究省份之间或地域之间横向转移支付的政策措施,实现东部对中西部地区的横向财政援助。

5.6.6　完善财政政策手段,加大收入分配差距调控力度

不论是凯恩斯学派,还是内生经济增长学派,都认为影响经济持续增长的主要矛盾是消费不足和分配不均。克服分配不均,需要从分配起点和结果两个方面入手,实现社会各方面公平与效率的统一。对分配起点的调控,应创造

基本均等的发展机会;对分配结果的调控,应充分运用税收调节和预算分配等
手段,阻止社会财富向地方政府、垄断企业和民间强势集团过度集中;同时增
加对社会事业、弱势群体和低收入人口的货币支付,提高他们的购买能力和消
费水平,进而促进经济长期稳定增长。在中国,构建和谐社会、促进经济持续
增长要求公共财政侧重于理顺收入分配关系,创造良好的收入分配机制,使社
会矛盾在公平的、合理的、共享的分配机制下得以化解,让全体国民能分享到
经济发展的成果。这既是进一步鼓励和扩大消费、促进经济持续稳定发展的
需要,同时也是坚持以人为本、维护人民群众的切身利益、建设和谐社会的需
要[129]。

5.6.6.1　建立合理的收入分配机制

应支持建立与经济发展水平相适应的工资制度,清理各类不科学的津贴
和补贴,建立最低工资保障制度,形成合理的工资增长机制;建立特许经营权
制度征收特许经营权收入,将垄断收益纳入财政收入,有效调节因行业性质导
致的行业收入差距;对所有行政事业性收费实行财政"收支两条线"管理,降
低过高的收费标准,有效调节因行政事业性收费导致的部门收入差距[130];健
全有效调节收入分配的税收政策体系,改革个人所得税制并加强征管,增强其
收入再分配的调节功能;按照"国民待遇"要求统一内、外资企业所得税;对不
动产、金融资产收益以及财产的继承与赠与,通过征收房产税、利息税、遗产税
和赠与税等来进行调节。此外,以间接性和产业导向性的税收优惠取代现行
政策,调节目前日渐严重的地区收入差距和垄断行业间的收入分配不公问
题[131]。

5.6.6.2　实行向民生倾斜的财政援助政策

在财政支出方面,应本着以人为本、保障民生、增进福利的基本目标,力求
使财政政策向社会事业倾斜,特别是向我们当前十分薄弱的领域如义务教育、
公共卫生、社会保障和"三农"等方面倾斜,如按照"多予、少取、放活"的方针,
加大力度支持"三农";促进低收入群体的住房、医疗和子女就学等困难问题
的解决;支持公共卫生和医疗服务体系建设,提高疾病预防控制和医疗救治服
务能力,降低医疗成本,提高医疗服务水平;增加公共教育的投入,为公民提供
平等致富、公平竞争的机会等等,以优先满足这些事关百姓民生的基本需求,
解决关乎民众切身利益的问题。

5.6.6.3　完善财政促进就业长效机制

要实施财政补贴、税收优惠、金融支持等政策措施刺激服务业和民营企业发展,促进其吸纳更多的剩余劳动力,从而增加经济增长的就业弹性;要在坚持劳动者自主择业、市场调节就业和政府促进就业的方针下,加大对就业再就业的支持力度,继续落实就业再就业的各项优惠政策,通过调整财政支出结构,加大再就业资金投入,改善创业和就业环境。

5.6.6.4　加快建设与我国经济发展水平相适应的社会保障体系

应逐步提高各项社会保险的统筹层次,完善城镇社会保障制度,扩大城镇基本养老、基本医疗和失业保险覆盖范围,建立和完善社会保障筹资机制;积极稳妥地推进农村社会保障制度建设,推进新型农民合作医疗制度、农民最低生活保障制度和农村养老保险制度的改革试点;按属地原则逐步将异地务工的农民工纳入务工所在地的社会保障体系等,以增进社会保障的正面收入分配功能。

5.6.7　创新财政政策机制,实现经济内外均衡发展

从需求的角度看,经济增长主要取决于投资、消费和净出口"三驾马车"。而财政政策则通过财政补贴、出口退税、税收优惠等,扩大净出口,形成并带动国内外投资增加,从而对本国经济增长产生积极影响。从生产要素来看,经济增长的主要影响因素是科技、资本和劳动力等要素的增加。财政政策通过政府采购、税收减免等,依照比较优势原则优化一国资源配置,促进规模经济形成,加快本国知识与人力资本积累、传播和扩散。"十一五"时期,我国经济国际化水平将继续提高,面临的竞争压力和风险也会继续加大。财政政策设计应着眼于拓展开放广度和深度,满足开放战略对"十一五"期间外贸增长的要求,将促进外贸增长与发挥我国比较优势和增强自主创新能力结合起来,在更多的产业领域培育竞争优势,促进国内企业增强核心竞争力,促进国内经济结构和生产要素组合调整[132]。

5.6.7.1　调整出口退税目标

出口退税政策目标应贯彻中性与非中性相结合的原则,一方面在政策设

计上力求按消费地原则和国家待遇原则,向彻底的出口退税政策靠拢;另一方面,应根据效率原则,强化出口退税对适度调整外贸出口总量与结构的经济杠杆效应,尤其是在结构优化和质量提升方面,从而加快转变外贸增长方式,实现外贸可持续发展,增强国际竞争力和综合国力。

5.6.7.2　实现税收优惠级差化

改变外资企业普遍税收优惠的制度,实行税收的产业梯度优惠政策[133],对于涉及国民经济安全的产业设定较高的税收门槛,对于外资投向基础领域或高新技术产业要给予特殊的优惠,如对促进我国产业结构优化和高度化、从事技术密集型产业投资的企业,给予特别的企业所得税优惠税率。同时,在具体税种的安排上,在东北地区率先进行增值税转型的改革试点,并逐步推广消费型增值税,降低企业税负;统一内外资企业所得税,为企业创造公平的竞争环境,完善市场调节机制;规范营业税,调整和制定导向性的税率与税收优惠,以适应外资从制造业到服务业的扩展。

5.6.7.3　强化外商直接投资正效应的财政政策

一是对符合国家产业政策、由外商投资的科技企业实行一定的财政贴息;对国家通信网络、信息高速公路建设等对于科技发展有基础性作用的项目以及科技风险投资项目进行直接投资或财政参股。从而促进我国科技产业的成长,增强企业自主创新能力,促进我国整体的科技进步和经济的集约增长。二是除了继续进行国家重点基础设施建设之外,对于部分国际大财团参股的我国重点项目投资,特别是技术装备工业领域、高新技术产业领域和关系到工业基础的加工工业领域的项目投资,可以有选择地给予财政支持。三是地方财政应加大财政基础设施和基础工业投入,加快发展能源、交通、通信、城市公用事业,因为基础领域的建设和完善是吸引外资的重要手段。

第 6 章　新时期促进经济增长的区域财政政策选择："湖南崛起"的个案分析

最后，我们将研究视角投向新时期一个较小范围内的省域经济增长，对湖南省经济增长态势进行深入分析，探究"湖南崛起"的制约因素和比较优势，制定具有针对性的财政对策，以培育湖南省经济增长的内生机制，提高湖南省经济综合实力，实现经济又好又快发展，也为本书政策措施的制定提供充分的案例支撑。

6.1　湖南省经济增长态势分析

改革开放以来，湖南省经济总量和财政实力不断增长，人民生活水平也不断提高。但湖南省深处内陆，正面临着经济发展相对缓慢、工业增长基础有待夯实、产业竞争力和活力不足、收入增长较为滞后、财政实力不强、人均财力偏弱的局面。基于经济总量、产业结构、规模以上工业增加值、固定资产投资、外贸进出口总额、人均收入、财政收入、人均财政收支水平等多种因素排序测评分析，湖南省的综合实力基本处在中部 2、3 位，见表 6.1、表 6.2。湖南崛起充满希望与潜力，也面临新的挑战。

表 6.1　2005 年东、中、西部及湖南省主要社会经济指标

（单位：万平方公里、万人、亿元、亿美元、元、%）

地区	面积（万平方公里）	人口（万人）	GDP（亿元）	GDP增长率（%）	地方财政收入（亿元）	规模以上工业增加值（亿元）	固定资产投资（亿元）	外贸进出口总额（亿美元）	城镇居民人均可支配收入（元）	农民人均纯收入（元）
全国	959.7	130756	182321	9.9	31771	66425	88604	14221	10493	3255
东部地区	129.4	50505	117014	13.06	9381	45793	51896	13196	12949	4520

地区	面积（万平方公里）	人口（万人）	GDP（亿元）	GDP增长率（%）	地方财政收入（亿元）	规模以上工业增加值（亿元）	固定资产投资（亿元）	外贸进出口总额（亿美元）	城镇居民人均可支配收入（元）	农民人均纯收入（元）
中部六省	102.7	36714	37047	12.5	2253	10686	16427	416	8837	2673
西部地区	538.0	36982	33360	12.8	2247	9501	17905	454	8719	2331
湖南省	21.0	6732	6473	11.6	386	1540	2540	60	9524	3118
湖南/全国（%）	2.2	5.2	3.6	117	1.2	2.3	2.9	0.4	90.8	95.8
湖南/中部六省（%）	20.4	18.3	17.5	92.6	17.2	14.4	15.5	14.5	107.8	116.6

图6.1　2005年湖南省主要指标与全国、东部十一省、中部六省、西部十二省的比重

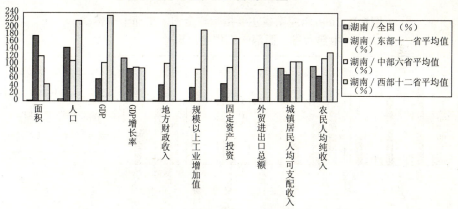

表6.2　2006年东、中、西部及湖南省主要社会经济指标

（单位：万平方公里、万人、亿元、亿美元、元、%）

地区	面积（万平方公里）	人口（万人）	GDP（亿元）	GDP增长率（%）	地方财政收入（亿元）	规模以上工业增加值（亿元）	固定资产投资（亿元）	外贸进出口总额（亿美元）	城镇居民人均可支配收入（元）	农民人均纯收入（元）
全国	959.7	131448	209407	10.7	26587	79752	109870	17607	11759	3587

地区	面积（万平方公里）	人口（万人）	GDP（亿元）	GDP增长率（%）	地方财政收入（亿元）	规模以上工业增加值（亿元）	固定资产投资（亿元）	外贸进出口总额（亿美元）	城镇居民人均可支配收入（元）	农民人均纯收入（元）
东部地区	129.4	50845	136792	16.9	11773	56568	60784	18296	14483	5850
中部六省	102.7	36894	42961	15.96	2939	13496	21272	546	9911	3210
西部地区	538.0	37082	39301	17.8	3884	12128	22412	577	9566	2577
湖南省	21.0	6768	7493	12.1	475.3	2003.2	3242.4	73.5	10504.7	3389.8
湖南/全国（%）	2.2	5.2	3.6	113	1.8	2.5	3	0.4	89.3	94.5
湖南/中部六省（%）	20.4	18.3	17.44	75.81	16.17	14.4	15.24	13.46	106	105.6

图6.2　2006年湖南省主要指标与全国、东部十一省、中部六省、西部十二省的比重

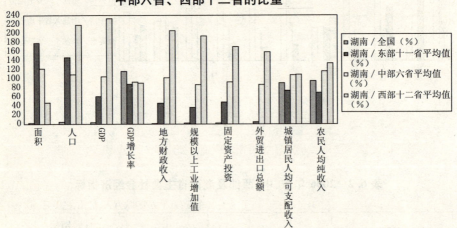

具体来说,从经济总量看:2005 年,湖南 GDP 为6473.61 亿元,居全国第13 位,居中部第 3 位,增速排全国第 20 位,中部第 5 位。其中第一、二、三产业增加值分别为1255 亿元、2604.6 亿元和2614.1 亿元,占中部六省的比重分别为20.5%、15.0% 和19.3%。2005 年,湖南人均 GDP 为 10366 元,在中部

列第 4 位。2006 年,全省生产总值为 7493. 17 亿元,增长 12. 1%,比上年快
0. 5 个百分点,居全国第 13 位,居中部第 3 位。

从产业结构看:2005 年,湖南三大产业结构为 19. 4:40. 2:40. 4,第一产业
占 GDP 比重在中部六省中最高,分别比全国和湖北高 6. 9 个和 2. 9 个百分
点;第二产业比重为中部最低水平,分别比全国和居中部前两位的山西、河南
低 7. 1 个和 15. 8 个、12. 4 个百分点,其中工业比重低 7. 8 个和 16. 3 个、12. 7
个百分点。2006 年,在全省生产总值中,三大产业结构由上年的 19. 6:39. 9:
40. 5 调整为 17. 8:41. 7:40. 5,其中第二产业增加值占全省生产总值的比重提
高 1. 8 个百分点。

从规模以上工业增加值来看:2005 年,湖南全部工业增加值为 2199. 91 亿
元,增长 15. 3%,列中部第 3 位,低于河南的 4923 亿元、湖北的 2404 亿元,其中
规模工业增加值为 1535. 9 亿元,增长 20. 6%,在全国仅排第 16 位,居中部第 4
位,比沿海的山东、广东和江苏分别少 6876 亿元、6754. 1 亿元和 6518. 1 亿元,比
中部的河南和湖北也分别少 1692. 1 亿元和 312 亿元;实现销售收入 4496. 63 亿
元,在全国仅排第 17 位;实现利润 188. 20 亿元,排到了全国第 21 位;工业经济
效益综合指数为 167. 69%,比全国平均水平低 8. 9 个百分点,排第 16 位。
2006 年,全省全部工业增加值 2667. 8 亿元,增长 16. 8%。规模以上工业增加
值 2003. 2 亿元,增长 20. 1%,在全国排第 16 位,居中部第 4 位。

从固定资产投资来看:2005 年,湖南全社会固定资产投资额为 2540. 06
亿元,在中部六省中居第 3 位,低于河南的 4378. 7 亿元和湖北的 2834. 75 亿
元;全社会固定资产投资增幅为 28. 2%。全省城镇以上固定资产投资为
2193. 64 亿元,增长 29. 8%,分别居中部第 3 位和第 4 位。非国有经济投资
1570. 87 亿元,占全社会固定资产投资比重达 61. 8%,比上年提高 4. 5 个百分
点。2006 年,全省全社会固定资产投资突破 3000 亿元,达 3242. 39 亿元,比上
年增长 26. 5%。城镇以上固定资产投资 2785. 31 亿元,增长 26. 4%。非国有
经济投资 2036. 9 亿元,增长 30. 3%;占全社会固定资产投资的比重达
62. 8%,比上年提高 1. 8 个百分点。

从外贸进出口总额来看:2005 年,全省进出口总额为 60. 05 亿美元,居中
部第 4 位,其中出口 37. 47 亿美元,增长 20. 9%;外贸依存度为 7. 2%,排全国
倒数第五,明显低于全国 62. 8%的水平。2005 年,湖南实际利用外资 23. 33
亿美元,增长 42. 5%;实际引进省外境内资金 702. 3 亿元,增长 37. 6%;实际
利用外商直接投资为 20. 72 亿美元,增长 46. 1%,分别居中部的第 2 位和第 1

位,见表6.3。"十五"期间,湖南实际直接利用外资累计达到68.2亿美元,累计合同利用外资达到124.31亿美元,FDI规模呈不断增长的良好态势,但整体规模偏小,外资依存度较低;外商投资结构分布不均,来源集中;产业配套能力不强,公共设施配套不足,投资服务环境有待改善。2006年,全省进出口总额73.53亿美元,增长22.4%,在全国排第18位,居中部第4位,其中出口50.94亿美元,增长36%;进口22.59亿美元。实际利用外商直接投资25.93亿美元,增长25.1%。

表6.3 2005年中国部分省份 FDI 数据

(单位:亿元、亿美元、%)

省份		国内生产总值	外商直接投资(FDI)	外资依存度
东部地区	上海	9143.95	68.5	6.08%
	江苏	18272.12	131.8	5.85%
	浙江	13365	77.2	4.69%
	广东	21701.28	123.64	4.62%
中部地区	湖南	6473.61	20.72	2.60%
	湖北	6484.5	21.85	2.73%
	江西	4056.2	24.2	4.84%
	山西	4121.2	2.8	0.55%
	安徽	5375.8	6.9	1.04%
	河南	10535.2	12.3	0.95%

从人均收入来看:2005年,湖南城镇居民人均可支配收入为9523.97元,列中部榜首,但仍低于全国10493元的平均水平;增长速度居全国第18位,中部第5位。湖南农民人均纯收入为3117.74元,居中部第2位,低于全国3255元和江西3266元。增幅在全国排第13位,中部排第4位;城镇居民可支配收入与农村居民均纯收入之比3.05:1。2006年,全省城镇居民人均可支配收入达10504.67元,增长10.3%,居全国第10位,中部第1位,农村居民人均纯收入3389.81元,增长8.7%,居全国第15位,中部第3位。

从财政收入来看:2005年全省完成财政总收入747亿元,比上年增加134.58亿元,增长21.7%,比2000年增加416.69亿元,增长1.29倍,"十五"期间年均递增18.07%。2005年,湖南地方财政收入386.52亿元,增长22.6%,排全国第13位,中部六省第2位;增速居全国第17位,中部六省第4位;地方财政收入只有全国排名第一的广东省的21.4%,只有中部六省排名

第　的河南省的 71.9%。2005 年,财政支出增加 517.82 亿元,居中部第 2
位,增长速度为 20.3%,居中部的第 5 位,"十五"期间年均递增 20%。2006
年全省财政总收入 891.16 亿元,增长 19.3%,其中地方财政收入 475.3 亿元,
增长 20.3%,在全国排在第 15 位,中部六省第 3 位。

从财政支出来看:2005 年,湖南省完成财政支出 865.65 亿元,比上年增
长 20.31%,2006 年,完成财政支出 1050.52 亿元,比上年增加 177.1 亿元,增
长 20.28%,为全省经济社会的协调健康发展提供了有力保障。但从支出结
构看,涉及科技、教育、卫生、社会保障、环境保护的社会公共性支出所占比重
过低,投入力度相对较弱。以 2005 年的 R&D 投入为例,全国 R&D 投入总额
2450 亿,占全国当年 GDP 的 1.34%,湖南省只有 44.5 亿,仅占湖南省当年
GDP 的 0.7%,湖南省 GDP 为全国 GDP 的 3.5%,而其 R&D 仅占全国 R&D 的
1.8%。同期广东省的 R&D 为 244 亿,湖北省为 75 亿。2005 年地方财政
R&D 拨款,湖南省为 12.3 亿,占同期地方财政支出的比重仅为 1.40%,全国
的平均水平为 2.08%,见表 6.4。

表 6.4　2005 年中国部分省份 R&D 经费支出与地方财政科技拨款情况

（单位:亿元、%）

地区		R&D 经费支出	增长	地方财政科技拨款	占地方财政支出比重
全国		2450	24.6	527.1	2.08
东部地区	北京	382.1	20.4	37.6	3.55
	河北	58.9	34.4	11.2	1.14
	江苏	269.8	26.1	35.7	2.13
	浙江	163.3	41.3	50.0	3.95
	广东	243.8	15.4	83.8	3.66
中部地区	湖南	44.5	20.2	12.3	1.4
	湖北	75.0	32.4	11.4	1.46
	江西	28.5	32.5	4.9	0.87
	安徽	45.9	21.0	6.0	0.84
	河南	55.6	31.2	13.8	1.24
	山西	26.3	12.5	6.5	0.98
西部地区	四川	96.6	23.8	12.7	1.17
	陕西	92.4	10.7	6.8	1.06
	云南	21.3	70.5	10.5	1.37

从人均财政收支水平来看：首先，在总量方面，湖南省人均财政收支水平与全国平均水平和东部地区相比存在较大差距。2003年，湖南省人均地方财政收入403.2元，仅为全国平均水平的51.85%，排中部六省第2位，排全国第24位。人均财政支出861.1元，为全国平均水平的66.13%，排中部六省第2位，居全国第27位。2006年，湖南省人均地方财政收入上升为702.2元，而全国平均水平达到了1615.1元，人均财政支出上升为1552.1元，但仍未达到全国的1786.4元。其次，在支出结构方面，由于受总的人均财政收支水平制约，湖南省在收支总量差距扩大的同时，支出结构不合理的情况依然很严重，突出表现在人均科教文卫支出与东部发达地区的差距上。再次，在转移支付补助方面，中西部一直是中央补助的大户，尽管中央对湖南省的一般性转移支付补助总数较大，但其人均一般性转移支付补助却大大低于西部地区，并且这种差距还在逐年扩大。如湖南省和陕西省、内蒙古自治区相比，1997年人均一般性转移支付补助分别为6.95元和6.99元、21.47元，和陕西省相差不大，比内蒙古自治区相差14.52元；2003年湖南省人均一般性转移支付补助为32.93元，而陕西省人均一般性转移支付补助增长为37.57元，内蒙古自治区人均一般性转移支付补助增长为69.71元，差距逐渐扩大。

从目前湖南宏观经济形势来看，全省经济增长保持较快速度，经济效益不断得到提高，经济结构不断优化，发展活力明显增强，发展基础正在夯实，发展环境正在改善，经济增长快速启动和跨越的局面已经呈现。但部分反映综合经济效益指标、总量指标、重要人均指标增长滞后，与全国平均水平相比也有一定差距。从经济稳定增长方面来看，经济总体运行态势良好，投资需求对经济的拉动依然强劲，消费出现较稳定的增长，投资和消费的结构关系基本合理，但影响经济持续稳定健康发展的结构性问题和深层次矛盾，还未得到有效解决。如全社会固定资产投资增速反弹，局部领域投资过热，而依靠投资刺激经济快速增长的空间越来越小；居民消费价格特别是生活必需品价格持续上涨，影响了居民购买力完全释放；局部供求紧张的矛盾没有得到有效缓解。从内生经济增长方面来看，湖南自主创新能力不断增强，科技研发实力明显提升，对经济社会发展的支撑和带动作用显现，虽然现实中存在投入不足等困难，但需要肯定的是，促进以人力资本积累和研发活动为依托的内生经济增长必将成为湖南发展的重要抓手，创新型经济也将成为湖南经济的首要增长点。从外向经济方面来看，湖南省对外经济向纵深发展，开放度和开放水平不断提高，外资有加速涌入迹象，对外贸易也得到持续健康快速发展，但引资、用资水平和质量有待进一步提升。由此判断,在新时期,湖南经济增长上行空间较大,基础较好,后劲较足,经济增长仍将保持在较高的平台上运行,并将接近新一轮经济增长周期的峰位,但在增长方式、增长质量和增长效益等方面还有较大改善空间。

通过以上比较和分析,我们认为在未来的五年,湖南 GDP 要达到年均增长 10% 以上,到 2010 年,总量突破 1 万亿元,财政总收入到 1300 亿元,社会消费品零售总额达到 4160 亿元,进出口总额超过 100 亿美元;三大产业结构调整为 14∶44.5∶41.5,高新技术产业增加值 1230 亿元,占工业增加值比重超过 30%,城镇化率达到 45% 左右;研究与开发经费占 GDP 比重力争达到 2%,科技进步贡献率达到 55% 以上;城镇居民人均可支配收入和农村居民人均纯收入年均分别增长 7% 和 6% 等经济社会发展目标,既要在全国发展大局中把握自己的定位,又要探究湖南发展相对滞后的主要原因,明确湖南的制约因素和比较优势,深入消除制约其发展的各个因素,在其比较优势上发力。

6.2　新时期"湖南崛起"的制约因素和比较优势

"十一五"时期,湖南省经济社会发展既面临有利的国内外环境,也面临新的挑战;既具有"十五"时期奠定的良好基础,也面临不少新的困难和问题;既具有加快发展的有利条件,也存在许多不利因素。加快湖南省发展、实现"中部崛起"要深入分析造成现在不利局面的现实困境与障碍,深入挖掘中部地区潜在的比较优势,才能因地制宜、扬长避短,针对自身特点提出具有针对性的战略对策、制定相关财政政策,将现实困境转变为后发优势、开发潜能和创新空间,将潜在优势转化为市场优势、经济优势和现实优势,实现经济长期、持续、稳定发展[134]。

6.2.1　湖南省发展相对滞后的历史成因

6.2.1.1　一般分析

1. 在工业优先发展、城乡二元分割的社会经济制度下做出的历史贡献未得到有效补偿

湖南发展滞后是改革开放以来中部地区为中国发展战略成功转型并创造"中国奇迹"付出的代价,是为中国高速发展所做出的贡献。中部地区的贡献

主要体现在农业、能源、劳动力输出等方面。我国长期推行工业优先发展、城乡二元分割的社会经济制度，以巨额的农业剩余哺育了中国工业。中部作为中国主要的农业地区，在粮食价格和农民工工资10年基本维持在低水平的情况下，通过提供低价格水平的粮食和劳动力这两项重要的基础性资源，贡献了巨额的农业剩余，降低了中国经济高速增长的成本，但中部农业的贡献并没有随着工业化的提高得到应有的补偿。湖南的贡献主要体现在农业、自然资源、劳动力输出等方面，这些贡献降低了中国经济高速增长的成本，但并没有随着工业化的提高得到应有的补偿。

2. 在区域经济分化调整的新阶段日趋被动

自实现改革开放基本方针的历史性大转折以来，中国经济发展的外部环境发生了巨大变化，国际贸易和国际投资自由化、国际产业重组和产业转移步伐加快，新的产业分工格局正在形成，我国总体上也进入了区域经济分化调整的新阶段。如东部凭借良好的区位条件和投资环境，较快地融入全球生产价值链，保持了强劲的经济增长势头；同时，在全球化和信息化的浪潮中，西部在传统区域分工中的不利条件得到改善，有可能突破东中西梯度推移模式，越过中部实现跳跃式发展。但以湖南为代表的中部省份在新的区域经济分工中不仅地位日趋被动、权重不断下降、优势逐渐减弱，而且长期沦为人才、资金等发展性资源大量流失的"巨额逆差"地区。

3. 缺少强有力的国家政策支持

改革开放以来，为尽快融入世界经济体系，实现自身的迅速发展，中国发展战略由相对均衡发展战略转变为非均衡发展战略。在这种战略导向下，国家各方面政策在不同的阶段分别向东部、西部和东北地区倾斜，但对中部各省发展，中央缺少明确的战略定位和实质性的政策优惠。改革开放初期，东部地区得益于各种优惠政策，先发效应明显，20多年来一直领跑中国经济；20世纪90年代末国家实施西部大开发战略，给西部经济发展带来新的机遇；21世纪初国家实施东北老工业基地改造的举措，为东北的发展注入新的活力。在中国经济不断实现在高速增长的同时，也产生了巨大的发展性失衡，湖南省由于缺少明显的政策引导和支持，这种失衡在产业布局、基础设施分布、所有制结构、经济活动成本、生产要素流动方面等表现得十分突出，发展的步子相对滞后。

4. 自身发展思路的局限和改革力度的欠缺

在计划经济向市场经济、农业经济向工业经济转轨的过程中，湖南深受计划经济体制的束缚,存在严重的产业惯性、体制惯性,特别是地域文化和思想观念惯性,发展过程出现了"路径依赖"效应,观念更新和制度创新不够,市场化改革缓慢,体制制约突出,产业发展环境始终处于相对劣势,工业化、城市化进程缓慢,所有制结构、经济结构、产业结构不协调,"三农"问题突出,就业压力大,经济外向度低。这些都集中反映了湖南自身发展思路的局限和改革力度的欠缺,湖南构建新的发展优势的内在动力不足。

6.2.1.2　财政性因素分析

1. 财政投资水平与区域差距

从投资的地区分布看,改革开放以来,投资重心分别向东部、西部和东北倾斜,中部的财政投资能力在相对减弱;从投资结构来看,国有投资比重不断下降,对国有企业比重较大的中部地区产生不利影响;从投资手段来看,中央对东部、西部、东北逐步加大投资配额、权限下放、项目审批、外资外贸政策等软投入,间接减弱了湖南等中部省份对投资的吸纳能力。

2. 税收优惠政策与区域差距

1994 年税制改革前,我国的税收优惠政策更多侧重于区域性优惠,并且优惠范围基本限定在沿海地区。1994 年税制改革后,税收优惠政策逐渐转向产业优惠,但产业导向较为薄弱,其政策效应整体上是诱导资源向东部沿海流动。在实施西部大开发和东北振兴等区域发展战略后,为加快西部和东北地区的发展,国家又陆续实行了一系列税收优惠政策,资源的区际流动开始出现小股分流。对中部地区而言,这种税收优惠政策形成的多极化效应仍在继续,甚至加强。

3. 财政体制与区域差距

在财政包干制阶段,财政高度分权促进了东部地区超常发展,"马太效应"明显,中西部和东部地区的财力差异不断扩大等等。同时,中央"两个比重"下降,其财政再分配功能弱化,无法有效均衡这种地方政府财力差异。在分税制阶段,因为"基数法"保留了财力不均衡的旧有格局,不合理的税收实际上还对区域发展差异起到逆向调节的作用,而且转移支付制度没有采取科学有效的手段来调节地区间横向财力不均衡,导致东、中、西部的经济发展差距进一步扩大。

6.2.2 "湖南崛起"的制约因素

6.2.2.1 工业突破难度较大，阻碍湖南工业化进程

目前，湖南省基本上处于工业化中期的初始阶段，湖南省与其他省份的差距，主要体现在工业上，而工业的困境主要体现在：其一，产业集群尚未形成，企业规模不大，尤其缺乏对产业结构调整升级起影响作用的龙头企业。2005年，湖南规模工业中产品销售收入达 10 亿—100 亿的 40 家，过 100 亿的特大型企业仅 7 家，广东 2004 年过 100 亿的企业就达 30 家；湖南大中型企业仅占全国的 2.3%，进入全国工业企业 500 强的企业仅 7 家，只有一家进入全国前100 位。其二，产品档次不高，深加工产品少，高附加值、高技术含量的产业和产品比重低，产出增值能力较弱。如 2005 年，湖南规模工业中加工装配工业完成工业产值 1346.52 亿元，占规模工业总产值的比重仅为 28.6%。又如湖南省竞争优势比较明显的 9 个有色金属行业中，仅有色金属合金业为深加工业行业，其余 8 个均为有色金属冶炼业。其三，市场地位不高，竞争能力不强，在市场竞争中基本处于劣势。比如烟草加工业是湖南省制造业的一大支柱，产量在全国同行业中排第 2 位，但其市场占有率仅 8.6%，比排名第 1 位的云南省低 8.47 个百分点。汽车、钢材产量分别仅为湖北的 1/5 和 3/5，这与当前加速工业化进程、参加全国市场竞争的要求相去甚远。

6.2.2.2 传统农业发展滞后，成为湖南发展桎梏

湖南省是农业大省，但农业的产业化和规模化水平较低，技术水平比较落后，综合竞争力较差，和现代农业还有很大差距。具体表现在：其一，农业商品化程度不高，比较效益低，农业积累难以形成。2003 年，湖南省农业商品化率仅为 62%，在中部地区排名靠后。其二，农产品加工水平落后，现代工业和科技成果在农业中更少运用，满足市场需求的能力低。湖南省农产品加工产值与农业产值之比只有 0.7:1，低于全国 0.8:1 的水平。其三，农业服务体系建设滞后。如在农产品市场体系建设上，湖南省仅有长沙马王堆蔬菜果品批发市场进入全国农副产品批发市场行业百强，和河南、安徽差距较大。其四，农业剩余劳动力转移迟缓。湖南省有农民 5249.94 万人，占全国农民总数的7.1%，占中部地区农民总数的 20.2%，这部分农民不能从传统农业发展模式中转移出来，将严重影响现代农业产业化。

6.2.2.3 城市化进程缓慢,制约湖南自我拓展

湖南在区域经济和市场经济中与其他省份拉下了步子,一个重要因素就是城市发展缓慢,竞争力不强,东西部作为经济增长点产生的吸纳能力,吸引湖南的资源、技术、人才等生产要素流向东西部核心区,使湖南成为真空地带,生产要素和项目难以流入,反过来削弱了城市化的基础,也削弱了湖南发展的原动力和加速力。具体体现在:其一,城镇化进程缓慢。城市经济在区域发展中居于主体地位,但中部地区的城镇化进程缓慢,不仅与东部地区相距甚远,和西部地区的差距也越来越小。2005年,湖南城镇化水平为37.0%,比上年提高1.5个百分点,但仍低于43%的全国水平,以省会城市为中心的大城市群人均GDP不及长三角、珠三角的1/2,明显滞后于社会经济发展水平。其二,城市职能结构趋同,体系单一。在湖南城镇化进程中,由于缺少整体规划和政策导引,城市之间缺乏合理的职能分工和有机协作,整合度不高,在经济发展、产业结构等方面存在结构趋同、特色模糊、横向联系松散等现象。其三,城市整体规模偏小,实力偏弱,集聚能力与集聚效益不高。在湖南省437个建制镇中,人口规模在3万人以上的不足0.5%。中心城市发展水平与其地位不对称,区域功能不强,特别是对区域经济的辐射带动作用有限;小城镇结构单一,基础设施薄弱,就业吸纳能力过低,反过来又影响小城镇规模扩大,形成低水平、低层次的恶性循环。

6.2.2.4 对外开放度明显偏低,影响湖南发展后劲

中部地区外向型经济格局尚未成熟,利用两种资源、两个市场加快经济发展还存在很大的空间,势必减弱湖南省的综合竞争力和发展后劲,使湖南发展的步履更为艰难。具体体现在:其一,对外经济规模小,外向度低,外需对经济的拉动力一直很弱,尤其与东部沿海地区相比,差距极大。主要表现在"三低",即出口占全国的比重低,实际利用外商直接投资占全国的比重低,出口、实际利用外商直接投资对生产总值的贡献低。2005年,全省进出口总额为60.05亿美元,居中部第4位,其中出口37.47亿美元,增长20.9%;外贸依存度为7.2%,排全国倒数第5位,明显低于全国62.8%的水平,实际利用外商直接投资规模也远低于东部发达地区。其二,招商引资主体不强,引资结构欠优,产出效益低。湖南招商引资现状不尽如人意,引资结构优化升级迟缓,引进的强势企业特别是大型企业集团和跨国公司不多,引进的高新技术项目以

及产业链式项目也偏少，缺乏龙头型、旗舰型出口企业，直接影响投资出口效益。其三，开放领域窄，层次低，对外贸易发展相对滞后。从横向比较，湖南开放的深度和广度远远不及东部沿海，尤其是高端服务领域和高科技领域等利用外资比重很小；出口产品层次和附加值总体水平低，初级产品出口比重大，深加工工业制品比重小，高新技术产品比重与东部差距悬殊，特色产品出口不明显；贸易发展相对滞后，加工贸易薄弱，"走出去"还处于探索和起步阶段。

6.2.3 "湖南崛起"的比较优势

6.2.3.1 区位优势明显，在区域经济发展中作用特殊

中部地区拥有特殊的地理位置，在全国板块经济中具有不可替代的作用。以湖南省为例，湖南省处于中部腹地，北枕长江，南临粤港，东接沿海，又是西进门户，具有承接泛珠三角、长三角产业梯度转移、扩大与港澳地区交流、开拓西部大市场的地缘优势，较易融入各个区域经济合作体系，区位重要性十分明显。湖南以铁路为骨架，公路为经络，民航、水运为补充的多功能的交通运输网基本形成，公路通车里程列全国第5、中部第2，铁路居中部第3，水运居中部第1，机场总数和开通航线在中部排第2，逐渐成为东西部经济合作的重要桥梁与枢纽。

6.2.3.2 自然资源丰富，是重要的能源、原材料基地

湖南地区自然条件较好，矿产资源、水资源、生物资源丰富。其中，有色金属和非金属矿产资源丰富，多种矿产储量居全国之首；森林覆盖率为54.3%，居全国第3位，中部第1位，是中国重要的林区和木材基地；水能蕴藏量为中部之冠；旅游和生态资源也具有特色。湖南是东西部地区重要的原材料供应基地、能源供应基地和物资仓储基地，这是加快经济增长的重要前提。

6.2.3.3 工业化水平提升潜力大，产业优势正在形成

湖南地区工业基础雄厚，具有相对比较优势的产业已经初具雏形。"十五"期间，湖南工业以年均12.9%速度递增，比GDP年均增速高2.7个百分点。2005年，全省工业增加值2199.91亿元，比上年增长15.3%，拉动全省生产总值增长5.1个百分点；工业增加值占GDP比重达34%，比上年提高1.7个百分点。湖南省工业已形成了体系完整、规模初具、部分产业优势突出的局

面,其中,卷烟、钢铁、汽车、冶金、旅游、文化传媒等都形成了产业特色,产业链正在不断拉长,结构正在不断提升,产业集群正在培育形成,以长株潭为龙头的增长极也正在构建中,加快工业发展的条件已基本成熟。2005年,高新技术产业增加值占GDP的比重为7.3%,比上年提高0.4个百分点;规模工业增加值占全部工业增加值的比重比上年提高1.7个百分点;十大优势产业增加值占规模工业的比重为76.5%。

6.2.3.4　农业资源丰富,农业的传统优势明显

农业是湖南的传统优势,湖南省是有名的农业大省,农业资源丰富,耕地面积贡献大,大宗农产品总量大,一直在国家粮食安全保障和食品供给上有着重要的地位和技术优势。湖南省优势产业带包括食品饲料加工、油脂加工、肉类加工、果蔬、茶叶和特种养殖等,优势农产品有粮食、棉花、油料、烟叶等,其中水稻和苎麻产量居全国首位,生猪产量居全国第2位。

6.2.3.5　文化底蕴深厚,人力资源丰富

湖南是中华民族的文化发源地之一,历史悠久、底蕴深厚。湖南具有科技、教育和人才优势,是我国重要的科教人才基地,全省普通高校数、在校大学生数和研究生数均列中部第2位,高新技术产业优势明显,尤其在软件、生物医药、先进电池材料等领域独具特色,拥有中部地区唯一的国家级软件产业基地和专业生物医药园区。

6.2.4　"湖南崛起"的机遇与挑战

6.2.4.1　实现"湖南崛起"面临的机遇

从国际环境来看,2007年世界经济增长速度虽然有所放缓,但仍将继续保持稳定增长的态势,世界经济将转向软着陆。国际货币基金组织(IMF)秋季《世界经济展望》再次调高对世界经济增长的预测,预计世界经济2007年将增长4.9%,世界贸易增长率2007年将达7.6%,欧元区经济将增长2%,日本经济为2.1%,新兴市场和发展中国家经济将增长7.2%。中国经济在2007年的增速也预计为10%左右。世界经济形势呈现温和增长的发展态势,许多国家的经济进入平稳、持续发展的通道,这将为湖南省经济保持平稳较快增长提供了良好的国际经济环境。另一方面,全球产业转移力度加大为湖南省经

济发展提供了良好机遇。因成本、资源等因素，美国等发达国家将其部分产业转移到中国来，日本、韩国等一些国家的企业将部分产业转移到中国内地。而随着开放向纵深发展，内地与沿海在环境上的差距在缩小，沿海产业大规模向内地转移。湖南省处于产业转移的交通要道，必将成为最早受惠地区之一。

从国内经济发展态势来看，2007 年我国经济仍将在较高平台上运行，将从总体环境到具体因素支撑湖南经济的持续稳定增长。一是从经济周期上来看，当前我国经济仍处在新一轮高增长的阶段，我国 2003—2006 年经济增速分别达 10%、10.1%、9.9% 和 10.7%。而消费结构升级带动产业结构升级和城市化发展等内需因素增长强劲，人口红利等人口结构因素有利于我国保持高储蓄率水平，经济全球化带动的国际产业分工变化有利于我国在全球配置资源，这些长期有利因素支撑我国这一轮经济周期上升阶段的延长。同时，政府在市场经济条件下宏观调控的能力和水平也在不断提高，国内支持经济增长的供给能力进一步增强，经济发展新的增长点也不断增加。这些都为今后我国经济快速稳定健康运行打下了坚实基础，也为湖南省经济的发展提供十分有利的国内环境。二是中央实施"中部崛起"战略从决策层面走向操作层面。2006 年，中央下发了关于推动"中部崛起"的实施意见，提出了很多有利于中部地区发展的优惠政策，如：加快建设全国重要的粮食生产基地，推进新农村建设；加强能源原材料基地、现代装备制造及高新技术产业基地建设，推进工业结构优化升级；提升交通运输枢纽地位，促进商贸流通旅游业发展等。这表明中央实施"中部崛起"战略已经从决策层面走向了操作层面，对中部地区的支持将越来越大。湖南作为中部省份之一，也将是受益省份之一。这些政策措施将为湖南省相关行业的发展搭建了平台，也对湖南省的加快发展带来了重要机遇。三是建设社会主义新农村的力度越来越大。2006 年，中央以 1 号文件下发了关于大力推进社会主义新农村的意见，提出了建设社会主义新农村的宏伟战略，也表明了中央在"三农"问题上破题的决心。湖南作为一个农业大省，随着新农村建设力度的逐步加大，农村经济发展速度将加快。四是泛珠三角省份间合作的进一步加强。目前，泛珠三角地区是中国经济增长最快、最有活力的地区之一，而且相互间在经济结构上有很大互补性，合作力度也越来越大。湖南作为区域成员之一，必将从相互间的合作中受益。

从湖南自身发展来看，湖南省具备保持经济较快增长的良好基础。"十五"以来，湖南省紧紧围绕加快发展速度、提高发展水平、增强发展后劲，大力推进工业化、农业产业化和城镇化"三化"进程，加强和改善宏观调控，努力适应加入世贸组织后的新变化,保持了经济持续较快发展。生产总值五年年均增长10%以上,财政收入在2000年的基础上翻了一番,进入了新一轮经济周期的最高平台;经济结构战略性调整取得重要进展,优势产业规模效应和集聚效应开始显现,产业优化升级的空间和潜力很大,农业综合生产能力提高,工业化和城镇化进程进一步加快;体制改革不断深化,经济发展活力不断增强;对外开放水平不断提高,招商引资成效显著,进出口总额、实际利用外资均有大幅增长;人民生活继续改善,居民收入稳步增加,自然环境保护和生态建设力度加强,社会和谐度不断提高。可以说,"十五"期间的丰硕成果把湖南省经济的增长推上了一个新的历史起点,为"十一五"发展奠定了良好的基础。未来五年,外部环境总体上对湖南省发展有利:经济发展的累积效应逐渐显现,推进"三化"进程取得明显成效;体制改革不断深化,市场经济日趋完善;促进"中部崛起"战略进一步实施,区域经济合作空间不断拓展;社会主义新农村建设战略推进,内需从量上和质上全面扩大;自主创新能力增强,经济发展的新增长点逐渐生成。这些都将为支撑湖南经济社会新一轮发展创造有利条件,并在更高的层次上迎来一个新的快速发展期。

6.2.4.2 实现"湖南崛起"面临的挑战

湖南省经济社会发展既面临有利的国内外环境,也面临新的挑战;既具有"十五"时期奠定的良好基础,也面临不少新的困难和问题;既具有加快发展的有利条件,也存在许多不利因素。

未来一段时间内世界经济前景不稳定因素增多,地区冲突和恐怖主义活动增多、非传统经济因素扩大、市场不稳定性增加、世界性的房地产泡沫、主要国家间经济发展不平衡都将为2007年的世界经济发展前景增添许多不确定因素,也将不利于湖南省经济保持平稳较快增长。同时,国际贸易保护主义、财政赤字和原材料价格涨幅过高等也成为经济增长的潜在危机,对湖南经济也将产生不小的影响。而国家宏观调控政策会对湖南省经济发展继续产生作用。为化解产能过剩矛盾,促进节能降耗,实现产业结构优化升级和经济可持续发展,国家对产业政策进行了调整,并严把土地、信贷两个闸门。国家有关信贷、产业、土地、税收等系列宏观调控措施,已经并将继续对湖南省经济发展产生影响,特别是对湖南省的相关产业会冲击较大。从自身来看,在相当长时期内,湖南省经济增长速度和效益有待进一步提高,工业仍存在"偏、小、弱、低"的缺陷,农业发展、农民增收缺乏长效机制,城市化进程相对缓慢,科教文卫"软实力"亟待增强，煤电油运等资源瓶颈制约突出等等。湖南省加快发展、推进新型工业化、解决"三农"问题、创新体制机制等任务都相当艰巨。

6.3　促进"湖南崛起"的财政对策——基于省级层面的讨论

落实"湖南崛起"战略，湖南省比较优势明显，后发潜力突出，面临很多机遇，但也存在较多的深层次制约因素。湖南省在制定相应财政政策和提出建议时，应紧紧围绕国家"中部崛起"的战略部署，立足省情特点，充分发挥财政创造经济发展环境、提供区域公共产品、开发人力资源、在有潜力的产业或领域培植新的经济增长点、促进经济稳定增长和区域经济协调运行等方面的职能，突破瓶颈，夯实基础，实现跨越，加快崛起[135]，加快富民强省，增强全省经济的综合实力和可持续发展能力，既追求经济增长的总量和速度，又注重经济增长的质量和效益，实现湖南经济的又好又快发展。

6.3.1　明确区域发展战略定位，突出区位优势

区位优势是中部地区也是湖南的最大优势，湖南应在东部产业梯度推移的承接基地、农副产品加工供应基地、劳务输出基地、西部大开发的中转站等基础上，构筑连接东西、贯通南北的大通道、大平台、大市场，促使人流、物流、信息流在中部有效聚合，并影响和辐射到全国。

6.3.1.1　明确区域发展定位

湖南加快发展，不能走自我循环的老路，而应紧紧围绕"承东启西、连接南北、中心枢纽、中转平台"的定位，积极调整到珠三角、长三角、环渤海、大西南等经济区域中来，实行"东拓西进、南融北融、外引内联、扩大合作"的发展战略。并且这个战略定位应成为制定湖南发展财政政策的前提和先导。湖南省应利用财税杠杆的支持和导向功能，通过一定财税政策、信贷倾斜、投融资手段等，与东部实现差异化发展，加快分工协作、优势互补、梯度转移，形成有效率的区域协作共同体；在中部整合六省资源，优化经济要素跨区域配置，实现中部相互联动、整体崛起；对西部积极参与西部大开发，瞄准和开掘西部潜在的巨大市场，实现向西扩张，互利互补；在省内优先发展长株潭都市圈，推进

市场、金融、科技、管理一体化,增强湖南省的经济竞争力。

6.3.1.2 支持建设综合交通网络

湖南省处于中部腹地,加快交通发展,发挥路域、流域的整体优势,是其凭借区位优势、实现自身发展的重要保障。目前,应进一步完善公路、铁路、航道、港口、机场、客货站场等交通基础设施建设的专项支持政策;增加对路网建设、农村公路建设特别是国家商品粮基地公路建设的资金投入;探索利用市场融资的方式,多方吸收民间资本和外资参与交通项目,如建立交通建设投资基金,采用招投标的方式,发包、出租、出售公路的所有权和经营权;扩大外国政府贷款和国际金融组织的投入规模,支持中部交通建设,或进入国际金融市场发行股票或债券,进行交通项目融资,或在政策允许的范围内实行合资建设,联合经营。

6.3.1.3 促进现代物流业发展

现代物流业是从传统流通服务业脱胎的新兴产业,加快发展物流业,是整合湖南资源、发挥区位优势的重大举措。财政应适当调整投融资方向,以"一点一线"为重点,向物流基础设施、物流网络和物流基地建设倾斜;应采取投资补贴、投资优惠、资金援助、直接参股、合同制等财政刺激措施,培育龙头物流企业、引导省内储运公司转型、发展现代物流企业集团;应采取金融刺激手段,如有选择地提供与项目相联系的低利息、长期限、大额度的软贷款,帮助搭建物流信息平台、拓展物流增值服务、引进现代供应链管理技术;同时支持建设一批规模较大、运作规范、竞争力强的现代物流园区,以优惠政策引导仓储、运输、配送中心等企业聚集园区;积极帮助长株潭成为全国重点的货物集散中心、分捡中心、仓储中心和区域采购中心;此外,还可采取政府采购政策,如增加对中部物流业的购买性支出、规定优先购买比例等,尽可能补偿对中部物流业投资的泄漏[136]。

6.3.2 大力推进新型工业化,提升湖南竞争力

工业化是现代社会重要的发展阶段、企业技术进步的方向和市场竞争的制高点,是湖南加快发展的关键和财源建设的重点。湖南发展的差距在工业,发展的潜力在工业,这几年的加快发展也得益于工业,应把工业化作为重大战

略决策和实现"湖南崛起"的突破口,予以财政支持。因此要充分释放工业主导型经济增长的潜力和效益,必须坚定不移地推进新型工业化战略,以工业振兴加速经济振兴,并形成切实有效的政策支持体系。财政部门要创新财政管理方式,在继续优化发展模式、提高发展水平、增强发展后劲等方面做足文章,坚定不移地走科技含量高、经济效益好、资源消耗低、环境污染少、人力资源优势得到充分发挥的新型工业化道路。

6.3.2.1　重点支持优势主导产业,培植和稳定主体财源

重点支持有明显竞争实力和潜力的支柱产业,有明显差别优势的特色产业,有辐射带动作用的上游产业,发展壮大工程机械、轨道交通、钢铁有色等先进制造业,改造提升建筑材料、食品加工、石油化工、林纸加工等传统产业,积极构建上下游产业关联大、带动作用强的20条产业链和具有区域特色的产业集群,尽快形成配套半径小,区域整体优势明显的产业配套环境,进一步增强专业化协作能力,形成"纵向延伸成链,横向积聚成群"的工业发展模式。

6.3.2.2　支持推进国有企业改革,盘活存量

一是积极探索公有制有效实现形式,提升核心竞争力。大力发展股份制和混合所有制形式,加快推进国有大企业战略性重组、联合、兼并,加快国有中小企业转制步伐,并引导一般中小企业向核心企业靠拢,促进国有资产资源有效整合。二是建立衰退产业退出机制,实现改革软着陆。通过归集企业产权转让收入、国有土地出让金以及财政预算拨款等多条途径,积极筹集改革资金,加大对企业政策性破产的支持力度,不断充实企业关闭破产后职工安置费和经济补偿金。

6.3.2.3　促进民营经济和中小企业的发展,增强活力

增强区域经济的活力和能量,需要形成一批具有竞争力的中小企业。财政应安排资金,对新创办的民营和个体企业、高新技术企业等实行税收减免、政策补贴、技术转让费用税前列支等特殊优惠政策,增强民营企业自我积累和发展能力;积极筹集资金,支持建立民营企业、中小企业信用担保体系和风险补偿机制,提高其风险抵御能力;清理完善现行财税法规和政策体系,规范和整顿涉及企业的收费项目,平等实施相关产业的优惠政策,优化民营经济发展环境。

6.3.2.4　制定落实财税政策,促进企业自主创新能力提高和经济增长方式转变、结构升级

产业结构调整、经济增长方式转变的中心环节在于提高企业自主创新能力,财政应在税收减免、融资、信贷担保等方面突出重点,积极扶持一批拥有自主产权和知名品牌的创新型企业,大力推动信息技术与传统产业嫁接;扶持一批以科技企业孵化器及在孵企业为重点的科技成果转化平台,加快新材料、先进制造、电子信息、生物医药等优势领域的成果转化与产业化;支持企业和高校合作建立"产学研"体系,努力培养前沿优势技术的原始创新和集成创新。财政应发挥导向作用,对高新技术产业、领先技术和名牌产品开发、重点企业技术改造及产品线拓展等,给予贴息支持,同时对老工业基地改造要予以一定政策倾斜。加强环境污染管制与治理,推进矿产资源综合开发、工业废物综合利用和再生资源循环利用,大力推广节能降耗技术,支持循环经济发展,实现节约发展、清洁发展、安全发展和可持续发展,支持淘汰、改造、禁止一批发展污染严重、浪费资源和不具备安全生产条件的企业。

6.3.2.5　鼓励发展生产性服务业,充分发挥现代服务业对工业发展的支撑和推动作用

财政支持生产性服务业加快发展,对全面提升生产性服务业整体素质和水平,充分发挥生产性服务业对推动产业升级的支撑作用,增强生产性服务业对转变经济增长方式的助推功能,具有重要意义。具体措施包括:制定财税扶持政策,推进生产性服务业务外包;统一服务业同一行业的不同所有制企业在投融资、税费等方面的待遇,推动生产性服务业对内对外开放;切实落实国家已出台的扶持现代物流业、科技服务业、软件产业、涉农服务业、金融业和新办服务业等的税收优惠政策;拓宽生产性服务业投融资渠道,鼓励生产性服务业企业进入境内外资本市场融资,积极拓宽股票上市、企业债券、项目融资、产权置换等筹资渠道;财政增加投入服务业引导资金,重点支持生产性服务企业技术创新、品牌培育、项目示范以及重大活动等。

6.3.3　加快发展现代农业,推进社会主义新农村建设

湖南是农业大省,"三农"问题始终是关系湖南社会和谐发展和现代化建

设全局的重大问题。从总体上看，湖南省的农业仍是弱质产业，农村仍是落后区域，农民收入仍然较低，制约农业和农村发展的深层次矛盾尚未消除。财政要抓住国家支持中部地区农业发展，解决"三农"问题的机遇，创新财政支农政策，将扶持重点放在实现农业持续发展、农民持续增收、农村全面繁荣、构建社会主义新农村上。

6.3.3.1　支持推进农业产业化经营

一是盘活存量资金，倾斜增量资金，加大对农业产业化和现代农业发展的财政支持力度，抓住扶贫开发、西部大开发、农村税费改革等多种机遇，大力争取科技开发、农业产业化、农业生态建设和农业综合开发等国家专项资金投入，同时整合现有各个渠道的财政支农项目、资金，重点支持省级以上农业产业化龙头企业，加快推进产业化经营，逐步将其壮大成为农业产业化的主力军。二是制定切实可行的措施，在项目审批、土地征用、税费征缴等方面予以优惠，重点扶持一批规模大、规范性程度高、辐射带动能力强的农村合作经济组织和专业协会，积极探索"公司＋基地＋农户、专业市场＋农户、专业协会＋农户"等多种运作模式，提高农业产业化组织水平。三是多渠道筹措资金，通过补贴、贴息、奖励等方式引导各种资金对农业的投入，重点加快农业结构调整，推动农产品精、深加工品牌创建，扶持生猪、牛、家禽等生产加工基地建设，提高农产品附加值，实现传统农业与现代农业的有效对接[137]。

6.3.3.2　支持农业基础设施建设和公共服务体系建设

积极调整财政支持现代农业的方向、重点和环节，优化配置财政农业投入资源，尽量减少行政事业单位的事业费开支，增加农产品质量安全检验检测、农产品流通设施等方面的投入，重视种子、种苗、种畜、农机、信息网络等服务体系建设；支持农业科技推广，重点支持测土配方施肥和农技成果转化与推广；加强以生物灾害和动物疫情防控为重点的农业安全体系建设；支持以小型农田水利设施、农业机械化、标准化为重点的农村基础设施建设，提高农业综合生产能力；继续支持农村公路、电网、饮用水源、排灌设施建设改造，支持农村能源建设，重点支持适合农村特点的沼气、太阳能、风能等清洁能源发展[138]，因地制宜开发小水电；加快发展农村通信，提高农村宽带信息网络覆盖面和使用率；治理生活垃圾和污水，实施农村改厨改厕改水工程，改善农村卫生状况，整治村容村貌，启动"千村示范、万村整治"。

6.3.3.3　建立促进农民增收的长效机制

按照"多予、少取、放活"的方针,多渠道增加农民收入,积极推进农村综合改革试点,巩固农村税费改革成果,防止农民负担反弹;借鉴国际惯例,坚持并完善对农民的直接补贴制度,增加农民直接补贴金额,完善财政对农民种粮收益综合补贴制度,调动农民种粮和增收的积极性;加快农村富余劳动力转移,加快发展劳务经济,发展农民专业合作组织,加大扶贫开发力度,多渠道增加农民收入;加快发展农村教育、技能培训和文化事业,培养造就有文化、懂技术、会经营的新型农民。

6.3.3.4　支持农村社会事业发展

继续支持农村义务教育发展,全面推行农村义务教育经费保障新机制,逐步提高公用经费保障水平,为农村中小学正常运转提供经费保障;支持农村公共卫生事业发展,稳步推进新型农村合作医疗试点,同时继续支持部分困难乡镇卫生院以及部分县医院房屋维修、设备更新和人员培训,完善农村卫生服务体系;支持完善农村五保供养和农村特困户救助制度,逐步建立湖南省农村最低生活保障制度;加大对农村公益性文化事业的投入力度,支持新一轮广播电视"村村通"工作和农村电影数字化放映试点工作,继续支持流动舞台车配备工作和湘西地区文化站建设。

6.3.3.5　支持推进农村改革

财政应充分加大投入力度,发挥导向和激励功能,支持稳定完善以家庭承包经营为基础、统分结合的双层经营体制,土地承包经营权流转,多种形式的适度规模经营发展;支持农村综合改革全面推行,巩固农村税费改革成果,着力化解乡村债务;支持深化农村金融体制改革,推进农村信用社产权制度改革,规范发展适合农村特点的金融组织,探索和发展农业保险,改善金融服务;支持深化农村流通体制改革,积极开拓农村市场;支持加快征地制度改革,健全征地合理补偿机制;加强村级自治组织建设,完善农民自治机制。

6.3.4　着力支持城镇化体系建设,打造经济发展载体

城市是集聚产业、凝聚商机、繁荣市场、吸纳就业的重要载体。城镇化是

工业化、农业产业化的有力支撑,更是"湖南崛起"战略的重要支撑点之一。因此,湖南要按照中央"培育中心城市经济实力,合理发展中等城市,有步骤地建设小城镇"的要求,大力推进城镇建设,加速城镇化进程。湖南城镇化的任务艰巨,应充分发挥财政政策作用,加快建立以大城市为核心,中等城市为纽带,小城镇为基础,等级规模协调,职能分工明确,空间布局合理的城镇体系。

6.3.4.1 突出重点,推进长株潭"3+5"城市群建设

中心城市群是现代区域经济发展的动力源,财政应突出重点、积极引导、大力支持,做优做活大城市,推进长株潭"3+5"城市群建设,打造中部省份的核心增长极。一是充分利用国家对长沙等省会城市、沿江开放城市和内陆开放城市的优惠政策,着重完善城市发展环境,增强城市自我发展能力,充分发挥其辐射带动功能;二是对"3+5"城市群内的义务教育、医疗、社会保障等基本公共服务均等化制定统一标准,通过预算安排、财政贴息等方式,逐年增加对城市群基础设施建设和社会事业的投入,加快产业聚集和人口聚集;三是保证城市维护建设税的全额返还,专门用于城镇基础设施的维护建设,允许城市存量国有土地使用权出让金、土地增值税、城市建设配套费、城镇市场管理费主要用于城市基础设施建设;四是采取盘活城镇土地资源和存量资产、BOT(建设——经营——转让)、BT(建设——转让)、收费权抵押、吸引民间资金入股等多种方式筹集资金,投入到长株潭中心城区基础设施和公用事业中来;五是增加发展极城市的税权,适当降低财力集中度,赋予这类中心城市相对较大的税权,调整省级与中心城市财政分配关系,使其有较充裕的财力和因地制宜制定税收立法与税收政策。

6.3.4.2 结合优势,促进中等城市差异化发展

特性和优势是城市的灵魂,财政应立足优势,突出个性,准确定位,做强做大中小城市,培育一批各具特色的次区域经济中心。如依托旅游资源优势,致力把张家界、韶山、凤凰等建成旅游、文化名城;依托丰富的矿产资源,把娄底、郴州、衡阳等建设成为新型原材料工业城市;依托丰厚的农业资源,把常德、益阳等建成以生态农业为主的城市等。财政应根据各城市自身特点和优势,在研究确立各个城市产业功能定位的基础上,制定差异化的支持战略,如扩大相应的税费分成比例,整合财政专项资金,对城市建设资金、耕地占用税、国有土

地使用权出让金、商业结构调整资金、科教文卫事业经费等各类资金实行集中投入,重点支持特色城市的建设发展,提升其硬件条件和人文品位,鼓励各城市发挥比较优势集中力量做大做强1—2个特色鲜明的支柱产业,培育众多富有成长性和竞争力的产业集群,逐步形成一批与其主导产业相关的产业集聚的功能性特色城市。

6.3.4.3　发展小城镇,实现城乡统筹发展

小城镇是沟通农村和城市经济发展的桥梁和纽带,财政应以实现城乡良性互动为目标,以提质扩容为重点,做精做美小城镇,建立一批县域经济增长点。针对湖南省小城镇发展水平较低的现状,要在财政资金扶持上更多考虑发展小城镇特色经济,加快小城镇企业的产业结构、组织结构和布局结构调整,进一步提高商品经济的发育度和城镇化水平;调整投资结构,多向小城镇基础设施、交通、能源、水利等项目倾斜,吸引农村新办企业向镇区集中,引导大中城市的工商企业到小城镇开展商业连锁、物资配送、农副产品批发等经营活动;进一步支持和促进小城镇各项事业发展,对安全生产、公共卫生、食品药品、质量监督、动物防疫等安全体系建设进行重点支持,加大对社会保障的投入力度;实行财政投融资综合开发,激活市政固定资产存量,逐步提高财政参股、补贴、贴息以及风险投资等间接投资的比重,形成城建面向社会融资的机制。

6.3.5　支持科技教育发展,建设教育强省和文化强省

"湖南崛起"应实施科教兴省战略,始终把教育放在优先发展的战略地位。财政政策应加强科技创新体系建设,充分发挥湖南的教育和科技综合优势,为促进"湖南崛起"提供智力和技术支撑。

6.3.5.1　完善科技扶持政策

一是建立财政科技投入的稳定增长和长效投入机制,逐年增加财政对科技的投入资金,提高地方财政 R&D 拨款占同期地方财政支出的比重,让 R&D 投入与 GDP 增长成比例,确保湖南 R&D 投入与全国的平均水平同步,同时调整科技三项费用支出结构,侧重于启动重大科研计划、促进技术改造与技术创新、鼓励核心技术的重点突破;二是整合财政专项资金,提供贷款、贴息和担

保,积极扶持一批以生产力促进中心、科技创业服务中心和科技企业孵化器及在孵企业为重点的科技成果转化平台,同时强化财政资金监督管理,提高财政资金使用效益[139];三是适时调整财政投资方向,通过建立风险投资公司、实施政策性补助、发行高新技术产业债券等方式,形成良性发展的风险投资机制,加大对基础研究和应用型 R&D 项目的扶持力度,实行应用型研发中心由企业——政府——研究机构共建、共享,支持建立"产学研"体系,鼓励进行基础性、关联性与外溢性强的研发工作,加快科学技术创新和跨越,并努力提高科技自主创新对湖南经济的贡献率;四是紧紧抓住内外资企业所得税"两税合一",税收优惠政策从区域性优惠向产业性优惠转变的机遇,通过建立科技型企业创新基金、发放贷款贴息、实行土地经营与资本运作并举等,重点支持网络式技术创新和互动联盟的形成,建立自主创新的服务支撑体系,突破园区基础性、服务性、公益性设施建设中的融资瓶颈,以吸引更多战略性资源并促进各种资源向高科技园区整合和集成,提高园区自主创新体系的内生增长能力,将园区原来的税收优惠优势转变为内生的、持续的、普适的竞争优势[140];五是要转变政府采购的工作主题,从单纯追求资金节支率转向既注意资金使用效益提高,又注重向提高自主创新的科研项目、产品乃至新兴技术产业倾斜,形成引导自主创新的公共消费新模式。

6.3.5.2 加快建设教育强省

完善教育投入保障机制,切实保证公共资源优先满足教育需求,财政资金优先保障教育投入,保证财政性教育经费增长幅度明显高于财政经常性收入增长幅度,财政性教育经费占生产总值的比例和全省预算内教育经费支出占财政支出的比例有较大幅度的提高,促进城乡区域教育均衡发展,推动各级各类教育协调发展。强化财政对义务教育的保障责任,大力扶持义务教育,落实农村义务教育经费保障机制,实施"两免一补"政策,重点支持农村中小学危房改造、每个乡镇建立一所寄宿制学校和中小学现代远程教育工程三大工程。整合职教资源,发展多形式、多层次的职业技术教育和成人教育,加大对劳动者就业和技能培训投入。继续发挥高等教育优势,支持省内高等院校发展和重点学科建设,确保普通高校生均财政拨款逐步达到全国平均水平。建立多渠道投融资体系,建立和完善教育成本分担机制,充分发挥财政资金的引导作用,利用金融、信贷、教育服务、科技开发等途径筹措更多的教育经费。

6.3.5.3　支持建设文化强省

在保证文化设施、科普宣传、文物保护等必要投入的同时,加大激励力度,综合运用税收减免、项目融资、优惠贷款、信贷担保、技术援助等多种方式,大力发展文化事业和文化产业,着力构建覆盖全省的比较完备的公共文化服务体系,完善农村基层文化网络和设施建设;着力挖掘湖南地域文化优势,打造特色文化产业,形成特色文化布局,拓展特色文化品牌;积极探索新的文化产业发展机制,完善和落实文化产业政策,构建以现代传媒业、新闻出版业、动漫业、文化娱乐业、体育产业等为主导,相关产业联动发展、结构优化的文化产业体系。

6.3.6　支持外向型经济发展,加快资源整合和回流

开放度低、资源外泄是制约湖南发展的一个重要因素。在经济全球化的今天,要从广度和深度上加快开放步伐,着眼于国际国内两个市场,构筑充满生机与活力的开放型经济体系,在开放中加快资源整合和回流,在开放中实现发展和赶超。湖南由于深处内陆,对外开放先机掌握不足,开放层次和程度都不高。财政部门要善于运用财税政策措施,大力支持外向型经济发展,提升经济发展的"国际化"水平,发挥比较优势,培育竞争优势,激发后发优势[141]。

6.3.6.1　建立招商引资的新机制,积极吸引省外和境外投资

湖南省应依托资源优势,通过制定更有针对性的财税政策,引进产业关联度大、技术含量高、带动力强的知名品牌项目,发展与优势资源互相支撑、产业链延长、附加值提高的相关产业,增强对外资尤其是战略投资者的吸引力;设立招商引资专项资金,积极吸引国内外各类经济要素进入湖南;清理和完善现行财税法规和政策体系,真正实现"五个公平",即:公平市场准入,公平投融资环境,公平税费负担,公平财政扶持政策,公平对外贸易、土地使用、人才管理和法制保障的环境,创造公开、公正、廉洁、高效的政务软环境,形成"亲商、安商和富商"的良好氛围,使湖南成为全国各种生产要素流入的洼地之一;安排财政资金支持公共信息平台和服务建设,不断改善招商引资条件,进一步拓展内外商投资领域,优化投资结构,创新投资方式,大力引进战略投资者。

6.3.6.2　改革农业补贴制度，主动适应入世要求

入世后我国的补贴制度将不可避免地受到国际规则冲击，湖南省是典型的农业大省，农业资源丰富，农产品总量大，如何建立既符合 WTO 规则又适应本省省情的农业补贴制度是当前非常紧迫的课题。一是应充分利用"绿箱"政策，强化财政支农政策。我国用于"绿箱"政策的支持还有相当空间，应重视对农业基础设施的建设补贴；重视农业科技补贴以及农民的基础教育和技术培训工作；增加环保补贴，对环境脆弱地区提供农业补贴和实行农村开发津贴等资助计划；农产品检疫检验技术与质量标准、环境标准的研究；建立农业救助性支持体系，开展农业灾害保险补助、农产品市场风险补助等等。二是应充分利用微量标准允许的"黄箱"补贴，拓宽补贴空间。目前我国农业"黄箱"支持还有一定调节余地，应建立健全农产品价格支持体系；建立和完善对农业生产资料、信贷以及主要农产品储运、流通、市场信息等的支持服务体系等等。三是应提高农业补贴效益，重点向优势农产品倾斜。应根据国内外农产品的最新竞争态势，重点补贴优质化农产品、绿色农产品以及精深加工农产品生产；增加对符合国际卫生检疫标准的优质和专用农产品出口基地的投入，支持生猪、茶叶、柑橘等产品出口；加大对动植物良种工程的投入力度；增设农业结构调整补贴专项，对受入世冲击严重的主要农产品，进行转作补贴等等。

6.3.6.3　大力支持对外贸易发展，增强国际竞争力

改革开放以来，湖南在对外贸易领域取得了一定成就，但目前还存在外向度不高、活力和后劲不足、优势不明显等问题，需要采取有效措施，调整和完善财税相关政策，支持和推动外贸发展。一是应完善出口退税机制改革，调动各级发展出口贸易、加强退税管理的积极性，促进出口持续稳定增长；二是应结合县域经济发展，支持培育特色商品出口。通过专项补助、配套资金、贷款贴息等多种方式，加快转变外贸增长方式，进一步优化出口结构，提高出口附加值和出口科技含量，加快建立有特色、有优势的全省性出口基地；三是应积极实施"走出去"战略。加大对工程承包、劳务合作、加工贸易的资助力度，鼓励各企业向出口导向型发展，积极参与经济技术交流、合作和竞争，重点扶植本省的跨国公司，培育具有国际知名度的品牌[142]。

6.3.7　完善省以下财政制度,突破"崛起"的制度瓶颈

在经济发展过程中,财政体制机制是否健全完善,具有举足轻重的作用。财政要主动着力,调整完善省以下财政体制。

6.3.7.1　坚持财权与事权相统一,理顺政府间财政关系

首先,要明晰省以下各级政府间事权事责和支出范围,逐步健全、完善地方税体系,合理划分政府间收入范围及征管权限,打破企业隶属关系,实行统一规范的分税分享制,主要税种实行省与市州分享,均衡和调控地方政府的收入来源与支出需求间关系,建立事权事责和财力相匹配的运行机制;其次,适当提高省级财政收入比重,进一步增强省级财政宏观调控能力;其三,在兼顾省级的承受力的同时,财力分配向县市倾斜,向困难地区倾斜,适当调减财政困难地区、国家和省级扶贫重点地区、少数民族地区等的财政体制上解,适当增加对部分财力水平较低的市本级的补助;其四,规范转移支付制度,完善转移支付直接到县的模式,对一般性转移支付,根据各市县经济、社会和文化发展程度及自然、地理条件的差别以及财政保障能力的大小区别对待,科学测定各地的标准收入和标准支出;专项转移支付要建立动态的项目库,对市县经济发展和社会事业投入,由全省统筹兼顾后通过专项转移支付解决。

6.3.7.2　深化省以下财政体制改革,适时创新财政管理方式

在现行行政管理体制大体不变的情况下,根据本省财源体系、税种设置、财政功能和分级分税的特点,酝酿启动"省直管县"改革试点,积极推行"乡财县管乡用"改革,即逐步取消市管县体制,实行省级财政在体制补助、一般性转移支付、财政结算、资金调度等方面直接面对县;虚化乡财政,对经济欠发达、财力较弱的乡镇实行"乡财县管乡用"体制,以从体制上理顺省市县分配关系,逐步形成架构合理、职能规范、运行高效的省以下财政体制。

6.3.7.3　健全激励约束结合机制

一是实行简政放权,按照"多予、少取、让利、放活"的要求,加大财税、金融、用地和人才支持力度,增强长株潭地区的经济自主发展的能力;二是要拓宽理财空间,逐步扩大地方税共享范围,调动地方政府当家理财的积极性;三

是要实施以奖代拨,将转移支付资金、专项拨款等与地方财政绩效挂钩,分类制定奖励、返还和优惠政策,增强湘西等贫困地区政府制度安排和创新的内生动力,激励其探索新的财力增长方式和经济发展模式。

6.4 促进"湖南崛起"的政策建议—— 基于中央层面的分析

促进"湖南崛起"是当前和今后较长一段时间的大局,是一项复杂的系统工程。同时,湖南正经历经济转型的艰难时期,是全国"三农"问题、就业问题、结构问题和社会稳定问题最集中、最突出的地区之一。湖南发展面临着靠自身难以克服的困难,迫切需要国家宏观政策的战略支持,以激发和释放湖南后发潜力,培育湖南自主发展动力。为此建议:

6.4.1 从财政体制上予以倾斜

一是对分税制进行局部调整。如适当调整中央与中西部地区的增值税分享比例,改企业所得税为中央与中西部分率计征的"共享税"等,将铁道、银行、保险公司集中缴纳的营业税和城市维护建设税完全划归中西部各省,提高中西部经济发展的积累能力。二是加大对湖南一般性转移支付的力度。湖南财政收入总量虽处于全国中等水平,但人均财政收入却处于倒数几位,因此建议中央将农业人口、粮食产量、城市化水平等因素作为计算一般性转移支付的因素,并加大其权重,保证湖南享有均衡的公共服务能力。三是实行中央专项资金补助向湖南倾斜的政策,科学确定专项转移支付水平。加大对湖南农业、教育、卫生、环保、社会保障、公共服务设施建设等方面的投入力度,增强其自我发展能力。四是取消湖南的体制上解。目前湖南是财政相对困难的地区,但仍然担负财政体制上解任务,建议中央分年度予以取消。此外,针对湖南存在教育、文化、社会保障事业的溢出效应,建议研究省份之间或地域之间横向转移支付的政策措施,实现对湖南的横向财政援助。

6.4.2 实行差别化税收政策

为实现我国区域经济的协调发展,采取有差别的税收政策,使税收优惠向湖南等中西部地区倾斜,是一种十分必要的选择。一是对湖南的企业实行定期减免和低税率的所得税政策。除国家限制投资的行业外,建议对湖南所有新办的生产性企业均实行"免二减三"的企业所得税政策,并在减免期限到期后,实行按标准税率70%征收企业所得税的政策。二是尽快实行增值税转型,帮助湖南的企业降低流转税负担。建议在湖南等中部省份尽快实行增值税转型试点,对基础性产业、高新技术产业等全面实施消费型增值税,并调整增值税先征后还政策。三是完善税收优惠政策。建议继续清理集中于东部发达地区的各种税收优惠政策,加紧制定具有产业调节功能的税收优惠政策,如对产业投资多、周期长、风险大的能源、基础产业或优势支柱产业、高新技术产业,考虑给予流转税优惠或延期纳税、贴息返还的扶持政策。四是建议在继续统一税政的基础上,适当扩大地方的税权,如允许地方在增值税、企业所得税等主要税种的基准税率上,拥有30%的浮动权力,以利于湖南利用税收杠杆,吸引投资,促进经济发展。

6.4.3 建立对湖南等中部地区产业、生态、灾害、粮食安全、社会补偿机制

首先,中部各省都是农业大省,为东、西部的发展做出了巨大的贡献,建议今后国家新增农业综合开发资金主要用于中部地区的农业产业化、绿色食品加工等。其次,中部地区是我国的粮食主产区,粮食安全对我国具有特殊重要的意义,建议增加粮食风险基金,实行粮食销区对口扶持产区的政策,建立由销区主要承担粮食风险基金的机制,同时扩大粮食直补和良种补贴的标准和规模,增加对直接生产要素如农机、化肥的补贴。其三,中部地区自然资源丰富,在维系我国生态稳定方面具有举足轻重的地位,建议在中部开征环境保护税,遏制环境污染现象;改革资源税,将森林、水、土壤纳入征收范围,适当提高税率,增加有色金属、非金属矿资源税的税负;设立专项资金,支持生态建设和环境保护,推广资源综合利用技术、节能降耗技术,支持中部发展循环经济,实现节约发展、清洁发展、安全发展和可持续发展。其四,中部地区集中了我国大部分水、旱等自然灾害,建议加大投入力度,建立灾害补偿机制,如对护土保水工程、疏浚河道、环洞庭湖综合治理、长江大堤后期管护、病险水库整治给予重点支持。其五,中部各省份人口密集,经济又较落后,各种社会问题相对更多,人均财力水平明显低于全国平均水平和东部地区,建议加大对社会各项事

业的扶持力度,增加扶助贫困人口、农民工转移培训、九年义务教育补助、社会保障费补助等方面的投入,并从项目立项、政策优惠、资金扶持上给予重点倾斜。

6.4.4 豁免部分债务

湖南等中部地区财政实力较弱,偿债能力有限。湖南省目前需偿还的国债达 75 亿元,占到地方财政收入的 1/3,难以承受,建议中央考虑实际情况,豁免部分债务,为湖南发展卸掉沉重包袱。一是全额豁免湖南公益性国债项目和贫困地区国债项目的本金。二是降低粮食主产省粮食风险基金负担比例或将地方配套的粮食风险基金由中央财政通过转移支付解决,豁免粮食财务利息挂账。三是对达到国家政策性破产条件的原中央下放的企业,在银行呆坏账的核销和国家政策性破产项目上给予计划支持,中央财政对破产资金缺口给予补助。

6.4.5 设立中部发展基金

为加快中部经济发展,除国家政策性银行等金融机构的信贷倾斜外,从长远出发,建议设立中部发展基金,拓宽投融资空间。基金主要由中央财政专项拨款,各省市地方政府的出资和民间资本,以及国际开发援助机构、各国政府援助捐款,再加上合并现行"支持不发达地区发展基金"、"少数民族贫困地区温饱基金"、"老区发展基金"和财政扶贫资金等组成。中部发展基金主要投向交通、通信、能源等生产性基础设施,以改善中部地区的投资环境;投向教育、卫生、文化等社会基础设施,以积累中部地区持续发展能力;投向农产品基地开发,农民就业、信息和技术服务,重点产业扶持,扶贫开发等等,以培养中部地区的综合竞争力。此外,建议国家扩大世行贷款、外国政府贷款对中部地区的投入规模,并给予财力支持,延缓地方还贷压力。

结　　论

"十一五"是承前启后的重要时期,也是我国现代化发展和构建全面小康社会战略机遇期中的一个重要阶段。如何调整财政政策以促进经济又好又快发展是中国今后财政政策选择和设计的关键。正是基于这种紧迫感和使命感,本书在系统、深入地分析国内外研究成果的基础上,遵循历史与逻辑的统一,分别从资源约束型经济到需求约束型经济,从外生经济增长到内生经济增长,从封闭经济系统到开放经济系统,梳理了财政政策与经济增长的理论演化进程,并结合我国的实际经验与数据,对20世纪80年代以来财政政策对我国经济的增长效应进行了实证检验,在此基础上对"十一五"时期我国经济增长的趋势与财政促进经济又好又快发展的政策选择进行前瞻性的研究,得出了以下结论:

第一,对财政政策促进经济增长的认识、观点、思想都是一定历史条件下的产物。各个学派的政策主张都是为解决当时经济增长问题而产生的,任何单纯从某一侧面来看待经济增长与财政政策,都是有失偏颇的。经济增长的"好"即质量和效益,与经济增长的"快"即数量和速度,是经济增长的两个基本面,两者缺一不可。经济总量的增加、经济结构的调整优化、经济增长方式的转变、经济增长模式的进步无不围绕着两个基本面进行。只有在一个完整分析框架下分析财政政策促进经济增长的内在机理,考察财政政策的经济增长效应,并制定相应政策,才能有效提高财政政策理论与实际的结合度。

第二,对中国20世纪90年代以来财政政策与经济增长实践的考察表明:中国经济的增长得益于运用恰当的财政政策,但同时经济的增长又对其产生了较大的依赖惯性,中国未来的财政政策应将反周期应急举措与中长期可持续增长、结构调整、方式转变相结合,才有可能促进国民经济的全面、协调、可持续增长。

第三,对中国20世纪80年代以来的 IS-LM 模型、政府购买支出乘数、转移支付乘数和税收乘数进行测算,得出了一些有益的结论与启示:财政政策对经济的综合拉动作用,主要是通过改变政府购买支出来实现的,转移支付对经济的拉动作用最小,税收乘数在大多数年份对经济增长是负效应,而且往往与财政购买支出对经济拉动方向相反,缺乏与整个经济政策的协调配合。因此,我国目前的财政政策设计与实施,一方面,要提高财政政策变量与经济的关联度,促进乘数机制的顺畅运行;另一方面,要突破原有政策惯性对历史路径的依赖,从"总量调控"、"逆风向而动"等抽象、粗放、被动式思维中解放出来,更侧重于经济系统内部结构的调整优化和精准调控。

第四,财政政策促进我国内生经济增长效应的实证表明:财政科技投入对GDP 的贡献率较高,有显著的正效应;财政教育投入对经济增长率贡献较小,甚至出现轻微程度的负相关。此外,财政政策间接促进内生经济增长的效应相对较弱。因此,中国要在今后一段时间内继续保持较高的增长趋势,就应真正实现单纯由物质资本刺激经济增长向增加人力资本(知识资本)投资主导经济增长的转变。为此,在对物质资本投资保持一定规模的基础上,必须加大政府在形成积累人力资本、促进科技进步方面的直接投资,并着眼于结构调整,同时注重财政政策一揽子工具的应用,以便发挥财政政策的调控、导引和优化功能。

第五,通过对我国财政政策外向经济关系的考察,可知我国的出口退税、涉外税收优惠政策从总量到结构等多个角度,对我国发展外向型经济、保持出口稳步增长起到了显著的作用,但该效应也受到很多实际因素的制约,影响了对外经济的长足发展。因此,目前应摆脱传统路径依赖,进行政策的调整转型和制度创新,将财政政策促进对外经济增长提升到新的阶段。

第六,从"十一五"时期我国经济增长趋势的分析来看,中国经济仍然位于高位运行态势,但是许多潜在矛盾和问题将影响经济的又好又快发展。由此,我们认识到:首先,新时期中国经济可望延续持续较快增长的势头,目前应兼顾宏观经济稳定的内外均衡目标,进一步启动需求拉动和供给推动对经济增长的全面驱动作用,在总体经济景气进入本次经济周期收缩前延续其繁荣形态。其次,"十一五"时期,中国经济将进入从要素和投资驱动向知识和技术创新驱动转变的临界状态,应促使人力资本积累和技术创新成为中国经济可持续发展的动力源泉,推动中国"内生型"经济增长进入新一轮长波。最后,"十一五"时期,中国经济将进入所谓的"黄金发展期"和"矛盾凸显期",应兼顾经济社会双重目标并适度向民生倾斜,减弱经济发展的非均衡趋势,在更宽广的空间和更深刻的层面上实现经济增长与社会和谐的良性循环。

　　第七，根据我国今后一段时间的宏观经济形势，制定"十一五"时期财政政策促进经济又好又快发展的总体思路，以使财政政策在更宽广的空间和更深刻的层面上对经济全面、协调、可持续增长发挥更重要的作用。新时期财政政策促进经济又好又快发展必须坚持以科学发展观为指南、以可持续发展为目标、以和谐社会构建为归宿，实现短期平稳与促进长期增长相结合、重视需求管理与注重供给管理相结合、促进技术进步与优化要素投入形成相结合、实现增长速度可控和方式转变相结合，并进行财政政策目标层次、选择视野、运用艺术的积极调整和完善，以增强经济增长的持续潜力、突破经济增长的"路径依赖"、强化对经济增长的促进效应，实现未来中国真正意义上的经济长期增长。新时期财政政策应选择最为关键的七个"突破口"或着力点：实现稳健型财政政策转向，保持社会供求总量基本平衡；运用财税政策，推动产业结构调整和优化；整合财政政策资源，打造自主创新链条；大力支持发展循环经济，努力构建环境友好型社会；发挥财政政策功能，实现区域经济的统筹协调；完善财政政策手段，加强收入分配差距调控力度；创新财政政策措施，实现经济内外均衡发展等。

　　第八，在财政政策促进"湖南崛起"的案例分析中，笔者认为：落实"中部崛起"战略，湖南省比较优势明显，后发潜力突出，但存在较多的深层次制约因素。湖南省在制定相应财政政策时，应紧紧围绕国家"中部崛起"的战略部署，把握中部共性，立足省情特点，充分发挥财政创造经济发展环境、提供区域公共产品、开发人力资源、在有潜力的产业或领域培植新的经济增长点、促进经济稳定增长和区域经济协调运行等方面的职能，突破瓶颈，夯实基础，实现跨越；同时也要借势发展，积极争取国家支持，力争在中部地区加快崛起。

　　可以说，本书取得的研究成果具有重要的理论价值和实践应用前景。第一，跟踪经济学理论前沿，运用计量经济学分析工具，构建财政政策促进经济增长的系统分析框架，同时提出了一些较有创新意义的观点。这在一定程度上可以推动国内相关研究的发展，同时为相关领域的后续研究提供了研究基础。第二，财政政策促进经济又好又快发展是当前我国在新的战略机遇期和全面建设小康社会期间迫切需要解决的问题。本书在大量的实证检验和比较分析的基础上，对"十一五"时期财政政策促进经济又好又快发展进行了前瞻研究，提出了指导性、操作性较强的对策建议，具有较强的实践应用价值。第三，专门针对湖南发展的差异、原因、制约因素、比较优势等多个层面进行案例分析，为相关部门把握湖南经济发展状况及存在问题提供科学翔实的依据；还得出了一系列较有指导性和操作性的财政政策对策与建议，将为相关部门制定相应的财政政策提供决策参考。

此外，本书虽然对"财政政策促进经济增长"这一课题作了尝试性的探讨，提出了一个基本框架和研究思路，并从规范和实证两个层面对中国财政政策促进经济增长的实践及其有效性进行了分析和论证，得出了一系列结论，但其中的不足和遗憾还较多。第一，在第三章实证中，尚未建立财政政策对产业结构、区域结构、收入分配的经济效应解析模型，也未能将财政政策工具变量的各自效果进行分离。在研究财政政策间接促进内生经济增长时，因为我国这方面的实践相对薄弱，数据的采集工作十分困难，未能运用具体数据进行定量化的实证研究。随着研究的深入和技术的进步，这些困难都将得到最终解决，今后研究的拓展方向也在于此。第二，在制定我国财政政策促进经济又好又快发展的政策措施时，要使这些措施既要适应宏观经济环境的变化，又要平衡各方面的利益方面；既有利于实施反周期操作，充分发挥经济增长潜力；既寻求现实矛盾的治标之举，又着眼于长远的制度建设等等，具有相当的难度，因此不免有考虑不周之处。第三，我国社会经济存在复杂的非线性关系，而相关理论研究和实践探索尚处在初级阶段，还有诸多难点和热点问题有待进一步进行研究，但限于研究时间和篇幅，本书只进行一些粗浅的探讨，还有更多研究希望在今后学习和实践中得到完善。

任何问题的研究都没有终点，本书的研究也是如此。对这一问题的研究，我们只能在改革的实践中不断探索和完善，并逐步将其推向深入。

参 考 文 献

［1］ Whatmore R. , "The Political Economy of Jean-Baptiste Say's Republicanism", Histroy of Political Thought. Imprint Academic, Volume 19, Number 3, 1998, pp. 439-456(18).

［2］ John Maynard Keynes, "The General Theory of Empolyment, Interest and Money", http://etext. library. adelaide. edu. au/k/keynes/john_maynard/k44g/k44g. html.

［3］ David Ricardo. The Principles of Political Economy Taxation. http://books. google. com/books? hl = zh-CN&lr = &id = PzqAOjhRR4cC&oi = fnd&pg = PA1&sig = oSkfNJ2fRp-6VDkG-WwHgCDC9gE&prev = http://scholar. google. com/scholar% 3Fhl% 3Dzh-CN% 26lr% 3D% 26newwindow% 3D1.

［4］ E. 多马:《经济增长理论》,商务印书馆 1983 年版,第 45— 60 页。

［5］ 孙宇晖、刘怀洲: "对西方宏观经济政策的评析",《当代经济研究》1999 年第 8 期,第 61—65 页。

［6］ Solow, R. M, "A Contribution to the Theory of Economic Growth", *Quarterly Journal of Economics*, 70. 1 (February), 1956, pp. 86-94.

［7］ Swan, T. W. , "Economic Growth and Capital Accumulation", *Economic Record*, 32 (November), 1956, pp. 334-361.

［8］ 寻子员: "拉弗曲线理论分析及其启示",《山东财政学院学报》2003 年第 4 期,第 25—29 页。

［9］ 贾玉革: "从供求理论的发展脉络看现阶段我国宏观经济政策的战略选择",《当代财经》2002 年第 10 期,第 12—16 页。

［10］ Paul. A. Samuleson, *Economics*: The Original 1948 Edition, MC Graw-Hill, pp. 135-139.

［11］ 马栓友:《财政政策与经济增长》,经济科学出版社 2003 年版,第 14—28 页。

［12］ 高鸿业:《西方经济学》,中国人民大学出版社 2005 年版,第 578—600 页。

［13］ Jones, L. E. and Manuelli, R. E. , "A Convex Model of Equilibrium Growth", *Journal of Political Economy*, Vol CVLL, Issue4, 1997, pp. 1137-1160.

［14］ Arrow, K. J. , The Economic is Implication of Learning by Doing, *Review of Economic Studies*, Vol 29, 1962, pp. 155-173.

［15］ Romer, P. M. "Increasing Returns and Long Rum Growth", *Journal of Political Economy*,

Vol. 94,No. 5,1986,pp. 1002-1037.

[16] Arrow, K. J. and M. Kurz,*Public Investment, the Rate of Return, and Optimal Fiscal Policy*,John Hopking Press,1970.

[17] Barro,R. J,"Government Spending in a Simple Model of Endogenous Growth",*Journal of Political Economy*,98. 5(October),Part Ⅱ,1990,S103-S125.

[18] Barro,R. J. and X. Sala-i-Martin, "Regional Growth and Migration:A Japan-United States Comparison", *Journal of the Japanese and International Economics*,6(December),1992, pp. 312-346.

[19] 汤学兵:"内生增长理论与我国当前财政政策的调整",《武汉理工大学学报》2005 年第 2 期,第 18—21 页。

[20] Lucas,R. E,Jr. ,"On the Mechanics of Economic Development", *Journal of Monetary Economics*, Vol,22,1998,pp. 3-42.

[21] Romer, P. M. ,"Endogenous Technological Changes, Journal of Political Economy", Vol. 98,No. 5,1990,pp. S71-S102.

[22] 郭玉清:"促进长期经济增长的财政政策选择",《山东财政学院学报》2005 年第 4 期,第 37—41 页。

[23] Grossman, G. M. and Helpman, E. ,*Innovation and Growth in the Theory*, MIT Press, 1991,pp. 122-124.

[24] 谭崇台:《发展经济学》,山西经济出版社 2001 年版,第 417—427 页。

[25] 祝年贵:"西方发展经济学的外资利用理论评述",《天府新论》2003 年第 3 期,第 27—30 页。

[26] 汤文仙、韩福荣:"三缺口模型:对双缺口模型的修正",《当代经济科学》2000 年第 9 期,第 36—40 页。

[27] J. Marcus Fleming, "Domestic Financial Policies Under Fixed and Under Floating Exchange Rates",International Monetary Fund Staff Paper, 1962, 9,pp. 369-379.

[28] 王培勤:《开放条件下经济政策协调分析》,中国财政经济出版社 2003 年版,第 77—81 页。

[29] 罗为:"试论蒙代尔-弗莱明教学模型的发展",《云南财贸学院学报》2004 年第 12 期,第 84—89 页。

[30] Mark Thomas, "Comparative Advantage in UK Manufacturing Trade, 1910-1935",*Economic Journal*, Vol. 96, No. 383 (Sep, 1986), pp. 629-645.

[31] Heckman, James J. , "China's Investment in Human Capital", *Economic Development and Culture Change*, 2003, pp. 795-804.

[32] Ohlin, Bertil G. ,*Interregional and International Trade*, 1993, Cambridge, MA:Harvard University Press.

［33］ Dixit, A. K. and J. E. Stiglitz, "Monopolistic Competition and Optimum Product Diversity", *American Economic Review*, 1977, 67, pp. 297-308.

［34］ Grossman, G and E. Helpman, "Endogenous Product Cycles", *Quarterly Journal of Economics*, 1991, 106, pp. 557-586.

［35］ Markusen, James R. , *First Mover Advantage*, *Blockaded Entry*, *and the Economics of Uneven Development*, *International Trade Policy*, MIT Press: Cambridge, 1991, pp. 613-624.

［36］ Krugman, R. Paul, "Scale Economies, Product Differentiation, and the Patten of Trade", *American Economic Review*, 1980, 70, pp. 950-959.

［37］ Krugman, R. Paul, "Introductory Specialization and the Gains from Trade", *Journal of Political Economy*, 1981, 89, pp. 959-973.

［38］ Krugman, P, "The Narrow Moving Band the Dutch Disease, and the Competitive Consequences of Mars Thatcher: Notes on Trade in the Presence of Dynamic Scale Economies", *Journal of Development Economics*, 1987, 27, 1, pp. 41-55.

［39］ Bhagwati, J. N. , "Immiserizing Growth: a Geometric Note", *the Review of Economic Studies*, 1958, 25, 3, pp. 201-205.

［40］ Rivera-Batiz, L. and Romer, P. , "Economic Integration and Endogenous Growth", *Quarterly Journal of Economics*, 1991a, 106, 2, pp. 531-555.

［41］ Rivera-Batiz, L. and Romer, P. , "International Trade and Endogenous Technological Progress", *European Economics*, 1991b, 35, 4, pp. 971-1004.

［42］ Feenstra, Robert, "Trade and Uneven Growth", *Journal of Development Economics*, 1996, 49, pp. 229-256]

［43］ Grossman and E. Helpman. , "Endogenous Product Cycles", *Economic Journal*, 1991c, 101, pp. 1214-1229.

［44］ Parente , Stephen L. and Edward C. Prescott, "Barriers to Technology Adoption and Development", *Journal of Political Economy*, 1994, 104, 2, pp. 298-321.

［45］ Ben-David, Dan, "Equalizing Exchange: Trade Liberalization and Income Convergence", *Quarterly Journal of Economic Theory*, 1993, 108, pp. 653-679.

［46］ Ben-Zvi, Dan and Michael B. Loewy, "Free Trade, Growth, and Convergence", *Journal of Economic Growth*, 1998, 3, pp. 143-170.

［47］ Barro, R. and Sala-I-Martin, "X. Convergence", *Journal of Political Economy*, 1992, 100, pp. 223-251.

［48］ Barro, R. and Sala-I-Martin, "X. Public Finance in Models of Economic Growth", *Review of Economic Studies*, 1992, 59, 4, pp. 645-661.

［49］ Barro, R. and Sala-I-Martin, X. *Economic Growth*, Boston: McGrwa-Hill, Inc, 1995, pp. 610-624.

［50］Barro，R. and Sala-I-Martin，"X. Technological Diffusion，Convergence，and Growth"，*Journal of Economic Growth*，1997，2，pp. 1-27.

［51］Brander，James A. and Paul R，A，"'Reciprocal Dumping'Model of International Trade"，*Journal of International Economics*，1983，15，pp. 313-323.

［52］刘剑文：《出口退税制度研究》，北京大学出版社 2004 年版，第 5—9 页。

［53］汤贡亮、李成威："出口退税政策的经济效应：理论分析和实证研究"，《税务研究》2002 年第 12 期，第 2—9 页。

［54］陈宪等：《国际贸易——原理、政策、实务》，立信会计出版社 2004 年版，第 211—213 页。

［55］彭水军、包群、赖明勇："技术外溢与吸收能力：基于开放经济下的内生增长模型分析"，《数量经济技术经济研究》2005 年第 8 期。

［56］赖明勇、张新、彭水军、包群："经济增长的源泉：人力资本、研究开发与技术外溢"，《中国社会科学》2005 年第 2 期，第 32—46 页。

［57］夏杰长、李朱："税收政策对外商直接投资（FDI）影响的国外研究综述"，《国外社会科学》2004 年第 6 期，第 43—46 页。

［58］周理："关于国债市场创新与服务的初步设想"，http://www. ndac. org. cn/specarticle. jsp? specid = kunming&specnewsid =20030819101708。

［59］钟瑛："20 世纪 90 年代以来的中国宏观经济政策调整"，《当代中国史研究》2005 年第 4 期，第 34—37 页。

［60］高长春、马唯为："内生经济增长理论与财政政策的一般性研究"，《商业研究》2002 年第 9 期，第 1—5 页。

［61］杨晓华："我国财政政策乘数效应实证分析"，《贵州财经学院学报》2006 年第 2 期，第 23—26 页。

［62］李生祥、丛树海："中国财政政策理论乘数和实际乘数效应研究"，《财经研究》2004 年第 1 期。

［63］谢治安、张金萍："基于内生经济增长模型的财政政策取向研究"，《商业研究》2005 年第 12 期，第 33—35 页。

［64］周阳上、胡兵："对目前我国财政政策导向的思考"，《经济体制改革》2004 年第 2 期，第 73—75 页。

［65］苏明："政府财政投资的定位及其投资方向和重点"，《经济研究参考》2005 年第 85 期，第 2—17 页。

［66］朱跃："新增长理论与中国经济增长"，《上海行政学院学报》2002 年第 3 期，第 57—64 页。

［67］郭杰："内生经济增长与我国政府支出结构的调整"，《教学和研究》2004 年第 5 期，第 12—17 页。

[68] 张军、章元："对中国资本存量 K 的再估计"，《经济研究》2003 年第 7 期，第 35—43 页。

[69] Reynolds, M. R, JR. Shewhart and EWMA Variable Sampling Inerval Control Charts With Sampling at Fimes. Journal of Quality Technology, 1996, 28(2) :199-212.

[70] Engle. R. and B. S. Yoo, "Forecasting and Testing in Co-integrated System", *Journal of Economitrics*, 1987, 35, pp. 159.

[71] 欧阳煌、张宇蕊："财政政策促进我国内生经济增长的经验分析"，《系统工程》2006 年第 10 期，第 72—76 页。

[72] 深圳市统计局："2003 年我市进出口贸易连续十一年位居全国 23 个大中城市之首"，http://www.sztj.com/pub/sztjpublic/tjfx/tjbg/t20040210_2790.html。

[73] 杜莹芬："中国出口退税制度改革及影响"，《上海行政学院学报》2004 年第 1 期，第 44—51 页。

[74] 邓远军："出口退税改革效应再分析"，《涉外税务》2005 年第 4 期，第 25—29 页。

[75] 孙玉琴："我国出口退税政策与出口贸易发展的关系"，《统计与决策》2005 年第 7 期，第 84—85 页。

[76] 张军："出口退税政策调整的背景、影响及展望"，《税务与经济》2004 年第 7 期，第 55—57 页。

[77] 胡建怡、张阳："出口退税政策调整的财政与经济影响"，《涉外税务》2005 年第 4 期，第 21—25 页。

[78] 薛睿："现行税收政策对 FDI 的影响及其利弊分析"，《税务与经济》2006 年第 3 期，第 38—41 页。

[79] 严瑾："理性看待我国针对 FDI 的税收竞争"，《北京工商大学学报》2003 年第 11 期，第 68—70 页。

[80] 孙军："外商直接投资对我国产业结构的影响分析"，《北京科技大学学报》2006 年第 1 期，第 33—38 页。

[81] 夏杰长、李朱："税收激励与 FDI：理论分析与中国经验的检验"，《涉外税务》2004 年第 9 期，第 50—54 页。

[82] 周清："涉外税收优惠政策的理性分析"，《经济师》2005 年第 8 期，第 225—226 页。

[83] 闻媛："税收差别政策与外商直接投资"，《经济理论与经济管理》2005 年第 11 期，第 23—26 页。

[84] 李晓峰："我国涉外税收中存在的问题及其改进思路"，《安徽农业大学学报》2003 年第 1 期，第 40—42 页。

[85] 王长金："我国应调整对外资企业的税收优惠政策"，《全球科技经济瞭望》2005 年第 3 期，第 14—16 页。

[86] 田丽、朱远程、杜兴华："新一轮税制改革中我国涉外税收政策的调整"，《北京工业大

学学报》2005 年第 6 期，第 23—26 页。

[87] 王月华："完善我国涉外税收优惠政策的思考"，《集团经济研究》2004 年第 8 期，第 101—102 页。

[88] 马增茂："我国利用国际直接投资的对策选择"，《中国经济时报》2006 年 6 月 1 日。

[89] 陈共、昌忠译：《美国财政政策的政治经济学分析》，中国财政经济出版社 2002 年版，第 138 页。

[90] 李炳鉴："罗斯福'新政'及其财经政策理论评析与借鉴"，《山东财政学院学报》2000 年第 2 期。

[91] 常运生、可风："略论罗斯福新政时期的'公共工程'"，《山西师大学报》1995 年第 4 期。

[92] 胡代光："借鉴国外经验要切合国情"，《宏观经济研究》2003 年第 6 期。

[93] 唐承运、刘锡海："80 年代美国经济与里根政府对策"，《外国问题研究》1996 年第 3 期。

[94] 徐钟生："布莱尔连任原因及其政府政策走向"，《国际关系学院学报》2001 年第 3 期。

[95] 随新玉："美国财政创新与重建对我国财政政策选择的启示"，《中央财经大学学报》2003 年第 10 期。

[96] 李平、董曦明、刘作明："英国的财政政策及其经济发展"，《南开经济研究》1998 年增刊。

[97] 江瑞平："当前日本的经济改革：背景与前景"，《现代日本经济》2001 年第 5 期。

[98] "国外收入分配政策辑览"，《中国党政论坛》2005 年第 3 期。

[99] 经济企划厅：《战后经济史（经济政策编）》，[日]大藏省印刷局，1976。

[100] 中华人民共和国驻印度大使馆网站，经整理所得。

[101] 中国人民大学经济学研究所："中国宏观经济形势与政策：2005—2006 年"，《经济理论与经济管理》2006 年第 1 期，第 5—10 页。

[102] 中国网："2002—2003 年中国非国有经济的发展"，http://www.china.com.cn/zhuan-ti2005/txt/2005-07/04/content_5906206.htm。

[103] 陈桢："新一轮经济增长的基本特征及宏观调控政策取向"，《北方经济》2005 年第 7 期，第 51—52 页。

[104] 王一鸣："'十一五'时期我国经济社会发展的阶段性特征"，《经济学动态》2005 年第 11 期，第 44—49 页。

[105] 课题组："对当前经济增长形势的几点看法"，《桂海论丛》2004 年第 8 期，第 41—43 页。

[106] 叶飞文：《要素投入与中国经济增长》，北京大学出版社 2004 年版，第 424 页。

[107] 陈东琪："对'十一五'时期经济增长及宏观政策的几点认识"，《中国经贸导刊》

2005 年第 2 期,第 8—9 页。

[108] 李泊溪:"对 2006 年中国经济的政策性思考",《科学决策月刊》2006 年第 2 期,第 20—22 页。

[109] 岳军、杜宏宇:"消费增长与财政政策取向",《理论探索》2005 年第 4 期,第 71—73 页。

[110] 王保安:"'十一五'时期财政政策改革与发展的几点思考",《财政研究》2005 年第 4 期,第 2—4 页。

[111] 欧阳煌:"积极创新财政政策　大力助推中部地区崛起",《经济研究参考》2006 年 (3K－1),第 2—7 页。

[112] 白津夫:"外资长入中国的现实影响",《瞭望》2005 年第 44 期,第 40—41 页。

[113] 傅志华:"我国能源发展战略及其与财政政策的关系",《经济研究参考》2006 年第 4 期,第 5—13 页。

[114] 国务院发展研究中心"经济形势分析"课题组:"当前我国经济运行态势与明年走势分析",http://www.jrlk.net/Article_Show.asp? ArticleID＝2531。

[115] 夏杰长:"财政政策目标重新定位及其改革思想",《经济学动态》2004 年第 10 期,第 24—27 页。

[116] 欧阳煌:"论财政政策与经济发展",《财政研究》2005 年第 6 期,第 9—11 页。

[117] 方耀民:"中国经济的可持续增长与改革逻辑",《云南财贸学院学报》2004 年第 3 期,第 25—27 页。

[118] 吕绿绮:"略论中国经济的可持续增长",《科技创业月刊》2005 年第 6 期,第 11—12 页。

[119] 欧阳煌:"'十一五'时期助推经济增长的财政政策选择——兼谈党的十六届五中全会学习体会",《财政研究》2006 年第 1 期,第 50—53 页。

[120] 欧阳煌:"发挥财政功能,在和谐中实现又好又快发展",《中国财政》2007 年第 8 期,第 30—31 页。

[121] 林志远:"新时期政府宏观经济决策面对的挑战",《经济研究参考》2006 年第 1 期,第 14—27 页。

[122] 高培勇、杨之刚、夏杰长:《中国财政经济理论前沿》,社会科学文献出版社 2005 年版,第 1—19 页。

[123] 欧阳煌:"积极财政政策淡出后的税收政策",载自《财政政策转型:从积极到稳健》,中国经济出版社 2006 年版,第 141—155 页。

[124] 刘丽明、赵敏:"知识经济时代的财政机制与经济可持续增长",《决策借鉴》2005 年第 10 期,第 65—68 页。

[125] 欧阳煌:"财政政策促进经济发展与社会和谐的路径选择",《财政研究》2007 年第 3 期,第 64—66 页。

[126] 欧阳煌:"创新财政政策　助推中部崛起",《中国财政》2005 年第 12 期,第 24—26 页。

[127] 张泽荣、李晓林:"我国区域经济发展现状与财政政策对策",《经济与管理研究》2004 年第 4 期,第 44—48 页。

[128] 高培勇、温来成:"21 世纪中国区域经济协调发展的财政政策分析",《财政研究》2001 年第 3 期,第 23—28 页。

[129] 贾康:"展望'十一五'的财税",《财贸经济》2005 年第 11 期,第 15—16 页。

[130] 李友志:《政府非税收入管理研究》,人民出版社 2003 年版,第 8—11 页。

[131] 齐海鹏:"强化财税对居民收入分配差距调节功能的对策思路",《经济研究参考》2005 年第 15 期,第 14—15 页。

[132] 王洛林:"实施互利双赢的开放战略",《财贸经济》2005 年第 11 期,第 9—11 页。

[133] 裴长洪:"吸收外商直接投资与产业结构优化升级——'十一五'时期利用外资政策目标的思考",《中国工业经济》2006 年第 1 期,第 33—39 期。

[134] 欧阳煌:"创新财政政策推动经济发展",《湖南日报》2005 年 12 月 19 日。

[135] 欧阳煌:"创新财政政策措施　力推中部崛起",《中国经济时报》2005 年 10 月 25 日第 4 版。

[136] 欧阳煌:"新农村建设应在'四结合'上做文章",《中国财经报》2006 年 9 月 12 日。

[137] 欧阳煌:"关于社会主义新农村建设的理性思考",《经济研究参考》2006 年(68D－5):第 14—18 页。

[138] 欧阳煌、夏杰长、霍景东:"建立和完善促进服务业发展的财税支持体系",《光明日报》2006 年 9 月 4 日。

[139] 欧阳煌:"创新财政监督机制的思考",《财政与税务》2006 年第 11 期,第 60—62 页。

[140] 欧阳煌:"抓住'两税合一'机遇促进又好又快发展",《湖南日报》2007 年 4 月 5 日。

[141] 欧阳煌:"入世效应影响中国财政",《中国财经报》2006 年 2 月 14 日。

[142] 欧阳煌、唐建华、唐政、张岚、张宇蕊:"促进中部崛起的财政政策研究——湖南省分报告",《经济研究参考》2005 年(9K-2),第 2—18 页。

后　记

　　巍巍博雅塔,清清未名湖。在这文人学者心向往之的学术圣殿北京大学,我给自己的这部拙作画上了最后的句号。徜徉于勺海之滨,留连于百年讲堂之前,我禁不住心潮澎湃。

　　我笃信"腹有诗书气自华",向往人书合一的妙曼境界,繁忙的工作之余,我的最大爱好就是读书。我之于读书既当作一种放松和享受的方式,通过圈点惬意、品味从容、汲汲于其中的雅趣,也不乏学以致用。特别是开始攻读博士学位以后,我所涉猎的主要是关于财政政策与经济增长的典籍与新论。学需有所悟、有所得,本书就是我在博士论文《财政政策促进经济增长的理论与实证研究》基础上修改而成的,算是我前段读书之一得吧。

　　从全球视野来看,关于财政政策促进经济增长的研究和实践并不是一个十分新鲜的课题。但在我国,现代意义财政政策的运用却刚刚勃兴不到20年。虽如此,其在与货币政策的联袂演绎过程中,凸显出了不可替代的独特作用。无论是紧缩性财政政策有效应对通货膨胀促使经济"软着陆",还是积极财政政策遏制通货紧缩打破经济偏冷局面,再又目前有保有压的稳健财政政策促进经济又好又快发展,都充分说明,财政政策在我国经济社会发展大局中担负着至关重要的宏观调控职能。

　　作为一名财政工作者,我没有理由不选择"财政政策促进经济增长"作为博士论文选题。研究的过程是枯禅式的,个中苦乐唯自知。在具体研究特别是后期的写作中,我力求做到"三个结合":一是理论与实际相结合。对各种学术著作,从资源约束型经济增长到需求约束型经济增长,从古典经济学派到新古典增长理论,再到内生增长理论的财政政策含义,从封闭经济系统财政政策促进经济增长的内在机理再延伸到开放经济系统,我都尽量广为涉猎,多方参照比较,在此基础上构建了一个系统、完整的财政政策促进经济增长的分析框架,并在此框架下对财政政策与经济增长的关系进行多层面、多维度的实证检验,以期通过理论来透视财政政策实践,通过实证来深化对理论的消化吸收再利用。二是国际视角与国内视角相结合。既立足于全球化视野,分析可资借鉴的财政政策促进经济增长的国际经验,又结合我国国情,归纳总结我国财政政策促进经济增长的主要路径选择,提出了财政政策促进经济增长的三大原则,以财政政策与措施的创新为切入点,形成了新时期财政政策选择与创新的七个"突破口"与着力点的设计思路。三是针对性与前瞻性相结合。既紧扣当前实际寻找财政对策,又着眼长远探索创新之路。基于当前的经济形势需要切实转变增长方式,从主要依靠增加投入、追求数量,转到主要依靠科技进步和提高劳动者素质上来,转到注重质量和以提高经济效益为中心的轨道上来,既要有经济增长的"量",又注重经济增长的"质",使研究制定的有关政策更具现实针对性和超前指导性。当然,由于学有不逮,我的上述构想也许并没有得到完全或比较完全的体现,其遗憾也许只有留待以后加以弥补了。

很荣幸拙作获得了第12届湖南省优秀社科学术著作出版资助。在此,我要衷心感谢我的导师、湖南大学经济与贸易学院院长赖明勇教授。赖导渊博的专业知识、深厚的理论功底、严谨的治学态度使我受益终身。湖南大学王耀中教授、赵跃宇教授、张亚斌教授、刘辉煌教授、刘建民教授、郭平教授、祝树金教授等老师给予了热情而又细心的指点。财政部财政科学研究所原所长何盛明教授、副所长刘尚希教授、中国社科院财政与贸易经济研究所夏杰长博士,联合国开发计划署亚太中心公共资源管理高级顾问彭龙运博士,财政部综合司马栓友博士,湖南社会科学院罗波阳研究员,湖南财经高等专科学校副校长刘寒波教授对拙作提出了诸多宝贵意见,在此一并致谢! 还要感谢湖南省财政厅领导尤其是省政府党组成员、省财政厅厅长李友志同志对我学习的支持与鼓励;感谢我的同事唐建华、谭学亮、唐政、张宇蕊、钟荣华等同志对书稿的修改、校正;人民出版社社长助理、经济编辑室主任李春生同志为本书的出版、编辑付出的辛勤劳动。某种意义上说,本书其实是集体智慧的结晶。

令我分外高兴和感动的是,我国著名的财政经济学家、财政学界泰斗、中国人民大学陈共教授,虽已80岁高龄,仍满怀奖掖后学之心,不吝为拙作作序,我将把崇敬和谢意铭刻心底!

当前,我国正致力于促进经济又好又快发展。中央明确提出要坚持加强和改善宏观调控,继续实行稳健的财政政策。在此总体框架下,如何做到实现短期平稳与促进长期增长相结合、重视需求管理与注重供给管理相结合、促进技术进步与优化要素投入相结合、实现增长速度可控和方式转变相结合,以提高经济增长的质量和效益,实现经济又好又快发展,确实还有许多研究和实践工作要做。如果本书能够作为引玉之砖,给读者带来一丝启迪,特别是能够得到方家不吝教正并使之日臻完善,则本人幸甚!

2007 年 7 月 31 日夜于北京大学

全球公共政策高级培训班